平台型组织

释放个体与组织的潜能

穆胜 ◎ 著

PLATFORM-BASED
ORGANIZATION

Release the Potential of Individual
and Organization

机械工业出版社
CHINA MACHINE PRESS

图书在版编目（CIP）数据

平台型组织：释放个体与组织的潜能 / 穆胜著 . —北京：机械工业出版社，2020.11
（2023.6 重印）

ISBN 978-7-111-66761-2

I. 平… II. 穆… III. 企业管理 – 组织管理学 IV. F272.9

中国版本图书馆 CIP 数据核字（2020）第 195958 号

　　绝大多数企业采用金字塔组织的模式，必然存在"员工动不起来"和"企业创新乏力"的问题，在互联网时代面临极大挑战。流程再造、KPI 管理、企业文化管理等主流管理工具，都无法跳出"员工听领导的"这个底层逻辑。

　　平台型组织是截然不同的组织模式，赋予了基层接近用户的员工更多的责权利，让他们成为自己的 CEO，其底层逻辑是让"员工听用户的"。平台型组织需要具备价值理念、战略内核、共享机制和资源洼地四个要素。在运作机制上，一是能够在需求侧灵敏获取用户刚需，二是能够在供给侧灵活整合各类资源，三是能够用"分好钱"的机制激活个体去整合各类资源以满足用户刚需，形成供需之间的高效连接。

平台型组织：释放个体与组织的潜能

出版发行：机械工业出版社（北京市西城区百万庄大街 22 号　邮政编码：100037）

责任编辑：宋学文　　　　　　　　　　　　责任校对：殷　虹

印　　刷：保定市中画美凯印刷有限公司　　版　　次：2023 年 6 月第 1 版第 3 次印刷

开　　本：170mm×230mm　1/16　　　　　印　　张：20.5

书　　号：ISBN 978-7-111-66761-2　　　　定　　价：99.00 元

客服电话：（010）88361066　68326294

互联网时代组织转型的答案

互联网时代，用户掌握了越来越大的话语权，企业犹如逆水行舟，不进则退。

一方面，大量企业因为"跟不上用户点击鼠标的速度"而日渐式微，并最终死亡。柯达、摩托罗拉等巨头企业衰落时的场景还历历在目，而如今又有更多的企业逃不过这条互联网时代命运的法则。

另一方面，一部分早有准备的企业却获得了时代给予的大量红利与机遇。这类企业足够"柔韧"（flexible）和"敏捷"（agile），能够快速发现机会，并将机会变现。BATM（依次为字节跳动、阿里巴巴、腾讯、美团）等巨头就是这类企业中的翘楚。

这个时代最大的商业矛盾，是急剧变化的用户需求与企业的迟钝反应之间的矛盾。用户需要的甚至已经不是标准化的产品，而是动态的解决方案。但是，单一企业凭借自己的本地资源能力，又怎么可能满足这种"超级需求"？

于是，平台作为一种商业模式脱颖而出。互联网企业的若干样本已经证明，只有平台才能在供给侧纳入各类资源，在需求侧满足用户的各类需求。当平台架设在互联网上时，这种威力就会呈现几何级数的爆炸式增长，BATM 等巨头的成功，正是这种平台价值的体现。

平台的概念并不新，以诺贝尔经济学奖获得者梯若尔为首的研究者很早就提出了"双边市场"（two-sided market）的概念，国内也有学者对这一概念进行了广泛推广，不少企业更是这一概念的追捧者和受益者。

迄今为止，人们更多是从商业模式的角度去讨论平台，而真正要建设一个平台，需要的可能是组织层面的"变革"。显然，相对于商业模式的转型，组织模式的转型也许更重要。因为，大多数时候，尽管极具商业洞察力的老板们看得到商业模式转型的方向，但组织模式不改变，他们的命令就依然出不了办公室。员工们嘴上服从，但行动上依然按部就班，拒绝转型。换句话说，企业的组织模式仍是金字塔结构，却要实施平台甚至生态的商业模式，这就好比让一个大胖子去跨栏，看得见栏，但就是跨不过去。

即使是那些以平台型商业模式起家的企业，如果不关注组织模式的转型，也无法抵达"真正的平台"。例如，初代电商利用互联网，吸引供需两端的商户和用户上线，撮合商品交易。这种初级的平台型商业模式仅仅需要机械的金字塔组织就可以满足需求，在这类组织里，市场、运营、产品、技术四大条线分工明确，共同提供标准化的"在线货架"服务。但随后，用户需求开始出现变化，他们不仅仅需要自己去网店货架上选购合适的商品，还需要精准的商品推送、对胃口的达人带货、迅捷的物流送达、普惠的金融支持……此时，电商企业必须走向高级的平台型商业模式，但如果内部的各个部门还是各司其职，碎片化的功能难以被整合为一体化的解决方案，它们就无法抵达"真正的平台"。

在这个时代，不考虑如何让企业实现指数级成长，单单是企业内部的"自然衰竭"就已经让老板们头疼不已。随着企业规模变大，大企业病必然如约而至，组织内的官僚主义愈演愈烈，无法治愈。传统金字塔组织依靠强势领导者的管控来驱动，员工始终会"听领导的"而不是"听用户的"，但领导力终究会有释放殆尽的时候，此时就是企业无力回天的时候。形象点说，老板犹如一个火车头，最开始还能拖动车皮，但到后来，车皮越来越多，火车就不得不减速，直至停下来。当那些曾经的明星企业死亡时，我们发现，它们有品牌，有技术，有人才……，但这些企业好像"潜能"永远都不会释放的"死火山"，优质的资源只能永远"沉睡"。

金字塔组织形成的秩序让人留恋，老板们都害怕"失控"，于是，他们也曾经想要"改良"，运用流程再造、KPI（Key Performance Indicator，关键绩效指标）管理、企业文化等方式寻求突破，但最后，他们发现企业依然跳不出"听领导的"这个死结，老板依然是最终的动力。于是，极少数先知先觉的人开始质疑这个"底层逻辑"，转而寻找一种完全不同于传统金字塔组织的组织模式。

凯文·凯利说："所有企业都面临死亡，但城市近乎不朽。"城市的不同之处在于，其结构是多中心化的，其动力无处不在。换言之，城市里的每个人都拥有相当程度的自主权，能够追逐不同的目的，而不是在一种统一、严苛的秩序下成长，变成一台机器的零件。当他们实现了个人的成长，城市也就实现了繁荣。城市的永恒之道是，提供若干条件，让无数的人能够利用各种资源，在各种团队中自由成长、壮大，从而形成一种能量自我循环的生态。所以，城市永远拥有源源不绝的动力源，让各类"潜能"得以"释放"，变成实际的财富，一个中心消失了，另外一个中心很快又会出现。更有意思的是，城市是开放的，永远有新的能量加入进来，从这个意义上说，全世界的资源都是城市的"潜能"，都可以被"释放"。

平台型组织就是让企业成为一座"城市"。其实，每个企业都拥有我们难以估量的"潜能"。往小了说，这种潜能是员工"个体"被压抑的能力和意愿；往大了说，这种潜能是员工可以盘活的一切"组织"资源。让这两类

"潜能"陷入囚徒困境、不能被释放的瓶颈，正是金字塔组织形成的牢笼。

根据穆胜企业管理咨询事务所的观察，从 2014 年开始，咨询市场上企业对于组织转型服务的需求呈现井喷趋势，让企业变得更轻、更快、更强，成为大多数企业的共同需求。无论是俘获"时代红利"的诱惑，还是治疗"大企业病"的急需，企业都应该向平台型组织转型。这既是"互联网时代组织转型的答案"，也是企业走向基业长青的唯一正途。

遗憾的是，在时代的变换中，大多数人对于"平台型组织"的设想都是在盲人摸象。他们高喊"去中心化""去权威化""无边界""扁平化""自组织""开放化"……对于具体的操作，却语焉不详。在我们研究的案例里，90% 以上喊出类似口号的企业并不是在向平台型组织转型，而是在弥补自己管理基础上的欠账，并将这种回归管理常识的动作冠以"大词"。为数不多的向平台型组织转型的企业，尝试的方向大多都有明显错误，付出的巨大代价令人揪心。

幸运的是，成功者越来越多，海尔、华为、万科、小米、阿里巴巴等企业都在用自己的方式打造平台。它们的不少实践也许仍然是小步试错，有的企业的实践也许并非完美，有的企业走到今天也付出了巨大的代价……但只要企业开始打破金字塔，它们的成功与纠结就都是我们的宝贵财富。有了这些企业，我们才能够观察样本，总结规律，提炼方法。

本书是我继《云组织：互联网时代企业如何转型创客平台》（2015 年出版）、《释放潜能：平台型组织的进化路线图》（2017 年出版）、《重塑海尔：可复制的组织进化路径》《激发潜能：平台型组织的人力资源顶层设计》之后，对于互联网时代组织转型给出的进一步答案。本书的框架和部分内容来自《释放潜能：平台型组织的进化路线图》，但通过几年间大量的观察、研究和实践，我修订补充了 50% 左右的内容，给出了更加清晰、完整的理论体系和更加易于落地实操的工具方法论。

全书共分为以下四个部分。

上篇解决"为什么"（why）的问题。这部分对于传统的金字塔组织的底层逻辑进行了讨论，仔细复盘了流程再造、KPI管理、企业文化管理、中国式管理、阿米巴管理五种改良金字塔组织的方法论。结论是：这些方法都没有改变"员工听领导的"这个金字塔组织的底层逻辑，无法适应互联网时代企业生存发展的需要；要让"员工听用户的"，企业就必须走向平台型组织。上篇会涉及一些管理理论，如果注重实操的读者对此不太感兴趣，可以在阅读第一章和第七章后，直接跳到中篇。但笔者依然强烈建议大家花点时间阅读上篇，里面对于每种方法论的分析，都来自"血淋淋"的管理实践，这些也可能是大家在实操里绕不过去的"坑"。

中篇解决"是什么"（what）的问题。这部分讨论了平台型组织和金字塔组织的关系，分析了平台型组织究竟是什么，并描述了平台型组织不同部分的特征。结论是：平台型组织模式是未来组织模式的主流和底层逻辑，但金字塔组织在一定阶段和局部范围内依然有存在的意义。在结构上，平台型组织由价值理念、战略内核、共享机制和资源洼地四个部分组成。在运作机制上，平台型组织一是能够在需求侧灵敏获取用户刚需，二是能够在供给侧灵活整合各类资源，三是能够用"分好钱"的机制激活个体去整合各类资源，满足用户刚需，形成供需之间的连接。

下篇解决"怎么做"（how）的问题。这部分对于平台型组织的组织结构和激励机制进行了系统讲解，并分析了平台型组织建设中的若干陷阱、失误和僵局。当然，为了让企业在组织这条转型之路上实现从0到1，进而从1到 n，我给出了一个"六步法"的完整实施路线图。

外篇是我与一些先锋研究者和实践者的对话实录。大家在读这部分时会发现，前面的内容有不少灵感都是来自这些对话里的智慧碰撞。在这部分，野中郁次郎、加里·哈默、张瑞敏等大师登场，诉说他们眼中的互联网组织逻辑。我特意呈现了最原始的对话实录，目的是为了让大家理解驱动本书理念成熟的若干次思想交锋。

迄今为止，我和我创立的穆胜企业管理咨询事务所在平台型组织的咨询业务中已深耕五年以上，而我个人对于平台型组织的研究则可以追溯到十几年前。在这个领域里，我们自信于自己累积了大量的经验和教训。我们衷心希望，您的企业能从这本"战地实录"中找到未来的自己！

目　录

下篇 | 如何走向平台型组织

上 篇

为何要转型为平台型组织

———

大约在 2013 年前后，中国的互联网行业开始起风，将商业世界推到
一个新时代，也颠覆了诸多原本是铁律的商业逻辑。

进入互联网时代以来，需求侧的用户力量开始崛起，倒逼供给侧变得
灵活，企业甚至需要跟上用户点击鼠标的速度。正因如此，金字塔组织相
对僵化的问题被完全暴露出来。

在推动诸多企业进行互联网转型的过程中，我发现，相对于商业模式
的转型，组织模式的转型也许更重要。因为，大多数时候，尽管极具商业
洞察力的老板们看得到商业模式转型的方向，但组织模式不改变，他们的
命令就依然出不了办公室。员工们嘴上服从，但行动上依然按部就班，拒
绝转型。这样的企业被大企业病笼罩，无比僵化，只能原地打转，就好比
让一个大胖子去跨栏，看得见栏，但就是跨不过去。

不仅仅是转型受阻，这类企业里的官僚主义已经让企业痛苦不堪。部
门墙、隔热层、流程桶等现象，让企业的效率急速降低，大量的资源投入

犹如泥牛入海，而企业也很快失去了竞争力。甚至，有的小企业也"早熟"地患上了大企业病，一个个"小年轻"提前变成了"老干部"，组织里暮气沉沉，让人哭笑不得。

事实上，我们面对的并不是偶发现象，而是普遍的金字塔组织的逻辑缺陷。回顾历史，为了提高组织效率，我们的先行者们已经数次向这种组织模式发起挑战，却无一不以失败告终。事实上，我们一直在金字塔组织的逻辑中纠结。

一个在学术和实践之间跨界的人，保持"进可攻退可守的开放"也许是一种明智的态度，至少，在没有看懂趋势之前，可以让自己显得睿智。但我已经厌倦了这种"暧昧"，厌倦了无数次人们问我："穆博士，流程再造可行吗？企业文化管理可行吗？阿米巴可行吗？这些模式能不能激活组织？"

我将在以下的篇幅中告诉各位我"笃定"的态度：只有一种组织模式——平台型组织能让企业笑傲互联网时代。

第一章

金字塔组织的难题

在商业的历史长河中，马克斯·韦伯（1864—1920）定义的科层制（即金字塔组织）无疑是一个伟大的发明。工业经济时代，金字塔组织几乎是组织（organization）的同义词，是企业获得效率的最佳载体。但和大多数发明一样，金字塔组织从诞生的那一刻起，就拥有一个不完美的逻辑，身上存在着若干致命基因。互联网时代的来临，无限放大了这些致命基因，也让我们反思金字塔组织的本质。如果说，人是每个时代里最大的"未知因素"，那么，破解金字塔组织留下的组织难题，也许就是打开这个互联网时代的钥匙。

溯源金字塔组织

20 世纪 20 年代，人类正式开始大规模思考"组织"这个话题，而之前泰勒、法约尔等人的研究也开始从量变走入质变，凝结为一套系统的组织管理方法论，并惠及现代管理实践。

　　此前，更多是"问题解决者"⊖进行的零散尝试，以至于《管理百年》的作者斯图尔特·克雷纳这样评价福特汽车的缔造者："福特的成功是雄心壮志的结果，而不是组织管理的成功。他成功地建成了一个没有管理的企业王国——没有精心构建的组织结构，甚至连非正式的结构也没有。"

　　尽管组织管理兴起于20世纪20年代，但真正的鼻祖要追溯到德国的社会学家马克斯·韦伯。韦伯对组织的理论和实践进行研究后指出，工业化趋势就是科层制（hierarchy）或官僚制（bureaucracy）⊜。在纵向上，成员的位置遵循等级制度的原则，低层级受到高层级的控制和监督；在横向上，则是按照亚当·斯密的分工理论进行划分，各司其职。因此，组织犹如一台机器，它有着精心制定的等级秩序（纵向）和部门界限（横向），每个成员都承担明确的责任，只是其中的"人肉零件"。可以说，韦伯提出的金字塔组织，就像是一个典型的德国产品，充满浓浓的工业气息，秩序第一，精准无比（见图1-1）。

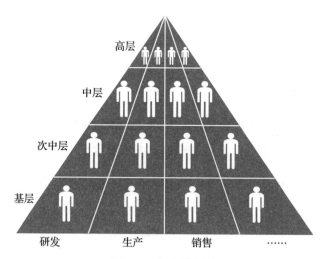

图1-1　金字塔组织

资料来源：穆胜企业管理咨询事务所。

⊖　这类人并非学者，有的是单纯的实践者，有的将自己从实践中抽离出来变成了咨询顾问。如法约尔就是一个经理人，而泰勒则在自己的名片上写上了"管理咨询顾问"。

⊜　后文将对这种组织模式以"金字塔组织"来统一称呼，其实两者是一个意思。

韦伯对于金字塔组织的效率大加褒奖："从纯粹技术的角度来说，组织管理采用官僚体制才能保证获得最大效率……官僚体制不论在精确程度、稳定性、纪律的严格性方面，还是在可靠性方面，都更胜一筹。"

另一个不得不提的人是切斯特·巴纳德（1886—1961），他强调了经理人在设置目标、获取能量、建立沟通三个方面的重要作用，为韦伯僵硬的金字塔组织加入了一些柔性基因，也让金字塔组织的生命力更加蓬勃。在他的理论中，经理人既是理性决策者，又是"组织价值和组织目标的培育者""道德准则的创建者"。

事实证明，韦伯和巴纳德的信徒们（遵循组织管理理论的人）都取得了巨大的成功。通用汽车的阿尔弗雷德·P. 斯隆是其中的佼佼者，对于前任创始企业家杜兰特独裁管理的怀疑，让他意识到："如果通用汽车想抓住未来的远大机会，就必须在组织智慧的指引下发展。"所谓的"组织智慧"就是职业经理人模式⊖和事业部制（典型的金字塔组织），他追求更加理性、开放的经理人和更多明确的分权。

通用汽车的组织模式受到了一致好评。阿尔弗雷德·钱德勒和彼得·德鲁克等学者对其大加赞扬，《经济学人》杂志评论道："亨利·福特为管理奠定了基础，而阿尔弗雷德·斯隆为此建立了向上发展的阶梯——他将管理变成可靠的、有效的、像机器一样的过程。"

分权带来了更大的灵活性，也带来了更大的决策风险，因此，斯隆用委员会制来推动决策。随着时间的推移，公司内建立了越来越多的委员会，但决策

⊖　斯隆创造了一种新的高度职业化、不带感情色彩的聪明经理阶层，他们在可获得信息的基础上进行决策，而不是总依靠直觉。德鲁克认为："正如斯隆这个榜样所揭示的，经理人先是一种职业，最重要的特征是目标导向、不带感情色彩和思想开放。他坚持事实，坚持依据大量文件并坚持对各方面问题进行考虑，从而使他不会固执己见，不会一意孤行。"《财富》杂志后来的评论更加深刻："阿尔弗雷德·P. 斯隆的个人利益是有限的，他把他的全部都投入到公司的建设当中。"可以说，斯隆是用自己的身体力行为经理人的模板"打样"。

线条越来越复杂，决策效率越来越低下。责权利从"分不清楚"到"分得清楚"，最后又回到"分不清楚"，这种快速发展而后盛极而衰的状况，基本上就是金字塔组织的生命周期规律，宛若"斯隆的宿命"。

让我们回到韦伯，思考一个更加严肃的命题——人在组织中的价值。

应该说，韦伯的观察是睿智的，在褒奖了金字塔组织的效率之后，他又在自己的著作《社会与经济组织理论》中悲观地预言——工业化发展使人日益失去个性，而这种"退化"是不可避免的。

金字塔组织带来的问题

在过去的数十年里，中国企业一直在宏观经济的高速增长中发展，但这种发展更像是"资源红利"而非"管理红利"。在抢滩式成长中，诸多企业尚未建立良好的管理基础，实际上是在"带病发展"。在互联网时代的不确定性下，这些阻碍组织效率的难题更加刺眼。

部门墙

从横向关系上看，金字塔组织最大的问题是"部门墙"，斯密和韦伯所谓的分工实际上是"很难分清楚的"。在大多数金字塔组织的企业内，员工都会感觉到，一旦跳出本部门涉及"横向协作"，就难以获取支持。

在金字塔组织里，各个部门各司其职，但又不可能做到像楚河汉界一样边界分明，一定会存在有"交叉职责"的区域。很多人不理解什么是交叉职责，认为研发、供应、生产、销售等职能分工很清楚，但实际上并非如此。分工的难度不在于界定每个角色做什么，而在于界定每个角色在各种情况下做什么。说简单点，当上级责怪某个部门没有完成工作时，只要该部门能够"找到理由"，那么，职责就一定没有划分清楚。

例如，某个企业在生产上没能按时产出，耽误了交货期，老板责怪生产。生产却两头"找理由"：一方面责怪采购，认为采购没有及时进料；另一方面责怪销售，因为销售临时插入了任务，打乱了生产计划。采购觉得委屈，临时发起的任务要求他们在一定时间内按照一定价格完成采购，但由于材料稀缺，根本不易找到，而且由于不能搭载其他采购形成集采优势，价格要求也达不到。销售则更加觉得委屈，发起购买的甲方是大客户，根本得罪不起。对于这种事情，上级（高层）很难判断究竟是谁的问题，各个部门各有各的理由，这就是职责没有划分清楚。

由于职责没有划分清楚，也不可能完全划分清楚，"交叉职责"就很有可能落到每个人头上，而且，企业内的规矩一般是"第一次做了这件事，就等于认领了这项工作"。为了避免这种"飞来横祸"，有交叉职责的双方都往后退，口称"事不关己"，"撇清"责任，并把别人的责任"坐实"。此时，双方都变成了最高超的"辩论家"，如果没有文件可依，又没有客观公正的第三方，双方之间就出现了厚厚的"部门墙"。

最可怕的是，这种"后退"几乎没有极限，部门墙因此会越来越厚。

我担任顾问的一家企业，某部门负责人居然将其职责简化到几乎可以忽略不计，每项该他做的事情，他都能轻易找到理由踢出去。老板觉得不妥，但又找不到理由来反驳。可能由于其管理风格民主，于是就出现了僵局，有几项任务居然找不到人来接盘。此时，任务分配的现场更像是一场"演讲与口才"的比试。

部门墙只是初级形态，往上走是高管墙，每个高管各自分管不同事业群，他们之间也有"墙"；往下走是团队墙、岗位墙……事实上，只要存在专业分工就会有"墙"，与部门墙大致相同。当企业内部的"墙"太多时，协同就成为妄想，企业内就会各自为政，成为"一盘散沙"。

隔热层⊖

从纵向关系上看，金字塔组织最大的问题是"隔热层"，韦伯、巴纳德、斯隆的授权也都很难把权力的边界"划分清楚"，这导致上下级之间沟通不畅，信息传递不上来，任务落实不下去。

对金字塔组织原本的设想是，在专业分工之后将权力赋予各个层级，以便形成控制和监督的"链条"。因此，上下级之间有明确的授权界限，上级决策和完成重要事宜（如某领域的顶层战略设计），下级在上级决策方向和工作结果的基础上，决策和完成次重要事宜，依此类推，直到将任务落实到最微观的行动上。

按理说，这种"链条关系"上的每个层级都应该有明确的责权利，并向上级负责。但实际上，每个层级的责权利都是不明确的，或者说，下级通常不会获得明确的权力。

一方面，上级迷恋权力，"不愿放权"。这可以追溯到麦克利兰"后天理论"中提到的"权力动机"，掌握他人的命运本来就是一种动机。这种追求在中国的传统文化环境中更被加剧，因为以儒家文化作为底层的中国社会更加崇尚"权力文化"。

另一方面，上级有父权主义、父爱主义情结，不相信下属，"不敢放权"。这种情结也和儒家文化有关系，儒家文化本来就是崇尚父爱主义情结的。典型的现象是，上级总是看不惯下级，觉得下级笨，看不惯每一个细节，给下属修改文件甚至会改到标点符号等细枝末节。

遇到这种情况，大多数知趣的下属并不会"向上管理"，明确自己的权力边界，以方便自己的工作，甚至获得成就自我的空间。因为，这样的行为通常会被视为挑战权威，甚至是别有用心，想牟取私利。

⊖　这个说法来自海尔首席执行官张瑞敏先生。2014 年 5 月 26 日，张瑞敏在与明尼苏达大学管理学教授范德文的交流中用这个词来形容中层管理人员阻隔了企业内的温度传递。

圆滑的下属通常会用"反授权"的方式消极应付，即把一项简单的任务分成十次来和上级沟通，俗称"早请示，晚汇报"。这样做的目的很简单：一是要把工作节奏拖慢，让自己轻松点；二是要把责任推得一干二净，潜台词是"你（上级）行你上吧，所有决策都是你做的，我可不担责任。"当然，这样做除了能够推过（责任），还可以揽功（利益），一旦事情做好了，那就是因为自己忠实地落实了上级的思路。但实际上，在这种模式中，下属充当了"二传手"，并没有为本环节的工作增加任何价值。

有些事真的不能细想，当上级不愿明确授权范畴，而希望保持"灰度"时，企业就会陷入一种风险——下属越俎代庖，收揽不该有的权力，牟取私利。为什么可以收揽到权力？这里面很微妙：上级没说给你某项权力，也没说不给呀！况且，在这个领域里，谁最了解上级的授权等级，当然是他的垂直下属！这也就不难解释，为什么秘书成为一个"特殊群体"，他们是领导身边的人，他们要办的事情，谁敢说不是领导的意思呢？下属（如秘书）对外号称是领导的"化身"，实际上把上级完全架空了，真要是出了问题，上级还真撇不清责任。

小方格怪象

横向的部门墙和纵向的隔热层把企业分成了若干"小方格"。员工在方格里，头顶"职位"（title），不碰上下（上下级），不碰左右（协作者），把自己的工作内容缩减到极致，"推诿"成为常态。这种问题早在福特制时代（金字塔组织的代表时代）就被发现了。正如老福特所言，"头衔"几乎就是不干活和不能为别人创造价值的同义词。即使员工要跨出小方格去做事，多半也是揽功推过，抓权卸责，只会制造一个又一个麻烦。

由于每个人的责权利说不清楚，这样的企业里的员工都有一些共同的特点。

一是员工怨声载道。每个人都埋怨自己权力（也包括"利"）太小，责任太大。

"权力太小"是因为"上级抓权"和"平级抢权"。有一次，我带领咨询团队为某企业进行组织转型的咨询，在组织诊断环节，我们的结论是该企业"授权不清，高管沦为了部门长"。事后，有熟悉的高管认真对我说："穆老师，我们都不同意你们的看法，我们哪里是部门长，我们连部门长的权力都没有！"言下之意，总经理把权力收得太紧了。

当然，随之而来的抱怨就是自己"责任太大"，一方面是上级无限地"压"任务下来，另一方面是横向的协作部门"推"任务过来。随意进入任何一家企业去访问中高层"工作忙不忙"，99%的回答都是"忙死了"，真忙假忙不知道。说了一千遍，自己也相信自己是"真的很忙"，如此一来，更是抱怨企业。

二是员工"怀才不遇"。由于责权利没有说清楚，员工缺乏一个明确的"赛道"，他们更像是赛道边苛刻的"看客"，每个人都对"该怎么跑"滔滔不绝。言下之意，"要是让我上场，我一定大杀四方"。但事实上，他们所谓的这些能力根本没有经过赛道的验证，完全是自己臆想出来的。遇到这种"怀才不遇"的人，如果你还愿意往下听听他们的观点，就会发现他们的大多数观点根本经不起推敲，道理很简单，纸上谈兵！更有甚者，纸上谈兵的套路都没有，基本上是"脚踩西瓜皮，滑到哪里算哪里"。

还有一个有意思的现象，如果你真把这类员工推上赛道，让他们岗位上的责权利落实到位，他们大多还不愿意。给权利可以，压责任不行，做好了要激励（钱），做不好不许有惩罚（钱）。有时你甚至怀疑，这种"怀才不遇"只是他们在企业内的一种"永远正确"的姿态罢了。相比于怨声载道，这样的姿态显然更加积极，而且显示自己"有才"，更容易为自己争取发展空间。

三是员工姿态很高。每个人都喜欢动口，"说观点，表决心"，而一旦要做事情，没有任何人愿意动手。有一次，我为某企业主持经营会，会上大家畅所欲言，发表了不少观点，总裁实在听不下去了，说："你们用了这么多时间来谈观点，为什么就没有一个人愿意给我一套方案，更没有一个人愿意帮我们执行落地？"

部门墙和隔热层的制约可能是大家不愿意动手的原因。但也有领导表示，"要权给权，要钱给钱，要资源给资源"，为何仍然没有员工愿意顶上呢？有时，我们完全有理由怀疑，由于长期"只说不做"，员工不是没有意愿做事，而是已经没有能力做事。

上述几个特点造成了企业内的僵局：在某种程度上，抱怨上级"不放权"，有可能是因为自己"姿态高""不担事"；如果真是这样，或者上级有合理的类似推测，他们又怎么可能把权力放下去？最后，当然是大家都不满意，企业从"僵局"陷入了"死局"。

"小方格怪象"让企业出现"大企业病"，效率低下、内耗严重。请注意，"大企业病"并不一定只有大企业有，我观察到的现象是，越来越多体量不大的小企业也开始提前出现了"大企业病"，因为金字塔组织逻辑也是它们的底层逻辑。

"大企业病"还有一个副产品，就是缺乏创新。这很自然，一旦创新，就需要跳出自己"小方格"内的"舒适区"，进入"部门墙"和"隔热层"所在的"真空领域"，自己显然就多了一部分工作，还多了一份风险，这不是给自己找事吗？能不能协调好是一回事，做好了有自己的好处吗？说不定旁边的关联部门（交叉职责关联的部门）还会过来抢功呢！"洗的盘子越多，打破盘子的概率越大"就是这个道理。

"斯隆的宿命"和"韦伯的预言"在当前已经成为现实，中国企业到了不得不面对"金字塔组织难题"的时候。

第二章

"流程再造"为何折戟

金字塔组织通过横向专业分工和纵向授权，厘清了每个岗位的角色，看似秩序严谨，实际上却也同时形成了分工之间的部门墙（分工不清）和上下级之间的隔热层（授权不明）。这些顽疾当然会制约企业的效率，理所当然地，管理学者们开始向金字塔组织开炮。

野心最大的非"流程再造"莫属，尽管这个野心最终还是屈服于金字塔组织的规则了。

为什么流程需要"再造"

1990 年，麻省理工学院计算机学教授兼电气工程师迈克尔·哈默（Michael Hammer）在《哈佛商业评论》上发表了一篇名为"企业再造：不要自动化，要裁撤"（Reengineering Work: Don't Automate, Obliterate）的文章。1993 年，哈默和 CSC 指数公司创始人詹姆斯·钱皮（James

Champy）联合出版了《企业再造》一书，掀起"再造"高潮。随后，CSC 指数公司借此趋势跻身世界一流咨询公司之列。

什么是流程？企业里的一项创造价值的工作，必然涉及若干前后协作并创造价值的节点。将这些节点串联到一起，明确上下游关系、节点职责和交付标准，就形成了"流程"（见图 2-1）。

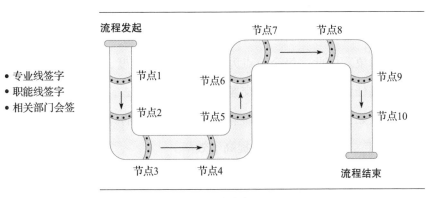

图 2-1　流程桶

资料来源：穆胜企业管理咨询事务所。

为什么流程需要"再造"呢？

一方面，流程破不了上下级之间的隔热层。流程里的节点分布在不同层级里，受到纵向的上下级关系的制约，节点之间的连接效率有问题。举例来说，某个部门内，如果专业节点签批但领导不签批，流程就一定无法向下走。但领导的作用实际上是对最终结果进行二次判断，这个动作本身并不产生价值。

另一方面，流程破不了专业分工之间的部门墙。流程里的节点分布在横向的协作关系里，专业极度细分，节点太多导致效率很低。现实中，采用金字塔组织的企业规模越大，越会形成过细的专业分工，让流程变得越冗长。其实，每个节点各司其职而又按部就班，信息、物料等在企业内传来传去，不一定能为用户创造价值，这显然降低了效率。官僚机构常常有这样的场景：一个偌大的房间里有无数个工位，每个工位都有一个专业人员负责在拿到表格后签字，然后将表格传递到下一个工位，整个流程走下来，一张表格上有无数的签字。

上述问题几乎是所有企业共同的痛点。于是，"流程再造"应运而生：一方面，这种方法把所有节点串联到一起，并为这些节点设置高于上下级关系的"至高权力"，打破了上下级之间的隔热层（其实是去除了上级的权力）；另一方面，这种方法去除了不能为用户创造价值的节点（被哈默和钱皮称为"外围员工"），合并某些极度细分的工作，从而使流程精简化，打破了部门墙。在此基础上，对于流程的考核得以下沉到每个节点，每个节点的处理速度和处理结果都成为考核对象。由此，每个节点为了撇清责任（速度、质量、数量的责任），都会尽快完成任务，再向下游"交割"，把责任推出去，这样，流程就可以快速运转。不仅如此，麻省理工学院和 CSC 指数公司的计算机基因还提倡所有流程都基于 IT 发起，这就进一步提高了效率。

可以说，流程再造是挑战金字塔组织专业分工和上下级授权规律的一次大胆尝试。哈默和钱皮甚至认为，企业再造是工业革命以来企业思考中最激进的改变。它告诉经理人如果想继续生存，必须抛弃现在所有关于企业的观念，扬弃老旧的传统，重新绘制组织蓝图。哈默甚至宣称："我以扭转工业经济的逻辑为使命。"

由于触碰到了欧美企业的痛点，流程再造自然大受欢迎。

"流程桶"造就的新官僚

不少顶级企业家曾经或至今依然是流程再造的坚定支持者。例如任正非认为，流程再造就是要实现"端对端"的交付，即需求从用户端来，组织资源再交付回用户端。

但是，相对于企业家的无限热情，员工对于流程再造却表现冷淡。

一方面，员工担心企业以流程再造为由进行裁员。他们甚至普遍存在一种认识: 企业采用流程再造, 只是打着幌子来降低成本[一]。另一方面, 员工也担心接受更加严格的工作监督。按理说, 流程再造减少了节点, 并让每个节点上的工作标准化, 应该会给用户带来更大程度的满意。但由于节点上的工作标准化带来了更加严格的监督, 员工出现了越来越多的"扑克脸", 直接影响到了用户的感知。两个方面的副作用, 让流程再造被扣上了"破坏士气"的恶名。

更激烈反对流程再造的是企业的中层管理人员。

原因很简单, 中层管理人员"重复审批"的动作被认为毫无价值, 所以, 流程再造专家们更希望将所有的权力都下沉到"扳道岔"的人手上。于是, 中层们反复强调流程再造可能带来的问题, 例如流程节点之间的连接会导致推诿等协调难题。他们认为, 与其如此, 不如将权力放到一个人手中, 让他来协调所有资源。这显然是对金字塔组织的捍卫, 但我们也不能否认中层管理人员在指挥和协调资源上的作用。

到底要主张中层管理人员的指挥和协调能力, 还是要主张流程的标准化效用?

这是企业家的选择。但不可否认的一点是, 企业在开始规模扩张时, 企业家会更相信制度(流程标准), 而不是相信"人"(中层管理人员)。于是, 他们更愿意花大力气进行流程再造, 即便在初期将付出大量成本(建立标准的成本、磨合的成本、IT 化改造的成本等)。当中层管理人员发现这个趋势不可逆转时, 他们又会找出各种理由, 拼命把自己的节点放到流程里。如果一个简单的流程上出现无数的节点, 流程再造就背离了初衷。

由于流程本身的刚性, 其变成了一个"桶状"的存在(或者更直观一点应该说是"管状"), 任何外力都无法影响其内部, 而内部的流动偏偏还极其缓

［一］ 比如 1995 年 5 月针对美国 80 家大企业财务主管的调查表明, 29% 的调查对象实施流程再造是为了降低成本, 26% 的调查对象则是因为"上级要求我们这样做", 仅仅有 10% 的调查对象认可"这是为了提高质量"。由于流程再造带来的成本削减刺激了股票市场, 企业更是对此乐此不疲。

慢。原因很简单，即便设置了"流程长"负责监督，但各个节点各有各的情况，缺乏横向对比，很难用处理速度和处理结果来考核。流程的各个节点又是必经之路，所以，对于节点的效率低下也只能容忍。看似简单的事情，用流程走下来就会无比冗长，于是流程拖沓就成为必然结果。

更严重的问题是逆流程形成的"无限循环"。由于流程上每一个节点都是必经之路，一旦某个节点做出否定审批，流程就必须逆转回上几个节点，直到"做对了"才能往下走，这就在链条上形成了"循环"。本来冗长的流程就变得更加冗长。实在推不动时，又必须开若干的协调会，这进一步降低了效率。

流程再造"杀死"创意

流程桶的另一个问题在于缺乏柔性，无法带来创意。

流程之所以产生，是因为要交付的最终结果是固定的，根据结果反推最有效率的资源组织形式，并将其标准化、可复制化、基线化，这就是流程的意义所在。但要交付的最终结果固定是因为用户的需求固定，一旦用户的需求开始变得飘忽不定，流程僵化的毛病就暴露无遗。

一方面，当所有人都按部就班地走流程时，没有任何人愿意改变自己。假设最接近用户的节点（销售或服务）发现了新的用户需求（不是原来设置的流程指向的那个交付结果），他能够根据这个需求来改变流程链条吗？显然不能。流程节点上的每个人都没有动机去改变，原因在于"太麻烦"。

另一方面，当所有人都按部就班地走流程时，外部的角色根本无法进入。从外部加入新的角色可以带来创意，但流程天然拒绝"多余的角色"进入。

无论是改变节点本身还是加入新的节点，都意味着改变。这就会增加每个节点的成本，就是"麻烦"。说直白点，在流程内每个节点都是唯一的，不太可能被替换掉，而只要服从领导，按部就班完成工作，就能获得薪酬支付。既然这样，流程上的节点又何必为自己"添麻烦"？应该清楚的是，设置流程的权限来自企业的顶层领导，除此之外，任何一个节点想要改变流程几乎都是不可能的，它们并不具备这样的协调能力。

要让大家接受这种"麻烦"，只有两个办法：其一是领导亲自推动流程更新。领导拥有设置流程的权限，而当他们强力推动新流程时，流程上的节点有动机为了取悦领导而改变自我。其二是发动流程上的利益相关者推动流程更新。说白了，就是让流程上每个节点的收益指向"用户价值"而非"流程标准"，这样流程节点就会为了获得收益而行动一致地改变自我，形成某种程度上的"自组织"。

前一种方法可能需要一个时时刻刻深入基层、洞察一切的 CEO。但在现实中，这根本不可能，说白了，金字塔组织里的 CEO 本来就是在顶层进行指挥的，他们深入基层只是"少数情况"。后一种方法，则是赋予了流程节点足够的权限，甚至让它们指挥企业，但在金字塔组织里，这种情况怎么可能发生？

当流程变得比结果重要时，每个节点都故步自封而又坚不可摧，"流程链"就变成了"流程棍"，只管埋头执行，不管抬头看路。正如加里·哈默和普拉哈拉德在他们 1994 年的作品《竞争大未来》中讲的："（流程再造）着眼于企业今天的作业，无法创造未来之需……如果一家公司仅仅关注于结构重组、再造，无视于创造未来市场的话，很快就会发现自己手上拥有的，只是一个利润日益萎缩、属于昨日的企业。"

流程再造无法跨越金字塔组织

迈克尔·哈默和钱皮用流程再造为所有企业勾勒了一个梦境，并扬言要用这种工具打破金字塔组织的传统组织形式。但在现实的企业中，很多时候，流程再造并没有改变什么。

流程再造本质上还是以领导为中心，而不是以用户为中心。领导者以"强权之手"改变企业内的游戏规则，是流程再造的动力所在，也是流程高效的原因所在。一旦走入这种逻辑，就会出现一个有意思的悖论：高层领导不可能直接推动流程再造，所以必须依赖中层，但依赖中层实现"去中层化"，相当于让他们"杀死"自己。难怪流程再造会受到抵制。

所以，除非一把手亲自上阵，否则流程再造就一定落实不下去，变成了前文所说的另一种官僚。当一把手亲自上阵，他要面对的就是中层和维护这些中层的高层（副总级别），相当于一个人"对抗"整个公司，难度可想而知。更让人失望的是，一旦一把手放手，流程效率就会出现一定程度的"回弹"，即使你用 IT 系统来固化流程，下面的人也可能在 IT 系统之外做"体外循环"（抄近路，不走流程）。

也许，只有任正非这样的企业家才能够以一己之力对抗整个金字塔组织的官僚势力。

华为是最早实施流程再造的企业，也是最典型的向流程要红利的企业。1998 年，华为就从 IBM 引入了集成产品研发流程（IPD）和集成供应链流程（ISC），随后又引入了集成财务流程（IFS）……任正非敢于在所有人反对时，要求华为"削足适履"；敢于设置铁规，要求每个基层员工都可以发邮件直接反馈重大情况；敢于不断自我批评，在顺境时依然不断敲打企业。他曾经多次"敲打"华为的各部门。

例如 2015 年，华为《管理优化报》刊登了一篇名为"一次付款的艰难旅程"的文章，文章反映一线作为赞助商面向客户进行预付款时遇到审批多、流程复杂的问题，引发华为内部员工激烈讨论，随后引起任正非的关注。他说："据我所知，这不是一个偶然的事件，不知从何时起，财务忘了自己的本职是为业务服务、为作战服务，什么时候变成了颐指气使，皮之不存，毛将焉附。我们希望在心声社区上看到财经管理团队民主生活发言的原始记录，怎么理解以客户为中心的文化。我常感到财务人员工资低，拼力为他们呼号，难道呼号是为了形成战斗的阻力吗？"这一内容还直接由任正非签发、以总裁办电子邮件的方式，发给华为董事会、监事会和全体员工。值得一提的是，财务团队由任正非的女儿孟晚舟分管。

又如 2016 年年末，在华为某部门组织的"年前座谈会"上，任正非认为发言太虚，怒斥"还过个屁年！"值得一提的是，华为 2016 年的营收高达5200 亿元，无论是规模还是增速，都创历史新高。

但即使强如任正非的一把手有了盯死流程的决心，也可能忽略了最关键的东西，就是他们只关注业务流程的再造，对于管理流程的再造无动于衷（也可能因为官僚的力量太过强大）。大多数企业仅仅通过开明的"一把手"的自我觉醒，来敲打出管理上的开放姿态，并未在制度层面有所改动。钱皮在其著作续篇《再造管理》中也提到，再造总是无法对管理形成冲击。

老板想象着基于用户需求设计协作形式，于是，流程再造成为他们的强力武器。但他们却忘了，促使流程链条上协作的动力是"人"和"财"，即人事权和财务权应该下沉到节点。理想的状态是，基于流程节点上的决策权配置人事权和财务权，每个节点都有资源去创造用户价值，而创造用户价值之后又都有公平收益。但现实情况恰恰相反，关于"人"和"财"的规则没有改变，所有人都没有动力去创造用户价值，他们依然还是盯着领导，完成流程要求的工作。领导的压力不可能无处不在，流程再造就变成了"来得快，也去得快"。

我们不能否认流程再造的"威力"，对于任何企业来说，流程再造都是必须修炼的内功。可不得不说，流程再造企图在金字塔组织的沙土上建立大厦，尽管漂亮，但当互联网时代变幻不定的用户需求如风一样吹来时，大厦可能迅速倒塌。

这并不是哈默和钱皮所言的"破解金字塔组织的钥匙"。

第三章

"KPI 管理"为何成了鸡肋

KPI 管理（management by KPI）渗透到了许多企业的血液里，至今依然产生巨大影响。

从严格意义上说，"KPI 管理"并不是一个典型的管理词汇，却是一种被企业普遍接受的管理方法。其原理很简单，即将公司的战略目标或经营目标分解到各个专业领域，再逐级下沉，直至员工个体，而后基于考核结果发放激励。

当每个部门、团队、个人都被绑定了数字，KPI 就犹如悬在每个被考核单元头上的达摩克利斯之剑，为他们注入动力，要求他们交付结果，驱动他们打破部门墙（横向）和隔热层（纵向），主动平行协同，主动向上和向下管理。由此，企业就最大限度地消除了各个环节的不确定性，确保生产出品质可靠的标准品。

走上神坛的 KPI 管理

一路走来，KPI 管理经历了两个维度的发展，逐渐形成了今天的体系。

其一是越来越走向精准量化。KPI 管理的源头可以追溯到目标管理（management by objective，MBO）。据考证，这一方法最早来自德鲁克⊖1954 年的著作《管理的实践》，其中专门提出了设置目标的管理方法。德鲁克认为，"企业的使命和任务，必须转化为目标"，如果一个领域没有目标，那么这个领域的工作必然被忽视。目标管理方法被提出后，美国通用电气公司最先采用，并取得了明显效果。其后，它在美国、西欧、日本等许多国家和地区得到迅速推广，被公认为是一种加强计划管理的先进科学管理方法。

后来，为了让考核更精准，管理学者们提出应将企业的目标尽量翻译为指标（indicator）。因为，目标的考核是用里程碑（milestone），这是不精确的，而指标的考核是用数字，这是精确的，这就进一步让管理走向"科学"。

其二是越来越走向平衡量化。事实上，企业在工厂制的时代，最倾向于考核生产效率。而后，财务指标开始进入 KPI 系统。早在 1903 年，杜邦火药公司就开始使用"投资报酬率"法评价公司业绩，将业绩评价对象从内部生产效率扩展到公司整体业绩。杜邦火药公司的财务主管唐纳森·布朗（Donaldson Brown）甚至将投资报酬率发展为一个评价各个部门业绩的手段，并发展出了"杜邦指标体系"（杜邦系统图）。

在工业经济的后期，随着信息化趋势的抬头，财务化的 KPI 开始受到挑战，人们甚至认为企业过度关注财务指标会导致忽略真正的竞争力。1990 年，毕马威会计师事务所（KPMG）的一家研究机构诺兰诺顿（Nolan Norton Institute）资助了一项为期一年的研究项目——未来的组织绩效衡量。这个项目由诺兰诺顿的 CEO 戴维·诺顿（David Norton）挂帅，哈佛商学院的罗伯特·卡普兰（Robert Kaplan）担任学术顾问，12 家来自制造业、服务业、重工业和高科技产业的企业参与了研究。研究者们发展出其他评价维度，形成了财务（financial）、客户（customer）、内部运营（internal business

---

⊖ 德鲁克系列著作已由机械工业出版社出版。

processes）、学习与成长（learning and growth）四个层面的评价体系。这就是大名鼎鼎的"平衡计分卡"（见图 3-1）。由此，企业从内至外产生价值的全过程就都有了 KPI 的覆盖，计量了所有的"关键要素"（而不仅仅是财务）。在此之后，各类"计分卡"满天飞，它们大都是秉持这种逻辑的变种工具。

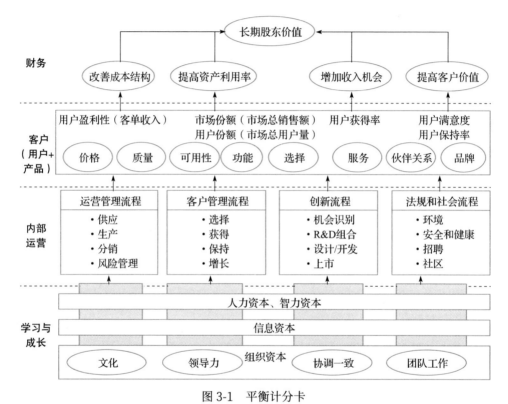

图 3-1　平衡计分卡

资料来源：卡普兰，诺顿. 平衡计分卡：化战略为行为［M］. 广州：广州经济出版社，2013.

失效的考核"神器"

按理说，当每个部门、团队、个体都被绑定了数字，他们的行为应该都指向一个方向，公司的战略协同是没有问题的。但实际上，KPI 管理存在天然的硬伤，并不能驱动战略协同。

一方面,KPI 管理不是一个市场化的激励工具,它具有天然的"弱激励基因"。

根据穆胜企业管理咨询事务所收集到的样本数据(样本包含近百家不同发展阶段、不同行业的企业),我得出了一个有意思的结论。

首先,大多数企业中个人薪酬的 40% 是与绩效挂钩的可变工资(考虑不同管理层级的平均数)。

其次,每个人的可变工资(上述"40%")中,绩效考核真正能够引起的变化在 5% 以下。这个"5%"的数据来自我设计的一个名为"激励真实指数"的算法。○通过对企业考核场景进行分析发现,理论上绩效得分可以在 0 ~ 100 分之间完全浮动,但实际上企业的考核现状是,很大一部分得分都会"按部就班"地送给员工,成为无效的考核部分。

最后,每个人的薪酬中,仅仅有 2%(40%×5%=2%)以下的实际变动部分,这显然无法激活员工。

我的结论是,除非引入拍脑袋的"强制分布"的下策,否则 KPI 管理之下的企业实际上还是在依靠岗位(升职诱惑)而不是绩效进行激励。

另一方面,由于上下级之间信息天然不对称,KPI 管理的方式始终算不上有效。这主要有以下四方面原因。

第一,确定指标一般是采用"下级上报,上级认可"的模式,但下级一定不会上报自己不可控的指标,而这些指标往往又是验证业绩的关键。所以,指标层层下沉但层层耗散,最后底层的指标加总并不等于顶层的战略目标。我辅导的一家企业是一个典型案例,在某年年末的 KPI 考核中,80% 的员工都完成了自己身上的所谓"KPI"(有的成绩很优秀),但公司业绩下滑了 50%(营收、利润双降)。最后,相关人等被老板一顿痛骂。

○ 事实上,把样本企业的绩效考核数据代入算法之后,50% 以上的样本企业(在该数据上)都在 3% 以下。

第二，即使指标准确了，也很难确定科学的目标。按理说，科学的目标一定是让员工"跳起来摸得着"的，但谁又能确定哪个刻度能够达到这个效果。由于根本找不到标准，"定目标"就成了一个痛苦的博弈过程，上级要"压"，下级要"躲"，都在"拼演技"。

第三，即使指标准确、目标科学，数据也会出问题。当下，除了基于IT平台的互联网企业，绝大多数企业都未能把工作变成数据流。所以，KPI的结果都是通过报表由下属向上级报送的，而下属天然就具有"报喜不报忧"的动机。某企业的人力资源部经理考核培训经理执行培训项目的"学员满意率"，结果次次优秀，但这位经理实在不放心，一次就将原始问卷翻出来抽查，结果发现没有一次的得分与原始数据对得上。原来，统计问卷的工作量太庞大，培训经理认为上级不会详查，于是就随便写了个数字。

第四，即使指标准确、目标科学、数据真实，员工也还有一大堆客观原因作为借口。KPI管理是要激励员工的主观努力程度，但绩效是主观努力程度和客观环境共同的结果。我观察到的大多数情况是，面对一个十分努力但绩效不佳的员工，很少有上级能"痛下杀手"。

其实，上下级之间的信息天然不对称，即使不断加大投入，让这个"对付"下级的监督系统变得越来越精密，上述问题依然无法根除。一旦进入KPI考核的"套路"中，每个人都盯着自己的工资包（下发的预算），在看似严谨的工具中折腾几下，让老板放心，自己安心地拿到全额工资。市场在哪里，用户是谁，谁关心呢？

KPI造就的新官僚

进一步看，KPI管理这个工具本身的问题不仅是"不好用"，而且它会让管理者"不用"或者"乱用"。

我在职业生涯的早期,曾经跟踪了一家企业的绩效管理项目,从充满希望地启动到彻底失败的全过程,历时两年。当项目被放弃后,我询问管理者:"如果绩效考核能够在不增加部门工作负担的基础上客观反映被考核者的贡献,您是否会坚持推行?"居然有 70% 以上的管理者选择放弃绩效管理。

其实道理很简单。

首先,上级没动力去冒险。即使上级通过 KPI 管理提升了部门业绩,这种老套路也是弱激励,根本不能获得增量绩效的分享。

其次,KPI 管理也会挤压管理者的权力空间。管理者通常认为,有了绩效管理,做什么决策得基于这个"记分牌",员工"没有那么好管了"。有趣的是,他们竭力证明保留私权的必要性,"KPI 不可能穷尽员工所有表现,我需要保留灵活的决策权"。但细品其动机,他们真的是一片公心吗?

最后,KPI 管理也会带来对抗文化的风险。"不患寡而患不均"的平均主义文化预设了员工的心理期待,一旦回归按劳分配,所有人都会觉得不适应。所以,利益受损的员工强烈质疑,得利者却通常保持沉默,这就导致了舆论"一边倒"地反对 KPI 管理。

管理者为什么会"乱用"KPI 管理呢?这是因为,在 KPI 管理无效且没有好处,但又看起来"如此有必要"时,管理者倾向于将 KPI 当成幌子,回到人治。

一家企业声称"我们将 KPI 作为工作方向的指示器,而不是用其来衡量员工的绩效"。细究之下,原来该企业的 KPI 结构中 70% 的指标都是主观指标,即来自"领导打分"。既然"领导评价是最有效的标准,如果每个人都对领导的指令令行禁止,那么队伍不就达到最佳战斗力了吗"?

但领导的理性是有限的,若不锁定绩效产出的标准,对于个人的绩效贡献就缺乏客观衡量标准,就会造成"只比苦劳,不比功劳"或者"不讲成绩,只看关系",人人都成为"表演者",而不是实际的奋斗者。企业又会走回到官僚模式，而 KPI 则成为"帮凶"和"放大器"。

更让人哭笑不得的是，有时 KPI 管理还被当作争权工具。一些企业的某些部门拥有超越职责的话语权，细问才知，它们张罗了企业内部的各类评奖，并让一二把手亲自参与评奖（形成背书）。这实际上是生造出一些 KPI，为的是掌握考核权。大多数这类 KPI 与其他业务线的考核都是重叠的，但"考核什么"不是关键，"夺权"部门关注的是"谁来考核"。

KPI 管理最大的问题是，其并不是一个精准的考核体系，必须依赖于领导力的支持，而一旦将 KPI 管理的成功与否押注于领导力，又会形成新的官僚。最后，KPI 成了官僚的遮羞布，科学管理的表象之下实际上是无穷的人治。

KPI 主义"杀死"创意

跳出陷阱，假设一个完全有效且被正确使用的 KPI 管理，它又会为企业带来什么？

有的企业并不是将 KPI 管理执行走了样，而是在坚定不移地贯彻。事实上，一些管理基础深厚的企业的确是依靠一把手的强力贯彻，将 KPI 管理做出了高度。在这类企业里，每一个人身上都有若干 KPI。其利用平衡计分卡的逻辑，将 KPI 分解到事无巨细，力图对每个环节进行控制，企业内也充满了竞争的紧张感，犹如军队一般高效运作。这难道又有什么问题吗？

这类 KPI 管理会带来控制，但控制的另一面是"僵化"，即让企业流连于自己的"标准化动作"，而忘记了目的是什么。这种倾向正是被热议的"KPI主义"，员工忘记了自己存在的目的是释放才能，管理层忘记了企业存在的目的是创造用户满意，他们都只管数字；资本方也喜欢从简单的数字中解读企业的"基本面"，倒逼企业"大干快上"，杀鸡取卵……

工业经济时代要求的是标准品，追求的是规模经济摊薄单位成本，增加利润空间。但互联网时代要求的却是个性品,追求各个部门、团队、员工作为价值节点充分互联的范围经济,以及形成的网络效应。如果企业恪守 KPI 主义,埋头赶路,不看市场,不管用户,就会导致组织僵化,无法充分互联,失去匹配市场的机会。

举例来说,在海尔这样极度柔韧的组织里,员工作为创客可以发起"连接"。几位员工发现,电商崛起后人们对于三四线城市的物流服务有强烈需求,而市场上缺乏足够的服务。因此,他们成立了"电商物流小微"(具有经营权限的公司或模拟公司),将海尔在全国的 6000 多家服务网点改造成了配送点。这些服务网点有人(服务人员)有车(配送车辆),完全可以提供配送服务,甚至基于它们的能力,还能提供上楼安装电器、降低货损的高品质服务。结果,这项服务果然"一炮而红",2016 年这个"小微"的营收约为 19 亿元。

这就是典型的组织柔性形成的商业模式创新,资源供给是现成的,用户需求也并不是很难发现,只是重新进行资源配置就做出了一个大市场。

但要将供需连接起来,没有海尔的"企业平台化"是不可能实现的。试想,如果是金字塔组织,人人都紧盯 KPI,有谁会主动去发现用户需求?发现了也会视而不见,因为与 KPI 无关,做错了还可能受惩罚。在这种"不做不错、多做多错"的氛围下,企业一定会失去创新和激情。

说到底,KPI 管理依然是让员工"听领导的",而不是"听用户的"。KPI 管理中的"薪源"是上级,员工的目标是通过完成 KPI 而向上级套现自己那部分薪酬预算,在这样的情况下,员工还会重视用户吗?企业犹如一块被分好的蛋糕,员工生怕看见用户需求会增加自己的麻烦,于是,大家同仇敌忾地抵御"外敌",所以,外部人力资源进入都会引起紧张,企业成为一个彻底的封闭系统。

回过头看,部门墙和隔热层并没有随着 KPI 管理的引入而消失,当每个人都盯着头上的 KPI,部门墙和隔热层反而越来越厚。

KPI 管理无法改良金字塔组织

相对于迈克尔·哈默和钱皮用流程再造为所有企业勾勒了一个"打破金字塔组织"的梦境，卡普兰和诺顿为所有企业描绘的是另一个梦境——"改良金字塔组织"。他们试图在一个强劲的价值链逻辑（平衡计分卡四大维度的因果关系）下，用无限的分工明确每个人的责权利，形成高效的战略协同。

但只要进入现实的管理场景，我们就会发现 KPI 管理依然是一个"有限的工具"。KPI 没有问题，但依赖事无巨细的 KPI 来支撑金字塔组织的运作，并不足以让企业实现战略协同。KPI 天然的问题和管理者的私心会将 KPI 管理变成新的官僚制。

KPI 的推行与流程再造一样，依然需要强势一把手把这种模式贯彻到自己的血液中。在我的观察中，一把手普遍缺乏的是"坚定的决心"和"盯死考核的耐力"。只要一把手将此事假手于人，下级就一定感受不到压力，KPI 管理就会不了了之。事实上，企业之所以能够扎扎实实做大，是因为在管理上有内功，内功来自哪里？就来自一把手对于管理体系的苦心淬炼。海尔要做 OEC 管理（日事日毕、日清日高），张瑞敏一定先从自己开始；华为要做 IPD（集成产品研发流程），任正非一定深入到流程中去。这就是他们和一般企业家的区别。

KPI 管理需要一把手驱动，但即使有了强有力的一把手，这种模式也不能一劳永逸。其面临以下两个挑战。

一是如果企业变大，KPI 管理就会失效，从底层开始"溃烂"。一把手的领导力不可能无限延展，所以，一定有管不到之处，而人总是有私心的，总是希望逃避考核，这些地方的 KPI 管理就会失效。底层一旦失效了，就会引起连锁反应，最后 KPI 管理会崩溃，成为"走过场"。所以，小企业可以做这种全面覆盖的 KPI 管理，但企业如果再发展，就一定要寻找其他解决方案。

二是当企业面对变化的市场时，KPI 管理会显得僵化，因为一把手被金字塔组织的汇报层级隔绝于市场之外，不可能进行有效的动态调整。有人问张瑞敏，为何不关注一款产品，而大谈如何改造组织。他说："第一，我不是最懂市场的，因为我不在一线；第二，就算我把一款产品管好了，一旦我的手收回来了，产品的品质就掉下去了。所以，还是要让每个人都成为自己的 CEO。"

人们本来希望有一个科学管理方式可以改良金字塔组织，但发现 KPI 管理必须依赖于一把手。企业一旦假手于一把手的强权，就会越来越强调以领导为中心，而不是以用户为中心的金字塔组织形态，这会放大金字塔组织的种种问题。

看来，要让员工自我驱动，还得另寻更好的方法。

第四章

企业文化到底有没有用

　　在解决金字塔组织难题的若干流派中，"企业文化管理"无疑是最"仙风道骨"的一派。在经历了流程再造与 KPI 管理的无疾而终后，不少企业家似乎大彻大悟：管理本来就是柔性的、混沌的、说不清楚的，与其期待机制设计，不如管理人心。

　　于是，若干以打造企业文化为目标的项目开始上马，例如企业文化建设、执行力建设、领导力建设……企业希望以此改造员工的心智，让大家变成认同企业价值观并自我约束的"好战士"，但一轮又一轮的"洗脑"运动收效甚微。

　　即便如此，老板们依然没有放弃用"企业文化管理"破解科层制的难题。事实上，兴起于 20 世纪 80 年代的企业文化热潮，相对于 90 年代的流程再造和 KPI 管理来说，有更悠久的历史。

企业文化管理热潮

1982 年 7 月，美国哈佛大学教授特伦斯·迪尔（Terrence Deal）和麦肯锡咨询公司顾问艾伦·肯尼迪（Allan Kennedy）出版了《企业文化：企业生活中的礼仪与仪式》一书。他们认为，每一家企业都拥有一种特殊的文化，无论是软弱还是强势，它都在整个公司内部产生了巨大的影响。他们解构了企业文化包含的五种因素：企业环境、价值观、企业英雄、风俗礼仪、文化网络。

这本书几乎成为企业文化研究领域的奠基之作，也引起了企业实践界的关注，如果按此逻辑，直接塑造一种强大的企业文化，岂不是更能引导企业走向成功？同期的另外三部企业文化相关著作《Z 理论》《日本的管理艺术》《追求卓越》也为这种风向加持，宣告了企业文化研究和实践的兴起。这些著作的共同观点是——强有力的文化是企业取得成功的"新金科玉律"。

对企业文化的探讨还可以追溯到更早的时期。1970 年，麦肯锡拨出经费来研究"卓越企业"，汤姆·彼得斯和另一位顾问本内特被选中参与项目，通过资料研究来讨论"组织效率"。他们发现，以前使企业成功的因素，如战略、组织机构等已经超过了最高效率点，为企业带来的收益开始边际递减。但与此相反，一些软性的因素，如领导力风格和企业文化，逐渐成为最重要的因素。汤姆·彼得斯于 1982 年出版了《追求卓越》，成为企业文化的领军人物之一。

企业文化管理观念的流行还切中了当时时代的痛点——日本企业一飞冲天，西方世界如何重拾竞争力？在竞争中处于下风的美国企业，一方面开始研究日本管理，另一方面也在思考自己的出路。前者的代表是帕斯卡尔和艾索思的《日本的管理艺术》，后者的代表是威廉·大内的《Z 理论》。彼得斯比他们在公众中更有影响力，原因在于他给出了极其简单的工具方法论，将卓越企业成功的奥秘变成精心编制、松紧适宜、接近顾客等八个简单要素，让美国人感觉"原来像日本企业一样并不难"。

在学者、咨询师的倡导下，美国企业、欧洲企业开始更多地让员工参与管理，更加善待员工，更多地提倡热情地为顾客服务，更多地用形式打破金字塔组织里的官僚作风。典型例子是，原来西装革履的穿着被休闲风替代，原来的官阶称谓被直呼其名替代⊖……企业文化的朴素描述也被精致的文案口号替代。

这样将管理简化的方式却遭到了德鲁克的强烈批评："《追求卓越》让管理变得简单无比，似乎只要买几本书放在枕头底下，就可以成功了。"

员工要什么

要想让企业文化管理起作用，取决于两点：第一，了解员工要什么；第二，用一种"塑造文化"的方式让员工的追求和企业的追求一致。但遗憾的是，在现实情境中，这两点都没有办法满足。

认可企业文化管理的老板，都喜欢假设人性，喜欢想象员工的需求。什么是老板们想象出的那种员工呢？老板们喜欢不断地用 Y 理论⊖来为自己背书，他们强调，金钱只是员工追逐的一部分，而且这种激励模式的效果是衰减的（边际效用递减）。

他们喜欢举一个例子：一群小孩砸一户民宅的玻璃，户主多次劝说，软硬兼施，孩子们仍然继续捣蛋。于是，户主对孩子们说："这样吧，你们来砸，砸中一块我就给你们一元钱。"孩子们砸得更起劲了，也如约拿到了奖励。过了两天，户主降低了奖励额度，砸中一块玻璃给五角钱。孩子们没有那么积极了，但仍然继续砸玻璃。又过了两天，户主说："我没钱了，给不了奖励了。"孩子们就不干了，这户民宅再也没有被骚扰过。

⊖　与现在互联网公司称呼花名的做法如出一辙。
⊖　美国行为科学家麦格雷戈于 1957 年在文章"企业中的人性面"中提出了 X 理论和 Y 理论。X 理论认为人们有消极的工作原动力，而 Y 理论则认为人们有积极的工作原动力。

　　说到这里，老板们开始理直气壮：金钱激励是不可持续的，还得靠文化。于是，他们纷纷帮助员工寻找"人生的意义"。务实一点的，将团结、求实、拼搏、奉献等口号挂上墙。一大帮咨询公司因此而致富，它们更像广告公司，而企业文化的咨询项目几乎成了一门无风险、高收益、稳赚不赔的"好生意"。境界"高"一点的，老板们开始引经据典，将自己打造为"世外高人"。事实上，他们都在"想象"员工。

　　过去，老板想象员工是"信徒"。看着员工在"佛堂"潸然泪下，老板以为员工也开始"皈依"了。但现实是柴米油盐，当员工从"佛堂"回到现实，一切又被打回原形。有一件趣事，在一家名义上笃信稻盛和夫的企业里，大家开始相互埋怨，都说对方不够"敬天爱人"，不遵守稻盛哲学。当每个人都扛起道德大旗时，指责就会无比激烈。本来是一个心理契约，只要有一个人不遵守，游戏就玩不下去。当大家的信仰开始崩塌，要想再建立，就不容易了。

　　现在，老板又开始想象员工是"创客"（maker）。他们认为，"90后不在乎钱，他们只在乎个性、好玩"。他们眼中的90后就是一群"小鬼"，心中根本没有把他们看作和自己平等的人。90后员工呢？他们根本没有感觉，自然是我行我素。90后在乎个性、好玩，但90后也在乎钱，他们要有个性、好玩地赚钱，这才是现实。

　　时至今日，一些中国的企业家仍然"高居庙堂之上"，只听得到顺耳的声音，去"想象"他们的员工，因为只有这样，他们才会有那些想象中的判断，但事实上，他们想象出来的那种员工是不存在的。

文化是结果，不是方法

　　文化管理有用吗？这里面有个逻辑陷阱。

　　大多数被宣扬的企业文化标杆都是"倒果为因"，即因为企业成功了，所以它们形成的企业文化就被认为是工具方法。你可以将华为、海尔和阿里巴巴等年营收千亿元级的企业的优秀业绩，归功于它们的文化，它们也乐意承认。一些培训师也会传播自己的神话，说出"三流的企业做制度，二流的企业做品牌，一流的企业做文化"之类的话，并进一步说"要是不信，看看华为、海尔和阿里巴巴"。

问题在于，是先有机制再有文化，还是先有文化再有机制。如果是先有机制，那管理的胜负手就是如何形成合理的机制；如果是先有文化，那么老板就应该去当员工信仰的"大神"。

先说说文化能不能形成机制。老板希望企业有一种文化，能够让员工忘情投入。但没有机制而单纯依赖文化根本没用，没有哪种企业文化可以强到那种程度。如果真有这种可能性，那老板就必须是"大神"，企业就必须要类似"宗教"。至少，老板要像"稻盛和夫"那样吧。

再说说机制能不能形成文化。我们看一个例子：美国流媒体公司奈飞（Netflix）以残酷管理而出名，其人员引入、淘汰、激励等完全是与市场接轨的，再劳苦功高的员工，一旦不适应企业的发展，企业就会让其走人。奈飞甚至根本不做培训，他们觉得和成年人合作才是最有效率的。这看似不合情理，"没有文化"，但它的业绩好到让人惊讶，几年时间里在二级市场上估值增加10倍！奈飞认为："公司真正的价值观和动听的价值观完全相反，是具体通过哪些人被奖励、被提升和被解雇来体现的。"⊖翻译得更简单一点是："别看那些没用的标语、口号，你们公司给谁发钱，给谁扣钱，赶走谁，留下谁，这就是你们的企业文化。"

说到这里，我们应该很清楚了，文化是结果，不是工具。当老板玩佛珠，满口之乎者也时，他身后会有一群员工在笑而不语。这还算好的，我在企业调

⊖　原文是：The actual company values, as opposed to the nice-sounding values, are shown by who gets rewarded, promoted or let go。

研时听到过更难听的——"装什么装呀,他以为自己是神呀!"老板要员工当信徒,他们却宁愿当俗人。

现实中,善意的老板被心理学上的"虚假普遍性"[○]所蒙蔽。他们以为,自己对企业的投入和那些激动人心的口号一定能够感染员工,让所有人和他们一样对企业充满热情。但员工关注的是自己的收入。

当然,有"心计"的老板不一样,他们知道员工的诉求,也知道员工的反应,但他们将文化作为遮羞布,夹带自己的私欲,把企业文化管理设计成了一个"空手套白狼的套路"。让员工做事情的时候谈理想,与员工分钱的时候谈困难,真是让人哭笑不得。

市场关系是最好的联结

商业世界有魑魅魍魉的存在,但市场关系是最好的联结方式,在组织里也如此。这种关系的好处在于,它没有"道貌岸然",只有公平互惠。

市场里本来就没有温情,再多"高大上"的概念,本质上都是用钱来驱动人,没有金钱激励作为动力机制,员工"云化""共享"不起来。所以,要用公平的利益分配机制来塑造文化,而不要希望用文化来解决管理问题。

其实,从企业文化这个概念上看,它也可能是组织能力的同义词。在我2010年提出的组织能力三明治模型中,底层是组织价值观,中层是组织规则,顶层是组织知识,这和企业文化的概念本来就高度重合。

我们来谈谈企业文化是如何形成的吧。

一个创始人带领创业团队把企业做起来了,他们的价值观、行为准则和知识储备成为企业文化的胚胎,奠定了企业文化的基调。而后,他们用自己的标

○ 我们总是过高地估计别人对自己观点的赞成度以支持自己的立场,这种现象被称为虚假普遍性(false consensus effect)。

准选人，决定谁走谁留，谁升谁降……企业文化犹如一个孩子，开始长大。员工的价值观决定了他们对事物的判断，而后，他们会形成一些关于组织规则的共识，大多数员工的行为特征都被校正调整到同一个频道上（如海尔的创新创业文化、海底捞的加班文化）。再后来，在行动的过程中企业就会将这些共识沉淀成制度、方法、SOP（标准运行流程）等知识，犹如野中郁次郎的知识螺旋上升模型一样逐渐累积。

所以，主张塑造企业文化，本来就是主张全面提升管理系统的同义词，这是没有营养的废话。脱离管理系统的重构谈文化塑造，本来就是天方夜谭，老板定义不出文化——你可以把文化挂到墙上，但没办法把文化放到员工心里。

2017年3月，我陪同海尔CEO张瑞敏赴美国进行商务考察，其间我们探讨了一个问题。我问："我接触的大多数国外前沿学者，都认为激励员工更多的不是钱，而是创业的热情。如果按照这种逻辑，为何需要人单合一这么精巧的机制设计（把'账'算清楚），直接找到一些有激情的员工就是了，您怎么看？"

张瑞敏回答："关于员工需求真正是什么，马斯洛、泰勒、梅奥都给出过解释，泰勒认为员工是经济人，于是企业就设计了相对严苛的考核体系；梅奥认为员工是社会人，企业又开始给出更加亲和的环境；马斯洛认为员工的需求有多个层次，于是我们将组织设计得更加复杂。我们还一直在这些理论中摇摆，但这些理论都没能解决真正的问题，我们永远在找员工需要什么，而不是让他们去寻找自己的目标。海尔的人单合一，就是把用户的价值与员工的贡献连接起来，给他们一个选择的机会。"

道理再简单不过：当员工的收获来自他们为用户创造的价值时，员工可以自己去寻找自己的意义。获得物质利益还是精神收益，不是由企业或老板来定义的，而是由他们自己去寻找的。其实，用户需求呈现多样化的同时，员工需求也呈现多样化，老板们根本无法"定义"，这道难题的解法应该是——企业搭建平台来满足创客的需求。这才是我们走向机制设计的意义。

企业文化管理有用吗

有的老板说："企业文化没用，您帮我解决如何分好钱的问题就好了。"

公平地说，企业文化管理的确有作用，它甚至确定了企业的底层逻辑。

使命、愿景、价值观，定义了企业"因何而存在，要去向哪里，主张什么，不主张什么"这类终极问题。如果不回答清楚这些问题，企业不可能设计出让大多数人都满意的机制。

举例来说，在某企业里，一种声音强调结果导向，"为结果喝彩，为过程买单"，但另一种声音认为试错也是有意义的，失败了也是英雄。这两种说法都有道理，制度往哪个方向走，要看企业树立的主流价值观。

前面说文化不能形成机制，但这里说的是文化定义了机制应该往哪个方向走。奈飞可以不定义文化而直接做机制设计，因为它的文化太过鲜明，根本不需要去澄清。但这种做法对于其他企业来说似乎并不适用，它们需要澄清企业文化。

企业文化的这类作用甚至可以转化为实用功能，在机制不可能一步到位时，指示企业的方向，给出更大的改革空间。

京东在迅速扩张时期就进行过企业文化再造。当时，京东出现了四类群体，大家各有不同的价值观。第一类是来自《财富》500强企业的精英，他们的文化被称为"洋买办文化"；第二类是来自采购、运营方面的电商生意人，他们的文化被称为"商人文化"；第三类是IT团队，他们的文化是"工程师文化"；第四类是快递员队伍，他们的文化是"码头文化"。如何将四类文化整合到一起，形成"JD文化"？当时京东花了大力气，最终的结果就是形成了一种四类群体都听得懂、都认同的文化诠释。这样的努力显然为京东的发展提供了巨大支撑力。

必须强调的是，尽管企业文化有上述"地基"式的作用，但我们绝对不能用企业文化替代机制，甚至直接用企业文化做管理。

不少老板设想将企业的几条价值观翻译为从低到高的行为等级，直接对接考核。这是典型的"行为锚定法"，而真正使用过这种工具的人都清楚，这种考核主观性极强，成本极高，通常无法形成区分度。考核更有可能沦为"走过场"，形成"橄榄式分布"的结果，即有少数极好的和少数极差的，剩下99%以上的员工都是平均得分。

在管理上，企业文化只能打"助攻"，不能打"主攻"。

没有机制设计托底，越是宏大的企业文化口号越会被认为虚伪。当有了机制设计，企业文化就可以发挥如下三个作用：

◎ 营造氛围，为机制的认同赢得空间；

◎ 强化认同，为机制的渗透放大威力；

◎ 弥补漏洞，为机制迭代注入改进基因。

举例来说，华为在1996年爆发了一个"大事件"。时任市场体系总负责人、为华为打下江山的孙亚芳（后曾担任华为董事长）带领自己的团队集体辞职，再重新应聘上岗。有重要干部在这个事件中从领导岗位上"下岗"了，但他说："烈火烧掉了我的翅膀，我会在烈火中涅槃。"

这句话也成为华为"烧不死的鸟是凤凰"的精神注解。任正非用这样的方式来"敲打"企业的"铁锈"，让企业这台机器长期保持高效，这种方式甚至成为华为的常态。企业文化管理有用吗？从这个角度看显然有用，但你要看看华为有怎样强大的"激励机制"。说得直白一点，《以奋斗者为本》和《以客户为中心》两本书里的任何一个条款，在华为的激励机制里都能找到对应的内容，这就是华为可以做"企业文化管理"的原因。

我们需要正视企业文化的作用，它既不是灵丹妙药，也不是一无是处。有时候，它是地基和助攻，但要破解金字塔组织的难题，它显然还不是出路。

第五章

"中国式管理"把人带到沟里了吗

在管理的"洋务运动"之后，中国的企业家们开始从流程再造、KPI管理中醒悟过来。无数破解金字塔组织难题的尝试无疾而终，这让他们相信，用外国的工具管理中国人是不现实的。

从逻辑上看，管理是针对具体对象的"权变"，不同的人显然适用不同的管理方式。顺着这条思路往下想，对于在中国文化下成长的中国人，会不会有一种"中国式管理"呢？中华民族的历史宝库里，难道就没有破解金字塔组织问题的办法？

这种看似严密的逻辑，再加上一些偷换、拔高的概念，把不少人带到了"沟"里。

异军突起的中国式管理

究竟是谁提出了"中国式管理"，已经无从考证了。但是，向这个方向前进的人大概有以下三类。

第一类是学者。他们希望从范式层面去颠覆传统的管理，但这类学术成果更多的是一种哲学层面的反思，而非具体的操作方法论。即使有若干的管理场景可以支撑这类哲学层面的反思，但零散的"管理艺术"并不足以从体系上改变一个组织。在现实中，几乎没有企业愿意为一个"中国式管理"的咨询项目买单。

第二类是培训师。中国式管理更像是他们课程里的点缀，时不时引用一句《论语》《易经》中的话会瞬间提升课程的档次。同样的一个观点，本来可以用简单的话语说出来，但如果后面跟一句"古人云"，会让受众瞬间服气——人家可不是乱说，古人都这样说。这群人依然无法为企业提供成体系的方法论，却好像一个个的"接引者"，将企业家引到了"经典古籍"里。培训师随着经济的上行如雨后春笋般冒出来，他们覆盖了大量"分散市场"，满足了无数体量不到一定规模的企业家的自我提升需求。显然，这类"中国式管理"的喊话起到了一定作用。

第三类是企业家。MBA、EMBA课程里的工具失效让他们更愿意独辟蹊径。说起来，这也有两种情况：一种是企业家确实试过管理工具，也发现了这些工具的漏洞，迷惘之下走向"中国式管理"；另一种则可能是企业家根本没有尝试过管理工具，基于对自己过去成功的自信，他们本能地希望"摸着石头过河"。对于后者来说，庞大的现代管理科学体系显然太复杂，他们哪有时间从头学起。既然如此，与其和一群不接地气的MBA比拼不落地的管理概念，不如投身真正的"大智慧"。

现实情况是：一方面，学者们对于中国式管理的思考既没有替代管理学的旧范式，也没有渗透到应用层面，依然是在学术细分领域内孤独地起舞。另一方面，有实战主义情结的老板们忙于市场，埋头前行，笃信自己，所以才有若干自以为是的"中国式管理"冒出来。一个典型事例是，企业家都喜欢对外界说："我们的管理方式独一无二，没有人能看懂我们。"哪有那么多"看不懂"？只是他们没有往外看，活在自己的世界里。培训师在学术界和企业界的鸿沟中游刃有余，学术界无法也无暇对他们的内容进行证伪，而企业家还真有自己的需要，所以培训师赚到大钱的并不在少数。

但是，随着一些标杆企业的成功，中国式管理开始异军突起，大有成为主角的趋势。这些耳熟能详的"现象级企业"包括海底捞、德胜洋楼、胖东来、苏州固锝等。它们的管理普遍都有如下特点。

◎ 或多或少从中国传统的文化中借力，有高举高打的"善念文化"；

◎ "善念文化"大多以儒家哲学为基础，强调秩序和伦理；

◎ 老板秉持善念，拥有大爱，疯狂释放激励，威信极高；

◎ 员工不仅训练有素，而且不计代价地投入；

◎ 企业内人际关系和谐，员工普遍感到特别"幸福"；

◎ 企业的产品是细分市场内的王者。

大爱无疆的老板、不计代价的激励、无限投入的员工、亮眼的业绩……这类"反常"的现象最容易点燃媒体的热情。在一篇篇纪实文学一样的案例报道中，这类企业成为明星，其被包装为"中国式管理"的范本。到了这一步，似乎大道至简，管理上的工具完全可以让位于"善念"了。

失效的人间大义

从严格意义上说，中国式管理的内涵是"善念 + 行为标准"，说穿了，就是基于高度统一的价值观基础上的一致行动。这里的价值观与老板的个人形象高度贴合，对于价值观的认同依附于老板的人格魅力。也就是说，一旦认同老板提倡的善念，员工就会有无限的动力。但是，这样的管理模式并非滴水不漏，有可能出现若干问题。

首先，**价值观有可能崩溃**。当员工基于老板的形象认可其价值观时，尽管有着强烈的感知，却面临另一个风险，即员工会通过不断观察老板的行为修正自己的认知。老板并非圣人，一旦老板声望受损，价值观的影响力就会削减，甚至崩溃。举例来说，一些人在位时影响力无与伦比，但当媒体信息开放且他们卸任后，他们的一些劣迹被暴露出来，人们的疯狂崇拜就消失了。也就是说，老板应成为更经得起考验的圣人。上述运用"中国式管理"的企业的老板普遍都有穷苦的童年，这使得他们对于员工有一种传统儒家的朴素爱人情怀，并以父爱主义的方式实现对于员工的"仁义"，这更像是一种记忆中的"本能"。但是，圣人的境界不应仅仅是朴素主义，而更应该是对于道德的至高追求。前者不如后者的是，其经不起仔细推敲，更不足以长期凝聚员工。

其次，**价值观也有可能耗散**。当企业的价值观与老板个人联系时，员工感知最强，影响力也最强，员工会基于对老板的认同产生对于其价值观的认同。老板身处高位，人际联系只能在相对接近的管理层级和范围产生，但是，企业越大，以老板为中心的人际联系就存在越多辐射不到的死角。

即便老板是圣人，其影响力又大到可以传播到企业的每一个角落，这种管理模式就能延续吗？显然不能。这种出色的老板都面临传承的问题。现在，他们处于当打之年，这一问题尚不明显，但谁又能保证在数十年之后企业一直坚守的优秀价值观不会随着老板的退隐而消失？谁能想象没有张勇的海底捞、没有聂圣哲的德胜洋楼、没有于东来的胖东来会是什么样？

最后，**企业价值观有可能发生偏离**。在中国式管理的样本企业中，老板们无一例外都将平等、关爱等共同价值作为企业文化的内核。秉持共同价值是基业长青的基础，他们打造的企业中充满了正能量。但是，这种以老板为精神偶像的管理模式赋予了老板更大的权力，另外，老板们引入某种价值观的第一目的是"经营"而非"传道"，因此"效率"可能是其优先考虑的。一旦拥有强权的老板一味追求"效率",就可能扭曲"公平",陷入功利主义的陷阱。

例如,为了方便控制员工,老板极有可能提倡一种"忠诚"的"德",实际上是将员工代入一种君臣关系,压制他们的正常诉求。再如,老板有可能提倡一种"感恩"的"德",提倡感谢企业、感谢顾客,以"滴水之恩,涌泉相报"为名,令员工无底线地付出(超预期服务)和利益让渡变得理所当然。这些都是假"德行"之名,行"剥削"之实,显然不是共同价值。

就连以关爱员工闻名的海底捞也陷入了这种"道德困境"。《海底捞你学不会》一书中就记录了员工的抱怨:

> 我每天早上 9 点上班,晚上 9 点下班,一天上 12 小时班,如果还嫌不够,那要怎么办?海底捞没有哪个服务员是睡够觉的。一天 12 小时上班,哪有自己的时间?难怪婚姻大事推荐内部消化。这算是为员工着想吗?休假了,都是在宿舍补充睡眠呢。你们养的不是员工,是机器人。

相比价值观无法延续和可能耗散,价值观的偏离可能是更大的风险。当员工发现了老板光辉形象背后可能的私心以后,其信仰就会崩塌,于是,这种"中国式管理"的逻辑体系就将被彻底打破。可以说,在儒家文化的语境下,这类"中国式管理"的"阿喀琉斯之踵"在于老板"不仁"("仁"即替人着想,是儒家文化"仁义礼智信"五常的核心)。但当他们拥有了太多的权力空间,效率的诱惑又具有十足的吸引力时,他们就有很大的动机去"不仁","不仁"也让他们在短期内获利丰厚,但这更让"中国式管理"昙花一现。

强权管理不合时宜

强力整合价值观的模式更像企业文化管理的延续,只不过,中国式管理中的价值观整合更多寄托于一个充满魅力的企业领袖。正是因为这个特点，其更像是"家长式管理"或"部落式管理"，因为老板们不太可能成为"精神偶像"（虽然他们不愿承认这一点），他们更像"家长"或"酋长"。

其实，我们完全可以从儒家文化的背景中寻找这种管理模式的根源，几个善良的企业家用自己的父爱主义情结为员工构筑了一个家，照顾所有成员，而家里的人基于对家长权威的认同，全情投入为家奉献，于是，整个家庭欣欣向荣、和和美美。

如果老板们坚持自我修炼（确保价值观不崩溃），保持企业规模（确保价值观不耗散），守住善念底线（确保价值观不偏离），那么，这种"家长式管理"是否就能延续辉煌？

"家长式管理"的核心要素是"父爱主义情结"，也就是"我告诉你做什么，做了肯定是为你好"，表现在管理上，就是强力的过程控制，例如海底捞的员工认为，在海底捞工作时间较长的人，都养成了半夜三更回家的习惯，他们感觉半夜三更回家才是对的，早回心里就有愧，总觉得有双眼睛在盯着自己，觉得对不起公司，对不起这份工作。再如，德胜洋楼的《员工手册》从个人卫生到工作流程，内容多达 268 页，而为了配合制度的执行，企业还要求员工每天默背手册，进行以老带新的行为同化，对不遵守纪律的员工实施暗中监督，甚至会罚坐"冷板凳"（罚静坐）。

但是，互联网时代，用户需求千人千面、长尾分布、快速迭代、极致个性，需要企业变得更加灵活，去感知市场的变化，并快速组织资源做出反应，而这类"家长式管理"却高度管控过程，本质上是对金字塔组织的强化。

一方面，这类组织的决策中心依然在顶层，反应自然会"慢几拍"。正如杰克·韦尔奇所说，当企业的管理层级很多时，领导者就像穿上了厚厚的毛衣，无法感知市场的温度。在简单需求的市场里，这样的管理模式成立，但在互联网时代的复杂市场里，这样的管理模式还成立吗？

另一方面，老板们对于一线的管束，将员工变成过程中的"人肉零件"，往往会让员工丧失发挥创造力的热情。说得夸张一点，就是员工被"管傻了"。这样的例子很多，对于领袖的崇拜并不能带来创新的思想，创新一定不是来自整齐划一的队列，而是来自"百花齐放、百家争鸣"的平台。

其实，"严格管理"和"释放个性"本来就是一对矛盾体，前者带来"秩序"，后者带来"创新"，但你不可能既"严格管理"，又"释放个性"。所以，理性的组织设计者都会根据商业模式和战略的要求，把握"秩序"与"创新"之间的平衡：当企业的业绩更多来自秩序时，组织就应该是"金字塔式"的；反之，当企业的业绩更多来自创新时，组织就应该是"平台式"的。

在工业经济时代，企业成功是因为企业领袖的强大号召力，但在互联网时代，企业发展受限也是因为企业领袖的强大号召力。正如在强势的父权下，家庭往往很难有同样优秀的"二代"。所以，任正非、张瑞敏等企业领导者开始弱化自己的"父爱主义情结"，转而强化自己的"平台领导力"，把企业变成平台，让员工成为创客（决策的主角）。

中国式管理的本质

所谓"中国式管理"的成功，更像针对特定人群、特定文化、特定市场的个案。仔细研究这些案例，我们就会发现这类"中国式管理"能够脱颖而出，都离不开以下三个现实条件。

一是员工的苦难经历。大量出生于农村的年轻人拥有艰苦的成长经历，无法获得社会发展带来的物质享受，伴随其经济地位的是他们的社会地位似乎也"低人一等"，所以，他们渴望改变命运，渴望获得尊重，他们愿意为此付出，愿意承受奋斗过程中的艰辛。据说，海底捞董事长张勇曾经用一句话就做通了员工的工作——"你是不是还想祖祖辈辈当农民？"所以，当老板用实实在在的成本为员工构筑起"城市的生活",勾勒出一个简单的愿景(改变自己的阶层)时,员工自然会被触动;而老板也自然成为员工跨越阶层的"引路人",员工会对老板充分信任;如果老板本人再给予员工一些关怀,员工自然会向老板报恩,甚至会为企业鞠躬尽瘁。一句话,这些年轻人的心理预期太低了,以至于简单施惠就足以让他们感动。

二是市场的简单需求。所谓奉行"中国式管理"的企业无一不是战略目标明确、市场需求简单。海底捞所在的餐饮业自不用说,德胜洋楼的美式木结构别墅也是切入了一个空间巨大的利基市场。换句话说,这些行业并不需要员工保持独立思考,成为市场信息的触手,进行独立决策;跟着大部队前进,保持行动一致,保持昂扬斗志,完成单纯的工作即可。所以,这类中国式管理才能够奏效。换个角度看,我们何时看到过用这种"事无巨细的制度约束""打鸡血似的培训"能够管好知识型员工的案例?

三是顾客的代偿心理。西方文化实际上是一种横向文化,讲究平等主体之间支付对价。所以,在西方的服务业中,服务人员和顾客之间只是一种单纯的交易关系,服务人员完成基本的服务即可,其在人格上并不会低人一等,不需要无限制满足顾客需求。要获得更好的服务该怎么办?给小费!而东方文化(儒家)实际上是一种纵向文化,其预设了一种纵向关系,如君臣、师徒、父子、长幼等。于是,处于纵向关系中的我们,习惯性地把服务人员预设在了相对顾客更低的一个层次上,要求他们不计回报地提供"超预期服务"。这实际上体现了社会的一种"代偿心理",即在工作、生活中习惯了无条件满足上一层级角色的要求后,需要在另一个场合由下一层级的角色无条件满足自己。所以,我们会看到一些平时温文尔雅的人在就餐时却颐指气使。从这个意义上说,德胜洋楼提供的"超值产品"也是满足了这种代偿心理。当"超预期服务"成为市场突围的利器时,"雕刻员工的模板行为"方式也就具有了必要性。

摸索出这种"中国式管理"在很大程度上是因为本土企业家的路径依赖。海底捞的张勇、德胜洋楼的聂圣哲、胖东来的于东来都有过社会底层的经历，这使他们充满了改变员工命运的使命感，而在商海的摸索中他们又听到了市场的声音，他们也幸运地找到了一些让员工行动一致的办法。当他们将这种种逻辑的片段组合在一起形成"模式"时，他们的企业又正好在合适的行业里，所以他们获得了成功。

也许，所谓"中国式管理"并不是一种可以称得上是"模式"的理论。说到底，它只是一种导入儒家文化来强化金字塔组织的"升级版"，它既没有改变金字塔组织的形态，也没有解决金字塔组织的问题。

第六章

警惕阿米巴陷阱

　　若干年前，中国商界知道了一位日本经营之圣——稻盛和夫。老先生带着自己的"哲学"和"实学"来到中国，其"哲学"重塑了不少中国企业家的商业价值观，其"实学"则带来了新的管理模式——阿米巴模式。对于老先生的哲学，没人怀疑，但敢于试水阿米巴的企业仍然只是少数。

　　我在几年前的一篇文章"神奇的是文化，不是阿米巴"[⊖]中已经分析得很清楚，阿米巴模式在现实中很难落地。这究竟是为什么？

组织转型需要阿米巴模式吗

　　互联网时代，企业必须足够灵活才能应对千人千面、快速迭代、无限极致的用户需求，它们开始被倒逼进行组织转型。越来越多的企业发现，所谓的"互联网基因"并不是指老板有没有互联网思维，而是指企业能不能变得更轻、更快、更强，能不能根据用户需求组织资源，高效协作。

老板是很聪明的一类人，他们绝对能够看懂商业模式的变化，他们中不少人也知道互联网商业模式究竟是什么。但是，他们发现当自己看懂了格局，决定"接网"时，企业却犹如一个大胖子，怎么也动不起来，一切照旧。

所以，企业开始走向组织转型。老板们知道，在以前的工业经济时代，自己或决策层是火车头，可以带动若干车厢；但现在到了爬坡上坎的时候，必须让每节车厢都自带动力。换句话说，老板们希望每个部门都成为一家公司，能够具备经营意识，甚至"人人都成为自己的CEO"，人人都能够具备经营意识。

2015年可以说是"组织转型元年"。很多企业都在进行组织转型，有的是创业公司，有的是传统企业，有的是互联网的"原住民"企业，有的是生于线下准备接网的"移民"企业……大家都感觉到了组织转型的趋势，希望能够找到适应未来的组织模式。

转型之时，不少企业希望我来辅导它们做阿米巴。在它们看来，阿米巴是一种内部市场制，可以打造出极度灵活、"人人都为自己打工"的平台型组织。但事实上，平台型组织和阿米巴根本就是两回事。

你真的搞懂阿米巴了吗

稻盛和夫作为探索者，他的出发点和当下企业一致，部门只有把自己变成公司，有经营的动力，才会开源节流，才会形成合力，达到更高的经营绩效（相对于金字塔组织的企业）。

但是，部门之间原来是有墙的，大家在领导的要求下做事情，领导再负责考核。在这样的模式下，每个部门的绩效实际上都不可能被精准考核，你有你的指标或目标，我有我的指标或目标。即使你的绩效得分比我高，我也可能不服。道理很简单，大家分工不同，没有高低贵贱之分！当部门的贡献不能横向比较，只能用得分而不能用货币衡量时，大家就有了偷懒的空间。有的人说"自己和自己的历史比"。笑话！我可以找出 100 个理由证明我今年的业绩下滑或增长缓慢是合理的。

我高度赞同稻盛和夫提倡的"要让经营像玻璃般透明"。但经营的度量需要一套会计系统，对于有财务专业知识的人来说并不难，但对于企业的非经营部门或非经营者来说，却太难了。稻盛和夫做了一件很有意义的事情，就是把公司的会计系统变得简单，变得"小白也能上手"。只有让员工能算得清账，他们才能参与到经营中去。国内有人曾经诟病稻盛和夫"原创"的这套会计系统，认为没有任何创新，据此质疑阿米巴模式的合理性。事实上，简化会计系统的方向绝对没有问题，这是必走的一步，但重点根本不在这里。

试想，如果每个部门都能够把自己创造的收益用货币量化，不就都有了经营的动力？在阿米巴模式中，部门与部门之间的业务交接采用支付的方式进行，也就是说，A 部门交给 B 部门的半成品，B 部门必须用钱去买，只有在这种购买成立后，业务流程才能继续往下走。这个理念和海尔提出的市场链相似，如果每个环节都用真金白银去购买上一个环节的产出，每个人就一定是"最苛刻的绩效考核者"，谁会浪费自己的钱？如此一来，每个环节都必须竭尽全力讨好自己的下游用户，这样企业生产的终端产品就一定是最优质的。直到这一步，阿米巴模式都没有任何问题。

稻盛和夫还提出了一种独特的核算方式，即"单位时间附加价值核算"。说简单点，某环节产生的附加价值等于购买价减去成本价（包括进货成本和本环节产生的成本），用这个附加价值除以工作时间，就等于"单位时间（产生的）附加值"。由此一来，阿米巴的经营者就会将注意力放在提高"单位时间附加价值"上。

但是问题来了——价格怎么确定？谁来决定购买价或成本价呢？

稻盛和夫的办法是"领导定价"。什么样的领导能够核定出某个环节的附加价值呢？他必须既是"圣人"又是"能人"！"圣人"代表领导不偏私，不会为自己的"关系户们"多核定一点价格；"能人"代表领导无所不知，了解市场上各类生产要素的价格，了解企业的成本结构，了解改进的空间……但问题是，这可能吗？

很多管理模式从逻辑上说是绝对成立的，但逻辑成立并不代表可以落地，因为现实中不可能出现逻辑中的假设。

阿米巴的逻辑是成立的吗？我认为成立。但其假设的情境根本不可能出现——你到哪里去找一群"圣人 + 能人"似的领导？即使领导是"能人"，但只要他不是"圣人"，他所谓的"公平定价"就一定会被质疑。再想远一点，即使领导是"圣人"，但只要阿米巴的经营者不是"信徒"，也不会相信他是"圣人"。所以，阿米巴的前提是，领导是"圣人"，经营者是"信徒"。这时，领导即使不是"能人"，也会被相信是"能人"。

此时的组织是什么？不就是宗教吗？如果组织已经成为宗教，文化已经可以牵引所有成员全力以赴，阿米巴岂不是多此一举？所以，很多人在实施阿米巴失败或干脆根本不尝试时会说："阿米巴需要的是稻盛哲学的支撑，但这种哲学的推行太难了！"如果稻盛哲学真能贯穿企业，是否采用阿米巴模式又有什么关系呢？

被玩坏的阿米巴模式

正因为领导者不可能是"圣人"，被领导者（阿米巴经营者）不可能是"信徒"，所以，阿米巴的定价总会被怀疑。当游戏规则都被怀疑了，阿米巴模式也会被瓦解。

举个例子，某企业实施阿米巴，开始内部模拟定价，但领导不可能核定所有的定价，于是只好让每个阿米巴上报自己的价格，当然还要求附带定价依据。阿米巴的定价依据是什么？要么是成本加成法，要么是外部标杆比对法，反正什么有利于自己就将什么作为依据。领导也不可能比对每个阿米巴报上来的"单位时间附加值"，定价很快就通过了。企业开始正式运行阿米巴模式。

但是，终端产品出来后，他们居然发现各个环节加成出来的成本比市场售价还高，产品要是按照这个价格卖，根本卖不掉。老板生气了，说："你们这不是骗我吗！你们还信不信'敬天爱人'的稻盛哲学？"于是老板让各个环节压缩自己的成本，各个阿米巴都说"我们的定价没问题呀"，老板没办法，从终端成本开始往回走，强行下压了每个环节的定价。大家不乐意，但也不敢多说什么。当然，也有企业直接绕过各自定价的部分，直接由财务或人力部门主导定价。

更大的问题来了，阿米巴们真的很有经营意识，它们想，既然你管控了我的单价，我就做大工作量。以 IT 阿米巴为例，对于一个小小的软件改动，它也要谈价格，而且一拖就是好几天。

采购这项服务的阿米巴疯了，说："我不是搞 IT 的，你也别玩我，你不干，我去外面找其他人做。"

老板不干了："你们不要嫌弃我的 IT 团队，对于我们的队友，要不抛弃，不放弃，你们怎么不'敬天爱人'呢？"

采购这项服务的阿米巴崩溃了，说："老板，你让 IT 阿米巴去'敬天爱人'呀，它都不'敬天爱人'，我凭什么'敬天爱人'呀！"

说到这里，真正的问题似乎浮现出来了。领导定不出价格，只有在市场里通过比价才能"比"出真正公平的价格，而阿米巴模式更多还是提倡内部供应。这样一来，企业内部应该存在的"供应链"实际上就成为"供应棍"，即交易关系是固定的，但不像链条一样，可以找到其他的环节（外部供应商）进行重组。大家反正都卖得掉自己的产品，肯定就会索要高价或创造出工作量来做大自己这个环节的收益，击鼓传花式地把压力往终端推，最终倒霉的是终端。

老板为什么不开放外部供应呢？道理也很简单，如果不从内部购买服务，资源就会被闲置，更容易造成亏损。但一旦使用被保护经营的阿米巴，定价又肯定不可能是公平的。老板根本没有想明白一个道理：如果让部门成为公司，肯定会有一些部门被淘汰，否则那就不是市场。

在这种情况下，老板不敢再像之前设想的那样，定价之后就放手让阿米巴们开展经营，于是，他们开始收权，用"看得见的手"强势地协调交易。此时，阿米巴已经完全失去了经营的动力，阿米巴模式变成了一种"另类的绩效管理"，考核结果还是由老板决定，只不过计量绩效的形式不是 KPI 罢了。如此一来，传统金字塔组织下绩效管理模式的弊端再次袭来，大家"各扫门前雪"，完成任务就找公司要钱，阿米巴之间居然出现了"阿米巴墙"。

底层逻辑的冲突

稻盛和夫激活每个业务单元的理念没有错，但提倡"领导定价"导致阿米巴模式无法落地。公平的定价只应该是市场定价，只应该是在自由的供需关系之中产生的。在一家企业内大家都看领导时，这家企业就是金字塔组织；只有在一家企业内大家都看用户时，这家企业才是平台型组织。实施阿米巴模式的企业显然是前者。

以自主经营为名，只会带来更厚的"阿米巴墙"。"阿米巴墙"听起来很不可思议，毕竟阿米巴都是有经营目的的，开门做生意，怎么会出现"墙"呢？其实，"墙"之所以出现，就是因为定价谈不拢，关键是供应关系是封闭的。其实，稻盛和夫并非封闭了内部的供应链，他在著作中提到在内部形成两家以上的供应商，也提倡在内部供应能力不足时寻找外部供应商，但前者似乎不太可能，而后者怎么看都和"敬天爱人"的哲学格格不入。

　　排除对于阿米巴模式的上述争议，我们可以假设某企业中阿米巴的经营者是"信徒"，阿米巴之上的领导是"圣人＋能人"，阿米巴是不是就真的有那么神奇呢？此时，一个阿米巴的经营者可能有三个方向做大自己的利润：第一，扩大营收；第二，压缩成本；第三，提高生产效率，即单位时间内产量更大。但由于内部的市场价格几乎是固定的，既不可能大幅提升对下一环节的营收，也不可能大量压缩对上一环节的采购成本，所以阿米巴经营者只剩下两个选择：其一是压缩本环节的成本；其二是提高生产效率。

　　也就是说，阿米巴导向的是一种节约成本和提高效率的意识。这在稻盛和夫的若干著作中都有描述，例如强调"经费最小化"，强调要让员工对于成本的浪费产生一种心痛的感觉；又如，他强调要"在工作岗位中形成一种紧迫感和快节奏"，京瓷甚至将时间的单位精确到 0.5 小时。所以，很多企业在成功导入阿米巴时，都会收获一种成本大幅压缩的红利。

　　但是，阿米巴对于扩大营收的作用相当有限。尽管阿米巴模式中由销售部门来确定要采购多少，而后再依次倒逼到供应、生产、研发等环节，但在这种链条的传递中，领导定价依然是主导。换句话说，大家都听领导，这种模式依然没有激发出创客的创意，自然不能带来营收上的溢价。

　　所以，很难想象京瓷内会孵化出一些独立的创意项目。如海尔在 2014 年孵化出的雷神游戏本小微，就是一个年营收近 3 亿元体量的项目，这个小微几乎是从 0 到 1 的。说到这里，你也可以理解为什么张瑞敏对阿米巴模式提出质疑，他认为创客应该直接面对用户需求，直接调动资源，发起创新，而非听从领导的调配。

　　正因为很多企业没有搞懂阿米巴的这种特性，所以它们寄希望于阿米巴模式能够带来企业的营收增长，尤其是在企业的下行期。但事实上，企业即使引入阿米巴模式也依然不能获得营收的增长，反而会沿着原来的战略一路走到黑。阿米巴模式强调让每个阿米巴领导都成为经营者，如果阿米巴根本不能对战略进行纠偏或创新，那么阿米巴就不是真正的市场化的单位。

应该怎样尊重稻盛和夫

稻盛和夫对于商业伦理的贡献远远大于管理模式。稻盛哲学源于儒学，而后融入了佛学思想，在商界开出了美丽的花朵。通读稻盛和夫的著作，我们就会发现，他对于哲学的理解之深远远超过了外界报道。想到他在中国商界的无数"信徒"，稻盛哲学的魅力可见一斑。

尽管阿米巴模式难以落地，但其中的若干观点还是极具价值的。

第一，让阿米巴变成类似公司的经营体，通过内部交易传递市场的温度。这在诸多企业的实践中被证明是正确的思路，从某种程度上它是对科斯定理强调的"金字塔组织可以节约内部交易成本"的论断发起的挑战，尽管这种挑战因为"领导定价"而变得不太彻底。

第二，稻盛和夫在每个环节阿米巴的"结算收益"中扣除了劳务费（人工成本），而将人力看作一种价值而非成本。单位时间附加价值就是人力的产出，这极其符合当下"人力资本时代"的趋势，也就是说，他真真正正认识到，人是最重要的生产要素，这和他的哲学思想是一致的。在工业经济时代，土地、资金、技术是关键的生产要素，人是附庸，而在互联网时代，人是最重要的生产要素！既然人是重器，那么管理阿米巴，自然要把重点放到人身上，当然，就不能一味压低人工成本，从"负向"上追求投产比[⊖]，而应该提升产出，从"正向"上追求投产比。单位时间附加价值实际上就是一个忽略人力投入而关注团队产出的人力资源效能指标（HR efficiency）。在稻盛和夫的理念里，他并没有单纯追求财务结果，而是抓住了最重要的关键驱动指标——人效。其解

　⊖　即"投入产出比"的简称。

读人效的方式充满了人文色彩，这种功力是值得钦佩的。

第三，全员经营平台。稻盛和夫渴望引导经营，他要求把企业的财务系统变得简单，使全员都能算清楚账。这种信息高度共享的模式，即使在今天看来也是非常先进的。比这种平台本身更有意义的是，稻盛和夫是身体力行的经营者，他常常"表不离手"地深入一线，对每个阿米巴的损益都了然于胸，全力淬炼企业。这样的情怀，有几个人拥有？我常常感叹国内的一些企业家缺乏境界，营收才几十亿元就开始流连于投资、房地产等捷径，还能不能专心做好一个产品、一项服务、一家企业！

对于经典，最好的致敬方式是"突破"，但首先你得"读懂"。稻盛和夫值得被尊重，但我们不应该迷信阿米巴。

第七章

金字塔组织死穴

我们已经先后讨论了流程再造、KPI 管理、企业文化管理、中国式管理、阿米巴管理几类试图破解金字塔组织难题的努力方向。但遗憾的是，这些方向都无法根除金字塔组织的致命基因。原因在于这些方向都没有解决金字塔组织"底层逻辑的硬伤"，而所谓的"底层逻辑"就是基因里最基础的部分。

那么，金字塔组织那个神秘的"底层逻辑"究竟是什么呢？

重仓规矩，还是押宝感情

我们盘点的五种模式，实际上是在往两个方向努力：要么想要把"规矩"说清楚，如流程再造和 KPI 管理；要么想要把"感情"维系住，如企业文化管理和中国式管理；当然也有想要在两者之间找平衡的，正如阿米巴管理。

重仓规矩

从规矩上说，流程再造和 KPI 管理几乎把能做的事情都做到了极致。

前者希望基于流程创造的最终价值，说清楚哪个环节需要进入流程，每个环节需要做什么。流程再造极致的企业，一旦流程发起，每个人需要做什么，什么时候做，做到什么程度，全都有 SOP 文件的支撑，每个人的动作也都可以从一本"法典"（SOP 系列文件）上找到依据。

后者希望基于分工，将企业的大目标下沉到每个人身上，说清楚每个人应该做什么。KPI 管理极致的企业，每个人身上都有一组 KPI，能够"锁死"他们应该为企业做出的贡献，也使每个人对于企业的贡献一目了然。

在说清楚规矩的基础上，如果跟进严格的考核，坚持奖勤罚懒，员工显然就能够专注于自己"应该做的事"。如此一来，企业就将经营风险下沉到了员工的身上，所有人就是一条心，实现了基于战略目标（或用户价值）的协同。

理想状态是通过 IT 支持来运行这套规矩。假设所有工作中的信息基于软件系统全部变成数据，即成为"工作流"[⊖]（work flow），那么，利用这些数据，就可以"将规矩明确到极致"。以 KPI 管理为例，我们可以用计算机的规则取代人性实施"刚性考核"，考核指标（根据指向最终绩效的关联性）、指标数值（根据趋势预测）都由云端的算法来确定，考核所需的数据也直接从"工作流"中抓取……这样一来，实施考核的就是一个"全能的上帝"（由计算机虚拟出来的）。

但现实是，很少有企业的 IT 系统可以达到这个程度。所以，要说清楚规矩，还必须要老板自己深入业务，用权威和耐力来"敲打"员工。老板深入业

⊖ 这是国外很流行的一个概念，起源于办公自动化领域。工作流是指对工作流程及其各操作步骤之间业务规则的抽象、概括描述。其主要解决的问题是：为了实现某个业务目标，利用计算机在多个参与者之间按某种预定规则自动传递文档、信息或者任务。

务的程度，就决定了规矩的清晰程度。因为，规矩天然是不够清晰的，或者说必然经历从"不清晰"走向"清晰"的过程⊖，需要老板基于其对业务的理解来划分授权、分工、流程协作等关系，做公正的"裁决者"。而换句话说，老板一旦远离现场，失去了对于业务的感觉，这个"裁决者"就会缺位，那么结果就一定是"规矩又说不清了"。

押宝情感

从情感上说，企业文化管理和"中国式"管理各显其能，"洋办法"和"土办法"都用尽了。

两者说到底都是在构筑一种共同的价值观，并希望员工基于价值观自动衍生出若干的行为规范，为企业"无私奉献"（只为信仰不为钱）。后者更具有中国文化中的"儒家"特征，更强调顶层权威（老板）的正义性，甚至有的把老板推到"精神偶像"的位置，这在中国情境中也许更加有效。

当所有人都有一套信仰，而这套信仰都与公司利益攸关，此时考核就是多余的。因为，每个人都会在金字塔组织为自己设计的边界（纵向的授权和横向的分工）之外多做事，好似"不用扬鞭自奋蹄"。尽管职责边界有可能不清晰，但那又何妨？只要是企业的事情，不就是大家的事吗？所以，当他们跳出边界做事时，其他人并不会觉得受到了冒犯，反而会其乐融融，因为大家会认为公司的利益和自己的利益是一致的。

理想状态是真的有一位"精神偶像"，宣扬倡导一套"规则"。

但现实是，在凡尘烟火中很难找到这种境界的"精神偶像"，老板只有退而求其次变成"有情有义"的"带头大哥"。所以，要维系住与员工的感情，

⊖　正如华为进行了十余年的流程再造，从 1998 年引入集成产品研发流程（IPD）和集成供应链管理流程（ISC），到 2009 年引入集成财务管理流程（IFS），才算把几大流程基本打通。可以说，任正非在任何一个时点上稍微"放手"了，流程再造就一定走不下去。

老板必须要身先士卒，用自己的事业热情来"鼓舞"和"感染"员工。但员工会根据自己的观察来修正对于老板的判断，老板的一言一行都被放到显微镜下观察，员工还会出于不同的立场对老板下结论。老板人格的完善程度，就决定了老板与员工的感情坚固程度。一旦老板的人格受到质疑，所有的上述努力就成了被刺破的泡沫。

灰色地带

但在现实中，没有人能够具备神一般的领导力（更何况形成全员信仰的文化），也没有人能具备计算机造出的上帝一样的考核能力。所以，领导者管理员工，一定要"双管齐下"。

考核工具不是绝对精准的，只要有一点不精准，上下级之间就"说不清楚"。所以，考核工具只是个放大器，其背后还需要领导者的领导力。正因为领导力存在，即使下属对于考核结果稍有怀疑，也会认为"我肯定有做得不好的地方，还是继续努力吧"。

而领导力也不是无所不能的，只要员工有一点对于领导者的质疑，上下级之间也会"说不清楚"。所以，完全依靠领导力是不可靠的，只有具备考核工具支撑，员工才会服气。正因为考核工具存在，即使下属对于领导者的公正性有质疑，也会因为考核工具，而认为"领导者应该也没有针对我，指标（或目标）是既定的，考核出来就是这个结果嘛，我还是继续努力吧"。

这意味着，在金字塔组织的世界中，考核工具和领导力之间就是一个相辅相成的关系：考核工具不够精准时，就需要领导者的领导力进行调和；反之，领导者的领导力不够时，就需要考核工具来支撑领导的影响。这就是"管理的灰度"。所谓灰度，是一种在规矩和感情中的平衡与妥协，这被看作一种有效管理的艺术。

带不动，还是要带偏

金字塔组织需要一个强有力的领导来带动，但这可能是不可靠的。在工业经济时代，金字塔组织搭建了基础的金字塔式的控制结构，而老板运用领导力和考核两大抓手，实现了这种控制。火车跑得快，全靠车头带，老板们充当"火车头"，依靠金字塔组织的"链条"串联起了本来没有动力的车厢（部门、团队、员工）。只要"火车头"的动力够足，只要"链条"够坚固，列车就能够驰骋无阻。但是，这种带动作用真的无懈可击吗？

带不动

一方面，火车头的动力始终有限，有"带不动"的时候。

随着企业越来越大，横向的分工会越来越多，纵向的管理层级会越来越多，流程也会越来越多。在这种趋势下，企业会越来越难"管"，规矩和情感的作用会达到极致（当然，很多企业连基本的规矩都没有说清楚），并逐渐抵达"科斯边界"，即内部交易成本大于外部交易成本的极限。换句话说，如果超过这个极限，金字塔组织里的两大法宝就"管不住"员工了，内部交易成本会过大，还不如把他们放在企业外部，变成外包商，企业支付外部交易成本。

其实，这本质上是老板的能力已经达到了边界。换句话说，老板毕竟是凡人，处理信息的能力（精力）有限，当企业大到一定程度，他已经当不了那个在谈"规矩"时深入业务无所不知的"裁决者"，也当不了那个在谈"感情"时有情有义的"带头大哥"了。犹如一个有限的 CPU，不可能无限地运行各种程序。因此，以金字塔组织为底层逻辑的企业，老板的能力边界就是企业的规模边界。

所以，奉行金字塔组织的企业会陷入一个困境，发展必然导致自己逐渐壮大，但如果无法控制自己扩张的脚步，大到一定程度（超过老板的能力）就会出现"大企业病"，部门墙、隔热层和流程桶会如约而至，而且越来越明显，再好的"管理模式"也没有办法破这个局。

这是客观规律，也即"天道"，但现实中，几乎没有企业家不想"胜天半子"，大家的套路也很相似：

营造人身依附——老板选择强化自己对于企业的"无形影响"。一方面是强化自己的权威、偶像地位，营造一种"个人崇拜"[○]；另一方面是使"重臣们"主动靠拢自己，而且让他们相互之间形成竞争，比的是谁和"君上（老板）"的关系更近。当拥有了权威、偶像地位，又有一群重臣争相向自己靠拢，老板就可以犹如皇帝一般来"玩制衡"，驾驭自己的大团队。

打造"锦衣卫体系"——老板选择强化自己对于企业的"有形影响"。老板一般都会有一支直接向自己汇报的团队，他们级别不一定多高，但却在组织内拥有超然地位。他们"手握尚方宝剑"，无时无刻不在窥视每个人，就像皇帝下属的锦衣卫。有了这支队伍，每个人心中都充满了恐惧，老板们再也不用担心业务失控或道德风险。

这些方法有用吗？绝对有！对于企业的控制来说，上述两种方式可谓立竿见影。但是，这两种方式同样是饮鸩止渴，当人身依附和"锦衣卫体系"形成，每个人都知道自己的最优策略是讨好老板，完成自己的工作反而变成了其次。所以，老板会陷入两难：一方面，企业做大后为了强化控制，必须要建立人身依附和锦衣卫体系；另一方面，建立了人身依附和"锦衣卫体系"，又会让规矩和感情都变得乏力，企业就变成了最原始的"家天下管理模式"。而这种模式的无效，是历史上每个封建朝代都已经证明过的铁一般的事实。

　　○　有的企业，老板为了营造个人崇拜，还会实施一些普惠的福利，有点"大赦天下"的意思。但这样的做法也是问题重重，企业越大，越分不清楚福利，越会在"大赦天下"时出现不同的声音。

要带偏

另一方面，火车头带向的目标是单一的，但用户的需求是多元的。

工业经济时代，由于产品相对标准化，企业方向相对一致，更多是依靠规模经济的效应大量生产和大量销售。那个时代里，严格分工、逐级授权、流程明确，都是有利于说清楚规则（每个人的活动边界）的，所以，金字塔组织可以成为那个时代的底层逻辑。我们需要做的，只是去改良这种金字塔组织：一边用各种工具把规则说得更清楚，一边用各种情感来弥补这种刚性规则的漏洞。可以说，在那个时代里，灰度是优良金字塔组织的天然属性。

但互联网时代则完全不同。这个时代用户的需求千人千面、长尾分布、无限极致、快速迭代，企业需要快速、灵活的创意，只有这样才能跟得上用户点击鼠标的速度。而这与金字塔组织强调的秩序和稳定是天然冲突的。

所以，奉行金字塔组织的企业可能面临更大的困境。随着规模越来越大，企业要实现大而不乱，就必须老板有"权威"，企业有"规矩"，员工有"情感"（对企业像对家一般的依恋情感），这些要素会让员工按部就班，但显然也会扼杀创意。健康的金字塔组织的逻辑就是上述几个要素，所以，金字塔组织越健康越破不了创新的难题。有的企业有秩序，但没创新，就是这个道理。

老板们同样想破这个局，他们大多想象了一种"有秩序的创新"，具体表现为以下两种方法。

强势老板主抓创新——在金字塔组织的企业里，老板的眼光在哪里，企业的资源就在哪里。所以，这种做法是以老板为中心，用老板的权威跨越部门墙、隔热层、流程桶，直接整合各类资源来支持创新。有了老板的权威作为背书，这种资源整合的效率可想而知。

威权发动底层创新——也有不少老板希望建立一个脱离于正式组织构架之外的虚拟创新组织。于是，他们在企业内部做项目制，希望打破部门墙、隔热层、流程桶，集中各方的力量，划出一块"特区"来做创新，甚至对于创新的成果不惜重奖。有了老板的关注（这是晋升的捷径），有了高额的奖励（这是实惠），有了虚拟出来的赛道，员工没有理由不"动起来"。

这些方法有用吗？短时间看起来的确热闹，但一定解不了金字塔组织的创新难题！

就第一种方法来说，先不说老板是否清楚一线用户的需求，即使偶尔成功了，这也一定是饮鸩止渴，除非老板一直主抓，否则，他（她）松手的时候也就是创新死亡的时候。要把产品做成"全系创新（而不是单品创新）"不能依靠老板，一定要依靠员工。况且，再强大的老板也没有办法精准定义用户的需求（像乔布斯这种引领用户需求的神人几乎是不存在的），即使定义了用户的某个需求，也无法定义用户的多元需求，更无法始终定义用户持续迭代的需求。

而第二种方法，更像是在寻找"街头智慧"，不可能成为持续的创新源头。更何况，由于创新者本身有部门的行政管理关系，在面临多线管理时，一般会将创新任务设置为"次重要级"，这样一来，"项目"自然就做虚了。

某个将项目制创新做得风风火火的企业里，一位中层管理人员私下给我发来邮件，他说："每次项目创新都是高举高打，但项目一上马，就会发现创新时调不动资源，创新后会给相关部门'出难题'。有一次，我们提出了一个创新方案，明显可以提高某部门工作效率，但分管这个部门的副总裁却将我叫到办公室，问我是不是找碴，对他有意见……"要让盐碱地里长出森林，谈何容易？

信领导，还是信市场

金字塔组织的底层逻辑在于，这是一种从上到下的控制关系，所以，一定是由老板为首的领导来"对付"员工。但由于上下级之间的信息不对称，无论领导用尽各种规矩和情感，领导就是对付不了员工，员工始终会"脸向着领导，屁股对着用户"，这就是现状，这就是金字塔组织的"死穴"。

信领导不如信市场

要让金字塔组织里的规矩或感情起作用，只有一种可能——老板是超级领导（或者称"超级英雄"更为贴切），如张瑞敏、任正非、马云等人。但即便如此，你不可能期待超级英雄像漫威电影里讲述的那样，每天都在拯救世界，超级英雄也有忙不过来的时候。即便他们醉心于此，拥有无限的事业热情，坚持在金字塔组织里充当超级英雄，那就必然不断强化自己的权力。而一旦强化自己的权力，就必然破不了"企业长大后的控制""威权之下激活创新""自己退位后的传承"等悖论。

如果我们不可能期待一位"超级领导"，那么什么样的力量可以无所不至，激活员工呢？这种力量就是市场！如果能够让员工直接面对市场，面对用户，为用户的需求负责，那么这就一定是最好的组织模式。

由领导来组织有得有失：好处是简单直接，效率高；坏处是这种组织方式会随着企业的规模增大而衰减，也不够"精细"。由市场来组织则完全不同，由于员工直接面对用户压力，其效率不见得更低，也足够"精细"。这相当于在局部把企业"划小了"，但同时又在整体上用机制把企业"做大了"。

如果不是在互联网时代，企业可以坚持相信领导，即使会出现火车头"带不动"的情况，凭借已经存在的市场地位，企业也依然会生存得不错。事实上，好多大企业都是"带病发展"，管理上一团糟，但企业还在长大。表面上看，内耗（内部交易成本过大）似乎不影响长大，而实际上，一旦内耗的影响从量变累积到质变，在"外力"的作用下，这些影响就会导致企业突然崩塌，犹如诺基亚、摩托罗拉、柯达等巨头的覆灭。"外力"代表市场的变化，一是用户的需求，二是竞品的表现。企业需要相对于竞品，更快、更高质量地满足用户需求。在以前的工业经济时代，行业出现异常的"外力"可能是稀奇事，而在现在的互联网时代，不出现异常的"外力"才是稀奇事。用户的需求迭代太快了，竞品必然更快地匹配这种需求，企业如果跟不上，那就是死。我们如果继续相信领导，听从领导的指挥，而不是直接听从市场的命令，显然是不合时宜的。

此时，我们才意识到，在这个互联网时代，金字塔组织似乎已经过时了。因为，信领导不如信市场。

做管理不如做治理

按照上面的分析，新的组织模式一定有两个特征：第一，由市场（用户需求）驱动；第二，由员工直面市场风险，自由组合资源。

这种模式就是"平台型组织"（platform-based organization），正如海尔所做的组织变革：企业平台化、员工创客化、用户个性化。说白了，就是希望把企业由"顶层威权控制"变成"底层创客自治"，以便于满足用户个性化的需求，抢得互联网时代被细分的若干市场空间。

如果按照这样的逻辑，企业的管理逻辑就应该被颠覆，或者说，企业内应该奉行治理（governance）逻辑，而不是管理（management 或 administration）逻辑。

所谓"管理"，是属于金字塔组织的，其职能是计划、组织、领导、控制。企业需要做的是，基于自己的整体目标，组织各类资源，分配相应的任务，再用领导的方式进行牵引，并防止过程中出现各类偏差。这种方式往下走，一定是走向基于威权的控制，而且会逐渐控制每个被管理者最微观的动作，是一种典型的"他组织"（other-organization）。在这种组织内，如果打掉高层，组织一定会乱；高层不给力，也一定会乱；高层太给力（太会管），又一定会把企业做僵化。

　　所谓"治理"，是属于平台型组织的，其职能是划分清楚各方的责权利。企业需要做的，是把资源拿出来，吸引创客进入平台，一起商量怎么赚钱，怎么分钱。这种方式往下走，一定是走向基于创客的自治，而其创造价值的过程则是相对放开的，是一种典型的"自组织"（self-organization）。道理很简单，创客直面市场风险，为了自己的利益一定会全力以赴。这种组织，是让员工去对付市场，而不是让员工去对付领导，是在玩一起做增量的正和博弈，而不是在玩内耗的零和博弈。这种组织是可以无限扩张的，企业看起来"既大又小"，大是整体规模庞大，小是作战单元小。其呈现的不是绝对的"秩序"，而是一种"混序"，大而不死，活而不乱。

　　我们曾经寄予厚望的若干管理模式一度有效，但金字塔组织"以领导为中心"的死穴却让它们最终无功而返。互联网时代让这个死穴暴露无遗，我们避无可避，颠覆金字塔组织势在必行！

中　篇

什么是平台型组织

————

　　互联网不仅仅改变了商业的逻辑，更改变了组织的逻辑。有追求的企业，大都隐隐约约看到了金字塔组织的问题，并开始进行各自的组织创新。但对于组织创新要走向何方，人们一直众说纷纭。

　　面对时代给出的问题，学者、企业家、咨询师、记者一干人等纷纷提出不同的观点，造出不同的概念，包括合弄制、三叶草组织、海星组织、指数型组织、轻足迹管理、网状组织、青色组织等，多到"概念通胀"，让人雾里看花。从某种程度上说，当前对于互联网时代组织模式的描述进入了一种"大伞构念"（umbrella concept），每个人都在用盲人摸象的方式触碰本质的一部分，但很难给出一个清晰的定义。人们更容易陷入一个误区——在没有摸清楚"底层模型"时，看到任何一个现象，都以为是"新物种"。

　　要进一步了解组织创新的趋势，我们可能要选择一个概念来深入。唯有如此，才能脱离那种"众说纷纭"的喧嚣，回归对于概念的深度认知和方法论的构建。我选择概念的标准有三个：第一，这个概念需要具有包容性，能够类比当下的不同现象和未来的多种可能；第二，这个概念必须有深度，能够为现象找到背后的理论解释；第三，这个概念必须能够延展到落地方法论上去。

从这三个标准出发，现有的诸多概念可能都会是昙花一现。而基于对组织模式原型（见附录1）和若干组织创新案例的研究，我相信，平台型组织将是解释互联网时代组织变革的最佳选择！

但不得不提到的是，大多数人对于平台型组织的理解，仍然是肤浅的"想当然"。互联网兴起的前几年，去 KPI、上班不打卡、叫花名……都被认为是平台化。而近年来，大量互联网企业开始回归常识，并进入了组织设计的范畴，兴起了"中台热"。但它们所谓的组织创新，大多不过是在补以前管理上的欠账，再为这些动作冠以一些炫目的"大词"而已。

平台不是一个"筐"，什么都能往里装。在我们的概念中，平台型组织一定是：在需求侧，能够灵敏获得用户的动态真实刚需；在供给侧，能够快速纳入各类资源，并且能够激活个体，去充当自己的 CEO，连接（组织）各类资源去满足各类需求。

只有这样，企业才能更轻、更快、更强，业绩才能呈现指数级增长。做到这一步，企业家就不是一个笨重企业的保姆，而是一个挥舞杠杆的高手。

下面，让我们全面了解什么是平台型组织。

第八章

平台与金字塔，何去何从

金字塔组织暴露的种种"无解问题"，让企业不得不选择组织转型。而组织转型最需要做的，就是让一线而非顶层高管来决定资源配置。当一线员工直接寻找用户需求，并组织资源提供交付，需求和供给直接对接时，企业就变成了"平台"。

什么是平台型组织

平台型组织是一种怎样的组织模式呢？

不妨这样想，世界上最具创新活力的地方是哪里？硅谷肯定位列其一。如果某个企业能够让员工像硅谷的创业者一样充满热情，那么，它一定是世界上最强大的企业之一。实际上，硅谷就是一个"超级平台型组织"。

一方面，平台上有各类优质资源（人才、技术、资金等）。这些资源在硅谷大量沉淀，吸引了更多资源涌入，形成了强大的"集聚效应"（combined effect）。这是硅谷培养出谷歌、苹果这类伟大公司的"种子"。

另一方面，平台上有灵活的共享机制。大量天使投资人和风险资本（VC）为了获取创新的红利，积极寻找充满希望的创业公司，用投资对其进行孵化。他们每注入一轮资金，大概获得10%左右的股权，这在不损伤创业者热情的前提下，提供了创业公司所需的资金支持，直至企业成熟上市，创业者和投资者双赢。这种共享机制是创业公司走向巨头企业所必需的"肥料"。

这些优质资源在共享机制的推动下形成了良性的循环。资源进入各类项目发挥价值，如果项目成功，资源变现获得回报；如果项目死掉，资源也会变成沃土，滋养新的项目。无论单个项目是兴是衰，硅谷永远万世不竭。

我们可以让企业变成硅谷吗？

现实中的企业，大都流连在金字塔组织的传统中，鲜有创新者。不过，我们依然能够从一些国外先锋企业[⊖]的实践中总结出平台型组织模式的零散规律。甚至，少数优秀国内企业已经总结出了相对"体系化"的解决方案。例如华为基于金字塔时代的流程管理基础，探索出"流程固化、人员云化"的组织模式，让一个流程链条上的不同节点变成了利益共同体。再如万科引领了项目跟投的模式[⊜]，并将这种模式变成了房地产行业的惯例。又如海尔用十几年的实践将自己打造为平台型组织，并形成了一套独有的理论体系。中国的巨头企业们不约而同地推动了这类转型趋势，也让我们得以站在"巨人"的肩膀上纵览这种前沿组织模式。

我对于平台型组织的定义是：企业将自己变成提供资源支持的平台，并通过开放的共享机制，赋予员工相当的财务权、人事权和决策权，使其能够通过灵活的项目[⊜]形式组织各类资源，形成产品、服务、解决方案，满足用户的各

⊖ 包括BAA、晨星（Morning Star）、奈飞、全食超市、戈尔、红帽（Red Hat）、Cemex、Zappos、塞氏等国外企业。

⊜ 经穆胜企业管理咨询事务所考证，万科是第一个在地产行业使用"跟投"这个词的企业。但在此之前，碧桂园也使用过接近跟投的方案。

⊜ 这里的项目也有其他形式的称谓，如经营体、小微生态圈、模拟公司等。

类个性化需求。在这一过程中，员工变成了为自己打工的创客，而创客和企业都能够从项目的成功中分享可观的收益。

这样的组织模式从两个方面解决了金字塔组织的顽疾。一方面，项目里的员工犹如淘宝店家，是在为自己打工，这就让他们"自己对付自己"，解决了考核工具和领导力乏力的问题。另一方面，由于企业划小了经营单元，创客们可以摆脱金字塔组织统一指挥的限制，在平台的支持下将自己的创意变成行动，匹配千人千面的用户需求。

特别需要说明的是，平台和项目之间的关系是平等的市场关系，而不是"集团管控模式"里总部和子公司、孙公司的关系（见图 8-1）。两者的不同在于：前者的三权（用人权、分配权和决策权）是完完全全下放的。而基于"责权利对等"的原则，经营项目的创客既然已经拥有了权力，自然必须承担相应的风险（例如要强制跟投或用自己的大部分薪酬进行对赌），当然也能在项目成功后分享巨大的利益。后者的三权则是收归集团总部，再逐级授权下去的，最终定夺的权力依然在总部。正因为没有拥有权力，子公司、孙公司经营者的身份依然是"职业人"，他们并不承担经营失败的风险，也不能在经营成功后分享巨大的收益。即使有绩效考核基础上的奖惩，幅度也极为有限。有意思的

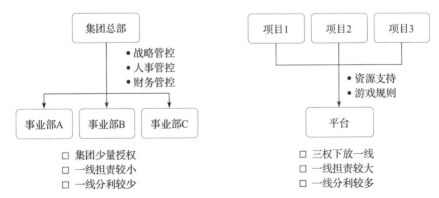

图 8-1　集团管控模式（金字塔组织）与平台型组织的责权利分配
资料来源：穆胜企业管理咨询事务所。

是，现实中大量的企业将自己失控的集团管控模式叫作"打造平台"，经理人的"权没有收住，责没有明确，利没有给足"，既没有做好集团管控，与平台型组织的模式更是相差十万八千里。

平台型组织的构件

平台型组织中的"平台"应该同时具备如下几个构件（见图 8-2），缺一不可。而笔者之所以按照以下的顺序刻画和阐释"平台"，是因为项目和创客对于平台吸引力的认知也是这样层层深入的。打个比方，男女相亲时，大多数人都是"始于颜值，终于气质"。

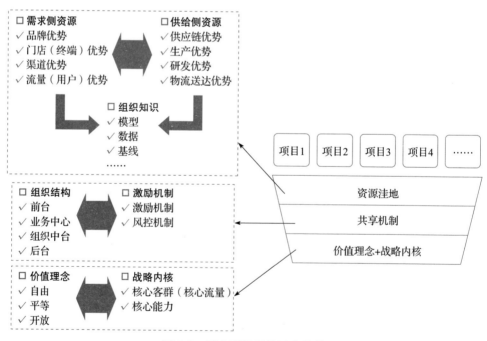

图 8-2 平台型组织的四大构件

资料来源：穆胜企业管理咨询事务所。

一是要有"资源洼地"，即在平台上获得资源的单价低于外部。现实中，诸多希望打造平台型组织的企业都无法回答一个问题：如果创客要创业，为什么要选择你的平台？这些企业可能根本就没有可供创客利用的廉价优质资源。现实是，如果创客选择在某一个平台上创业，可能看中的是平台需求侧的品牌优势、门店（终端）优势、渠道优势、流量（用户）优势，也可能看中的是平台供给侧的供应链优势、生产优势、研发优势、物流送达优势。平台如果没有这些优势，仅仅希望用"空手套白狼"的方式把创客"整合"到平台上来，只能是天真的想法。

资源共享越多，裂变出来的创新红利越多，所以，最好是把这些资源放到云端，将"平台"变成"云平台"。当越来越多的资源上云，企业的各项业务就逐渐以数据形式实现了在线化、网络化、智能化。由此，组织的各项知识得以被萃取和沉淀，传统的制度、流程、方法论、使能器等被转化为模型、数据、基线等，成为企业最宝贵的资源，同样可能帮助创客。

二是要有"共享机制"，即创客在平台上的贡献，能够获得相对外部其他平台和内部金字塔更为合理的回报。这并不是指创客获得的绝对回报要高于外部，而是指回报减去交易成本的综合收益更为合理。有时，参与者（如员工）如果在外部创业，其能够获得的绝对回报更高，但却更加麻烦，面对更多的不确定性（带来的高昂交易成本），此时他们就会选择留在企业的平台上创业。

一方面，要有前中后台的组织结构，这切出了"分配利益的单位"。前台的小团队接触用户，获得需求信息，并组织资源实现交付；业务中台提供各类弹药支持，确保资源即插即用；组织中台充当政策的传递者和专业的赋能者，也确保弹药输送的效率；后台制定政策、建设资源、塑造文化、规划战略，为企业的发展确定底层逻辑，奠定发展基调。

另一方面，要有广义的激励机制[⊖]，这界定了"分配利益的规则"。其一，

⊖　广义上的"激励机制"包括激励机制和风控机制。其中，激励机制是正向的激励，而风控机制是负向的激励。所以，后文中为了方便描述，某些地方可能将两大机制简称为激励机制。

由于创客使用平台的资源（包括资金）来形成项目，所以，企业和项目之间会有一种紧密的投资关系。企业需要设计"激励机制"，说清楚自己和创客之间如何分利。好的"激励机制"能够让更多的创客和项目冒出来。其二，为了确保企业的投资不是"闭着眼睛下赌注"，企业还应该根据项目的状况做出策略调整，甚至及时退出止损。这就是平台的"风控机制"。

三是要有"价值理念"，即平台要有共同的使命、愿景、价值观，不同企业的使命和愿景各不相同，但平台型组织的价值观都有共性，即自由、平等、开放。这种价值观是契约之外的共识，发挥了"非正式治理"的作用。这是组织的一种底层逻辑。一个简单的道理是，契约不可能穷尽一切现实中的情况，一旦出现任何例外情况，双方就必须重新谈判，这显然会降低效率。大家如果有一些基础的共识，就会让契约之外的事宜能够得到快速解决，这让大家的合作效率更高。

其实，面对两个资源优势相似的平台，项目和创客当然更愿意选择信奉"自由、平等、开放"价值理念的平台。因为，在这样的平台上创业，团队可以有更大的发挥空间，而不必"早请示，晚汇报"。但平台的价值理念并不是刻意被设计出来的，而是需要一些先天条件。红帽公司的产品开发模式始于开源社区，自然共享这类价值理念；塞氏企业的老板塞姆勒曾经是摇滚青年，自然信奉这类价值理念；华为和海尔的创始人都有早年作为被管理者的经历，同情底层的创造力，自然执着于这类价值理念……

四是要有"战略内核"，即企业成长最核心的战略动力源。在我的定义中，"战略内核"有两个部分：一是明确企业的核心客群（核心流量），二是明确企业的核心能力。这是组织的另一种底层逻辑。事实上，只要你基于核心客群的深度需求，提供基于核心能力的解决方案，任何对手都很难进入你的赛道，企业总有自己的"利基市场"。

明确战略内核的意义在于，企业的资源总是有限的，必须把资源投入到战略内核的建立和维护上，甚至做持续的"饱和攻击"，才有持续的发展。如果战略内核不清晰，企业就会在非战略领域投入大量的资源，导致"撒胡椒面"一样的布局。只有基于强大的战略内核，平台才具有成长的动力和进退的边界，才能够生生不息。美团的王兴对于外界批评其四面出击有个精彩的论断——太多人只关注边界，而不关注核心。其实，他所谓的核心，就是"战略内核"。

有人认为应该是先有使命、愿景、价值观，再有战略，这是错误的。不基于战略内核的使命、愿景、价值观，就是空想，没有任何意义。真正的使命、愿景、价值观，应该是在战略内核明确的基础上总结出来的。当然，这种总结可能需要"上价值"，要提炼提炼、拔高拔高，赋予其更加深远的意义。而后，价值理念也会影响战略内核的塑造，辅助战略的执行，这是一种反向的作用。价值理念和战略内核一软一硬，共同构成了平台型组织的逻辑底层。

对于平台型组织来说，四大构件的作用非常清晰（见图8-3）。

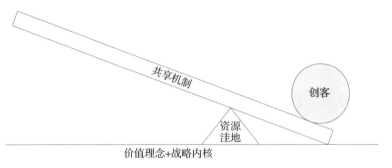

图8-3　平台型组织形成的杠杆

资料来源：穆胜企业管理咨询事务所。

资源洼地即企业的核心资源能力，是一个杠杆的"支点"，资源能力越出色，"支点"越是接近创客；共享机制即利益分配机制，是一个杠杆的"力臂"，利益分配机制越是有利于创客，"力臂"越长；价值理念和战略内核是杠杆架设位置所在的"地基"，即使"支点"和"力臂"都没有问题，但地基不稳（如建在沙地上），平台型组织也不可能建立起来。例如，有的老板始终想当

"土皇帝"，定好的规则可以反悔，说好的资源投入可以撤回，或者有的企业战略顾此失彼、左右漂移、四面出击。当这几个条件都具备时，平台型组织就可以把创客撬动起来，让"人人都是自己的CEO"，更可以凭借创客和项目的涌现获得丰厚的收益。

从某种程度上说，打造平台型组织的"主战场"在于共享机制设计，即设计组织结构和激励机制。因为，战略内核是企业家最固执的一片"逆鳞"，外人很难介入⊖；价值理念需要企业家自己的格局，谁也替代不了。对于这两个构件，企业内外部的智囊们可以帮助企业家澄清，让他们发现自己"内心的声音"，但却无法替代他们进行创作，只能算是"分战场"。除此之外，资源洼地是企业内生的实际情况，一时也无法突破。

但平台型组织里的共享机制设计又相当复杂，不同的组织模块有不同的专业分工，掌握不同的资源，相互之间有若干协作关系……于是，每个组织模块对于最终经营结果的影响都无法精确计算，如何设计一个公平的游戏规则就成为建设平台型组织的最大挑战。

平台里的金字塔组织

共享机制是分辨企业是不是平台型组织的关键标准。说得简单一点，平台型组织的共享机制就是所有参与者"并联"到一起，围绕用户创造价值，用户为大家"支付薪酬"。⊖换句话说，所有的薪酬都是创客们从用户身上挣出来的，而不是企业或领导从预算里发放出来的。

⊖　当然，穆胜企业管理咨询事务所也为若干企业提供战略咨询类服务，但我坚持认为我们能做的仅仅是两点：一是导入信息，提供方法，帮助企业家排除错误的答案；二是将战略的结论进行翻译，让人人都能听懂，后续也能落地。

⊖　"并联""用户付薪"这两个概念来自海尔首席执行官张瑞敏先生。2012年12月26日，张瑞敏先生在海尔集团创业28周年纪念会上发布"网络化战略"，即"企业平台化，员工创客化，用户个性化"，并明确其机制是"用户付薪"。2013年7月8日，他又在海尔集团7月的月度战略创新会上强调，"并联"是打造平台型组织的关键。

这显然让"打破（break or destroy）金字塔组织"的口号变成了现实。但是，企业不可能消除（clear away）金字塔组织。需要强调的是，本书上篇批判的是将金字塔组织作为企业的底层逻辑，但并没有反对其作为企业的有效部分或阶段形态。

作为平台底层的金字塔组织

金字塔组织让各类工作标准化，能够最大程度产生规模经济的效应，这是企业资源洼地形成的基础，也是平台上自组织达不到的效果。

举例来说，海尔如果没有以金字塔组织模式进行累积，就不可能产生用户和品牌上的明显优势，在其平台上也就不可能长出如此多的小微。甚至，在转型为平台型组织后，它依然要以集团为主体去持续维护、强化这类优势。

在市场环境下竞争产生资源，大多数是通过金字塔组织实现的。所以，要做平台，必须有资源洼地；要有资源洼地，必须有规模效应；要有规模效应，必须依赖金字塔组织。企业以金字塔组织作为平台底层，可以源源不绝地获取和提供价廉质优的资源，让项目高速成长。

作为发展初期的金字塔组织

研究证明，在一个经济组织（国家、地区、公司）发展的初期，合理的资源调配方式显而易见——由一个开明的顶层权威来行使调配权，相比完全的市场机制更有效率。[⊖]

很多企业在发展初期都采用这种模式，但有意思的是，它们反而被认为是"去金字塔化""去管理化"的。在这种创业型公司里，每个人能够承担更大的责任，并且自我设定目标，这一定程度上打破了部门墙、隔热层和流程桶。大多数企业还采用释放诱人的股权、期股、期权等激励形式，让企业进一步充满活力。

⊖ 当然，这绝不是指全盘的计划经济，而是市场经济基础上的威权调配资源。

这是企业的"初生期红利"。老板如果会利用这个红利期,就可以营造出一个类似"职能并联+用户付薪"的状态。但从本质上看,"强力领袖+金字塔组织"依然是他们成功的关键,只不过,这里的金字塔组织可能更加扁平化,并更多依赖于强力领袖领导力的驱动。初创企业的体量小,领导者的领导力和创业初期的热情替代了制度,再加上分享创业红利的诱惑,才让组织这样灵活。

这种阶段性的选择是绝对合理的,但并没有从根本上解决组织问题。因为这类企业里没有"并联"和"用户付薪",并不是平台型组织,它们所有的阶段性优势都会随着企业的长大而消失。以股权类激励为例,企业可以在最初创业团队这个小范围内做,而一旦企业大了,就不可能让人人都有股权、期股、期权。即使做到人人都有这类激励,企业也会因为这类激励的分散而让大部分人"搭便车",失去了激励的作用。除了小部分获得激励股权的人,其他人的薪酬依然是领导而不是用户来付的,他们依然会抱有"打工仔心态"。

作为最小单元的金字塔组织

大企业里,员工各司其职,紧盯各种烦琐的 KPI 或目标,久而久之就容易失去动力。一方面,上下级之间信息天然不对称,KPI(指标考核)和 MBO(目标管理)不可能精准地显示下级对于企业创造的贡献,也不可能激发下级全心投入。另一方面,即使 KPI 或 MBO 能够精准地显示员工对于企业的贡献,企业的绩效结果摊薄到每个员工的岗位上,每人的影响可能只有百分之零点零几,这就会出现经济学上典型的"卸责"现象。

平台型组织打破了这种组织模式,将金字塔切割为若干项目,让项目的贡献直接指向经营结果。显然,项目内存在的若干职能角色(如采购职能、研发职能等)是"并联"和"用户付薪"的;但有的职能角色是以团队(如采购团队)而非个人的形式存在的,这些团队内部依然是金字塔组织。说到底,对金字塔的切割不可能细到员工个体,不可能让每个人承担一个职能,更不可能让每个人成为一个项目负责人。

但幸运的是，小单元的金字塔组织相对可控，不至于产生过分的"大企业病"。因为团队就那么大，谁做事，谁没做事，非常明显。一旦有谁没有做事，团队绩效立刻会有明显的反馈，所有人都会被拖累。在这个时候，尽管团队从形态上看是金字塔组织，但每个人的工作都相当有弹性，是类似"并联"和"用户付薪"的，这是"很健康的金字塔组织"。

未来，何去何从

需要说明的是，我并不是要歌颂金字塔组织，相反，我一直是金字塔组织坚定的反对者。金字塔组织的作用被放大了，甚至成为一种打造组织的思维定式，这让企业失去了生命力。从这个角度上讲，金字塔组织必须被打破，必须进化到平台型组织，否则就是手拿刺刀进入枪炮对决的战场。所以，我才会对华为、万科、海尔等企业打破金字塔组织的改革表示赞赏，它们都在"换武器"。

我们要警惕另一种倾向，即"伪互联网思维"带来的"乌托邦式情怀"。有的人认为，完全的自组织就是平台，一旦有任何金字塔式指挥就是不够"互联网化"。

◎ 某互联网创业者回忆几年来走过的创业历程，感叹以前对于互联网思维有误读。他说自己曾因为"互联网思维"而完全废除了企业内的考勤制度，让员工自由上下班，结果就是早上 11 点了还没有一个人来公司。

◎ 我的一个企业家朋友在听信了"伪互联网思维"鼓吹的"去 KPI"后，彻底废除了公司内的考核，结果就是企业的员工满意度更高了，但绩效却下来了，大家的劲头都没了。

◎ 还有人号称，组织转型不能进行顶层设计，只能试错，所以，就是让员工们去做精益创业。但员工为什么要为你创业，你又凭什么保证你的员工就比别人家的优秀，就能创业成功？

……

上述种种，都是没有真正做过管理的"伪专家们"臆想出来的逻辑，他们喜欢把企业的一个细节拆出来，树立为假想敌，而后穷追猛打，造成新媒体时代的围观。没有考勤，没有 KPI，员工自然乐意；媒体也愿意猎奇，增加阅读量；"伪专家们"成为偶像。大家其乐融融，却害得一个个渴望转型的企业家掉进坑里。事实上，如果真的这样简单，海尔这类企业就不需要打造"人单合一双赢模式"十年，却依然声称自己还"在路上"。

没有企业生来就是平台型组织，创客的创意要成为项目，最初还是始于金字塔。海尔孵化出的明星小微雷神，创意是由三个 85 后的年轻员工想出来的，但这个创意能够冒出来成为小微，还是因为两级的平台主⊖都拥有开放心态，愿意放行。可以说，雷神是海尔小微中的先行者，它的实践让海尔重新定义了平台和小微之间的共享机制。金字塔里有开明者，尤其是一把手是开明者，才会有这种变化。

平台型组织的底层是金字塔组织，但随着企业的发展，金字塔的基因会越来越被削弱。金字塔组织像一颗不完美的种子，却是种出美丽果实的必然开始。最终，金字塔越来越小，平台越来越大，你几乎看不到金字塔的影子。事实上，企业从小到大应该是从金字塔到平台的过程。在企业还小时，如果没有企业领袖的领导力，企业就无法快速形成金字塔，或者说，即使企业领袖具备领导力，也应该致力于搭建金字塔组织。可以想象的是，如果没有张瑞敏的领

⊖ 小微和平台主的概念来自海尔的张瑞敏先生。2010 年，张瑞敏在海尔集团例会上明确地对海尔组织模式中的角色进行了定义，他认为，海尔平台上没有科层，只有平台主、小微主、创客这三类人。后来，海尔又将大平台主称为"领域主"。

导力，海尔还仅仅是一家小小的、发不出工资的电冰箱厂，工人们还会把厂房的木窗拆下来生火取暖，还会随地大小便……如果没有任正非的领导力，华为也只会是偏安一隅的国内企业，根本无法获得今天的成绩……正如战略管理大师加里·哈默所言，"能力的金字塔永远存在"，有些人天生就是领袖，能带队伍，他们也许就是金字塔组织这颗种子里面的核心。

但进一步看，企业长大之后，如果不转型平台、把金字塔限制在一个极小的范围内，企业就会患上绕不过去的"大企业病"，并最终崩塌。企业的成长过程实际上就是企业领袖建立金字塔和打破金字塔的过程，中国转型成功的几家企业都有果敢的企业家，他们才是这个时代的真正的引领者。

只不过，在互联网时代，建立金字塔和打破金字塔的速度可能需要更快，以至于让人感觉金字塔似乎从来没有出现过。

我相信，互联网时代会给予组织模式新的定义，极度平台化的情况也并非不可能，也就是说，企业内的金字塔基因会越来越少，少到几乎可以忽略不计。像海尔这类的企业，作为平台底层的金字塔组织已经基本上被拆空了，战略、财务、人力、法务等部门中的相当一部分变成了"机构 BP（业务伙伴）"，下沉到了各个业务单元；平台之上的小微生态圈（类似项目）里也几乎看不到金字塔组织，每个人都是并联面对用户交付经营结果，每个人都在一定程度上持有股权或虚拟股权，每个人的地位都不是固化的，而是面对市场上人才的竞争……按照这个节奏进化下去，他们会越来越平台化，到那个时候，金字塔才是企业里最少见的元素。

转型，唯一选择

让我们收回畅想，回到当下。一个不能回避的问题是——转型是不是企业的必然选择？企业如果要转型，究竟有多大的时间窗口？

首先，从组织模式的演化史来看，金字塔组织无论变换多少种形式，都无法适应互联网时代的需要，走向平台型组织是企业的必然选择（见附录1：组织模式演化史）。其次，我们以互联网时代为背景，观察一个组织从萌芽到成熟的过程，就可以发现，要让企业基业长青，走向平台型组织是唯一选择。

观察组织转型的一个最佳视角是看其职能部门规模（和背后功能）的变化。所谓职能部门，就是人力、财务、法务、总裁办等费用中心，也常被称为后勤部门。从穆胜企业管理咨询事务所团队的研究来看，我们发现了一个钟形曲线的规律（见图8-4）。

企业在初生期（从0到1）的时候，就是一个工厂、作坊、前店后厂。老板的小舅子就是财务，小姨子就是人力，后台职能部门规模很小，不需要太多的管理。

随着企业进入成熟期（从1到n），生产系统越来越复杂，这时候企业被要求建立秩序，企业会建立财务、人力等一系列后台职能部门，后台职能部门的规模会迅速扩大。后台职能部门规模越大，越是聚集了企业内的牛人[⊖]，就会管得越细，权力就会收得越紧，企业也会越官僚。

这时，企业会陷入"大企业病"的陷阱中，人力资源效能下降，财务效能下降，企业更会因为两者相互拉低的"管理双杀效应"[⊜]而有轰然倒下的风险。如果说"大企业病"尚且可以忍受，"管理双杀效应"则不得不防。不少企业对此高度警惕，甚至强行限制后台职能部门的规模。以2017年的万科为例，其用不到300人的总部后台职能部门规模，支撑了几千亿元级的营收规模。一

　⊖　在大量金字塔式的企业中，员工依然把进入后台职能部门作为职业晋升的最好跳板，俗称"进机关了"。

　⊜　笔者在《中欧商业评论》2019年2月刊上发表的"警惕财务与HR效能的'双杀效应'"中提出的概念，指企业发展到一定规模时会出现的两个负面现象：一"杀"是员工动不起来，企业被自己耗死，体现为人均营收、人工成本报酬率等人效指标下降；二"杀"是企业创新乏力，被外部环境杀死，体现为资产回报率、毛利率、净利率等财效指标下降。这两个方面对企业的负向影响不是孤立的，而是有相互加速的作用。这一概念在拙著《激发潜能》《人力资源效能》（即将出版）中有详细阐释。

些学者则强调限制后台职能部门人员的质量，即强调不能把太能干的人放在后台职能部门，因为他们会想方设法管一线，让一线失去活力。上述的操作显然都是"土方法"[⊖]，但我们从中不难看出企业面对大企业病时的纠结。

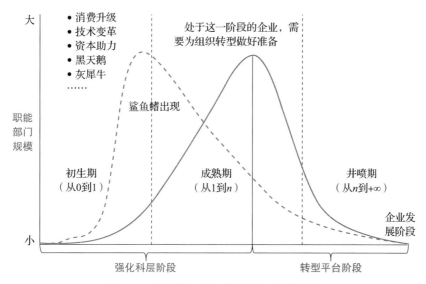

图 8-4　从职能部门规模看组织转型规律

资料来源：穆胜企业管理咨询事务所。

成熟期是一个关键时期，如果企业能够有效转型为平台型组织，就能够进入"井喷期"（从 n 到 $+\infty$）。此时，企业已经不是由后台职能部门把持权力，而是将责权利充分授予一线。于是，一线的作战部队能够快速搜索用户需求，快速进行概念设计，快速整合资源，快速交付产品，这就形成了一个个威力巨大的小项目。不仅如此，此时的平台变得无比开放，作战部队已经不再仅限于内部在册员工，而是会包含大量创客移民组成的"在线员工"。这让有价值的项目源源不绝地冒出来，引发了业绩的"指数级增长"。自然，在这种转型后，后台职能部门的规模会自动被压缩到最小，精锐力量都开始转移到一线去创造价值。

企业要跳出生死轮回，必须走向平台型组织。只有这样才能摆脱部门墙、

⊖　后面会谈到，合理的操作方式是通过机制来引导人员流动，而非强制调配。

隔热层、流程桶形成的大企业病；只有这样才能让员工成为自己的CEO，将脸对着用户，屁股对着领导。当然，这更像是一种组织范式的转移，难度可想而知。在过去，企业尚且有时间在成熟期里纠结、试探，甚至保持在健康的金字塔组织状态；但在互联网时代，企业必须转型为平台型组织，它们只有一个极小的"时间窗"来思考自己的转型，一旦错过，再无机会。甚至，即使尚未吹响转型号角，企业也需要提前引入平台型组织的某些基因（如市场化结算），为彻底转型做好准备。

为什么会有这样残酷的规律呢？主要是因为以下三股力量。

第一，用户的消费升级。越来越多的个性化需求需要被满足，而且用户愿意支付高溢价。某些笨重的企业跟不上，其他灵活的企业可以跟上，而后就会高下立判，赢者通吃。

第二，互联网带来的技术变革。互联网形成了高效的线上连接方式，让用户变得唾手可得，让资源随需调用，让各种杀手级的产品有了冒出来的土壤。

第三，资本涌入带来的助力。在互联网形成的创业风口上，资本愿意疯狂投入，大干快上。其会帮助那些足够灵活的企业，让它们快速完成行业内的资源整合，因为那里有太大的利益。

概括地说，消费升级带来巨大的商业空间，互联网技术带来孵化超级项目的可能性，资本助力则形成了强有力的推动，行业内的竞争会提前进入白热化，而大多数企业根本扛不住生力军的强烈冲击。进入互联网时代以来，跨界打劫、弯道超车的案例屡屡出现，倒逼企业尽量变得更轻、更快、更强，唯有如此才能生存。

当然，还要提到的是新冠疫情这类黑天鹅事件，或者有可能出现的灰犀牛事件。互联网时代世界结网，在加速资源配置的同时，也让商业世界"牵一发动全身"，每个企业都越来越容易受到外界冲击，一个并不起眼的事件很容易发展为"大灾难"，"黑天鹅"和"灰犀牛"层出不穷。近年来，从某些行业的政策性抽贷到最严格环保政策，从中美贸易战到新冠疫情……每一个事件的量级都不低，每一个都可能为企业带来灭顶之灾，国内的企业已经深有体会。面对这样的系统性冲击，金字塔组织船大难调头，毫无还手之力，而平台型组织因为架构极其精简，激励可进可退，文化上下同欲，战略坚定无比，尚有无限生机（见附录2：只有平台型组织才能"反脆弱"）。

于是，原来的钟状曲线被拉扯变形，被向前推进形成了一个"鲨鱼鳍"（见图8-4中的虚线部分），企业转型平台型组织的时间需要提前了。相应地，企业准备转型的工作也应该提前了。但让人纠结的是，向平台型组织转型还得需要企业有强大的管理基础，说得形象点就是，你要去流程化，首先得有流程，你要去岗位化，首先得有岗位，你要去部门化，首先得有明确的分工。问题是，我们又如何去要求一家初生期的企业具备这样的管理基础呢？说得玄妙一点，要走向平台型组织，企业可能还需要一点"机缘"。

无论如何，始于金字塔，成于平台，这是工业经济时代走向互联网经济时代的必然。那些玩情怀的，喜欢在还没有学会"爬"之前就叫嚣要"跑"，那些把"快速爬"当作"跑"的，都是没有看懂时代的规律，最终会被时代的规律所惩罚！

让我们回到平台，接下来的章节，我将阐述三个主题：第一，如何获取用户的有效需求（需求侧资源）；第二，如何累积有价值的资源（供给侧资源）[⊖]；第三，如何设计机制，将资源供给和用户需求高效连接起来。我相信，说清楚了这三个问题，也就基本说清楚了应该如何搭建平台。最后，我们会展望平台型组织的下一站和下下一站，那里依然延续了平台的逻辑，但又有许多不一样的精彩。

　⊖　从此处开始，后面提到的"资源"更多指"供给侧资源"，而对"需求侧资源"，我们更多用"用户""用户资产"或"用户需求"的形式来描述。

第九章

需求侧：以用户为中心

在所有的"互联网思维"中，用户中心主义似乎是最没有异议的一条。

互联网时代，一批先知先觉的传统企业似乎开始发现，用户的需求变幻莫测，自己的产品越来越不讨用户的喜欢。欠缺"网感"的他们，不仅抓不住用户的喜好，一直在承受自己的行业冒出"新物种"竞争对手，还丧失了一个又一个接触用户的"风口"：电商、微商、视频带货、直播带货、网红带货……

倒逼之下的企业不得不再次高喊"用户就是上帝"，但这与它们在工业经济时代喊出的口号并没有实质性区别，它们在行动上也没有任何特别之处，无非是老板们用"体察民情"的姿态更多地走入基层。是的，如果他们足够幸运，也许会发现零星的"用户需求盲点"并做出相应的产品调整，但是，如果总是依靠这种偶然事件（老板下基层），企业依然不符合互联网时代商业逻辑的"以用户为中心"。而缺少了这个起点，平台型组织根本无从谈起。

金字塔组织困境

什么是真正的以用户为中心？这意味着企业的所有活动全部基于用户的需求而发起。用张瑞敏的话来说就是"任何不基于用户交互而发起的生产都应该被叫停"。言下之意，没有获得用户需求就进行的盲目生产都可能变成库存。而用任正非的话来说就是企业应该致力于实现"端对端"的交付，即从用户端获得需求，再组织交付回到用户端。

这样的思路听起来无比合理，但却是一般企业都不会采纳的。传统的企业们更喜欢由顶层来"设计"一个产品，再去想象这个产品会有什么样的用户。至于设计什么样的产品呢，则取决于企业拥有什么样的资源。形象点来说，手里有个锤子，就会把任何东西都想象成钉子。

领导能够设计出真正的好产品吗？在过去的工业经济时代，这似乎没有问题，在那个需求大于供给的时代，满足功能是最主要的，所以，只要产出具备功能的标准品就能出货。但在互联网时代，供给远远大于需求，满足功能只能保证产品基本及格，甚至很难知道用户究竟需要什么功能。此时，企业应该提供什么产品呢？事实上，工业经济思维的领导们在互联网时代已经反复犯错，安东尼奥·佩雷兹（Antonio M. Perez，又名"彭安东"）的错判葬送了柯达的前途，约玛·奥利拉（Jorma Ollila）的错判使诺基亚的未来迷失了，鲍尔默的错判使微软丧失了一次机会……CEO们不断犯错，让人不禁怀疑我们过去深信的商业上的精英主义。

正如杰克·韦尔奇所言，金字塔组织总有层层的汇报层级，这就像是为CEO穿上了厚厚的毛衣，让他们根本感受不到市场的温度。正因如此，企业才会反复呼吁要"让一线听得见炮火的人来指挥"。从这个角度说，以用户为中心的组织有两个特点：其一，一线听得见炮火；其二，一线能够指挥炮火。但这两个特点在金字塔组织中却根本无法实现。

"一线无法指挥炮火"显然是因为金字塔组织。这类组织是由顶层领导预先设计好的，所以，这些"炮火声"需要通过一个个规定环节传递到决策层并被采纳，才能成为组织内真正的命令。

"一线听不见炮火"实际上也是因为金字塔组织。正因为一线被定位为执行者，他们在与用户交互上根本没有任何热情。一线传递的"炮火声"越多，带来的"例外协调事件"就越多，不仅指挥不动其他模块，还会招致别人的抱怨。长此以往，一线就失去了动力，只会被动地充当执行者。

真正的以用户为中心，要求决策权不在高层，而是在能够与用户交互的一线。但企业如果进行这样的调整，就一定需要打破金字塔组织，这就是现实。

用户交互的僵局

打破金字塔组织的挑战太大，大多数企业仍然喜欢沿着金字塔组织的逻辑去"改良"。于是，企业在金字塔组织内设置了若干职能去挖掘用户的真实需求，但效果却难说让人满意，在互联网时代，这种低效交互方式甚至被逼得走投无路。

对于 C 端（个人）用户，传统的市场部一方面通过调研等方式来直接研究用户，另一方面则通过控制分销渠道，形成一体化关系，让零售和流通来传递终端用户的需求。这类做法显然存在很大问题，直接发放问卷和渠道反馈本身就有很强的预设感，并不能确保获得真实需求。福特有句经典的名言：如果我去问人们需要什么，他们会告诉我是一匹跑得更快的马。言下之意，这种呆板的方式根本不会发现汽车这类需求。不仅传统行业如此，一位互联网企业的老板告诉我："我们这个行业的'用研（用户研究）'和'数分（数据分析）'两个职能，就是最大的骗局。"

对于 B 端（企业）用户，强势的市场部（marketing）负责与用户交互，形成一体化的关系，输出高质量的需求包，作为企业组织生产和服务的基础。

但现实情况是，销售部（sales）拖着市场部走，市场部变成了配合销售部拿单的后勤部门。采用这种短视做法的结果就是让订单的成立完全基于一些超级销售（top sales），用户与企业之间的关系极其脆弱，一旦超级销售们离开，订单自然也随之离开。其实，市场部是修路的，销售部是跑车的。路修得好，车技差点也没问题；但路如果不好，再强的车技也无法发挥出来；即使勉强凭车技驾驭了路段，也是车手的本事，好车手不在了，一切又归零。

退一步说，即使面对 B 端用户的企业由强势的市场部主导与用户交互，企业也容易进入陷阱里。中兴通讯是全国首屈一指的手机生产厂商，其进入该领域的时间长于当下不少主流手机品牌，但其长期为运营商提供定制手机（集中采购带来的诱惑），没有直接面对终端用户，造成了其对于市场的感觉失灵，一度在用户中失去话语权。另一个例子是京东方，这个半导体显示巨头在技术上有绝对的优势，也为诸多电子产品厂商提供元件，但它的尴尬之处却在于，它很难引导厂商的需求，如果要维系一段合作，它就只能跟着厂商走。这显然是因为 C 端的用户需求一直在变，但这类企业的 to B 基因让它远离了用户，所以它很难感知到这种变化。

现实的情况是，无论是 to B 还是 to C 的企业，它们依然是在"以我为主"去猜测用户的需求，所以才采用了相对主观的交互方式。说得形象点，就是它们喜欢把用户往自己的思维框架里面装，强推自己产品的思路，根本无法获得用户真实的需求。事实上，那些被 B 端用户隔离而不能接触到终端的 C 端用户的企业，其失去 C 端市场的感觉，本质上也不是因为自己所在的位置（接触不到 C 端用户），而是因为它们更看重"卖货"，而不是"发现用户需求"。

用户交互的界面

用户是最微妙的，尤其在这个互联网时代，对于用户需求的收集和解析能力成为企业最大的核心竞争力。要发现用户需求，企业只有放低身段（不再妄想引导用户），放下功利心（不只追逐卖货），搭建出能够"与用户交互"的界面。

第一步，要成为用户的粉丝（崇拜用户）。要认真去倾听、观察，而不是霸道地发问。当企业不具备接触真实用户的条件时，一定不要采用所谓的"抽样"，让样本在设定好的情境中扮演用户。因为，无论如何设计，这种方式始终不能够模拟出用户的心态，得到的结果自然是错误的。

一个典型的场景是，企业喜欢问用户"如果这样做你们会不会喜欢？"用户往往会回答"不错呀"。但一到现实中，他们会发现企业提供的东西根本没有使用的场景。例如，我曾辅导一家做建筑互联网的企业开发产品，它希望建立一个帮助民工找活儿、帮助建筑企业找人的平台。进入工地调研时，他们问民工（用户）"如果有一款 App 可以帮助你们接活，就像滴滴打车一样，你们愿意使用吗？"民工们当然回答"不错呀"。但回到现实中，民工们依然会通过线下的人际关系介绍工作，而且他们根本不愁接不到活。

此时，企业应该去寻找"用户需求的痕迹"。例如，有的互联网公司会在不告知测试用户的情况下，让他们使用 Demo 版的 App，并进行摄像监控，以便发现哪些设计可能会误导用户。再如，海尔孵化出的雷神游戏本的创始人们在产品设计之初曾经仔细阅读并分析了京东、天猫上对于同类产品的 3 万多条用户吐槽，从而发现了真实的需求。

第二步，要成为用户的朋友（和用户同样的人）。要搭建一种能够与用户平等交互的界面。正如普拉哈拉德在《消费者王朝》中提到的，2000 年之后，企业的竞争力将来自消费者和消费者社区。这意味着，企业为了获得用户的真实需求，必须建立社区，形成和用户的一体化关系。此时，用户变成了企业的资产，企业得以获取用户的终身价值。

其实，企业里的创业者是很难成为用户的朋友的，除非他们本来就是和用户同样的人，否则就必须找到和用户同样的人。还是要举到雷神的例子，他们真正去与用户交互获得需求的，是三个 85 后同为李姓的员工（内部称"三李"），他们本来就是游戏迷，所以才能和游戏迷们用同样的语言进行交流。正如雷神"三李"中的李宁所言，他们团队中真正能够"与用户交互"的人很有特色，平时开会时，羞涩木讷的他们可能不太会表达自己，但一旦进入网络的世界，他们就是号令线上用户的"大神"。互联网时代，用户都是细分族群的，每个族群有每个族群的语言，所以才需要同类人的交互。正因为有了同一族群的人，无论是企业自建论坛、微信群、QQ 群，还是让他们打入其他的社群，都能够获得有效的交互结果。

第三步，要把自己变成用户的一部分（与用户打造共同体）。也就是通过数据感知用户需求的变化，此时，用户根本感觉不到有人在观察自己，但他们的需求却尽在企业掌握中。

例如，用户使用电商 App 时，就会有数据沉淀在平台上，企业得以推断其偏好，并推送相应的产品，用户根本不用主动寻找。再如，卖轴承的企业在产品上加载传感器，当数据显示某个产品明天会过期，今天备件就已经在路上了，用户根本不用调货，也不用提前备货。其实，现在互联网行业的大趋势是，"推送"带来的成交已经开始超过"搜索"。

需求规模、等级与实现的可能性

与用户交互是必要的，但企业也可能误入歧途。这里有个矛盾，用户需求是无限的，但企业的资源却是有限的，如何调动企业资源最大程度满足用户需求就是一门学问。

首先是需求的规模问题。有的需求确实真实，但这种需求不是用户的共同需求，或者说这种需求的规模不足以支撑一个商业模式。所以，企业要警惕的是被部分用户的需求所感染，想象出一片广阔的市场空间。这是因为，用户交互由一部分人来主导，而他们往往会对于自己发现的需求敝帚自珍，进而放大这种需求的程度，毕竟，交互中用户需求的画面会让他们印象深刻。互联网创业大潮中，无数 App 都是这样冒出来的，你问问这些创业者有没有与用户交互过，大多数创业者会告诉你有，但这些 App 就是活不下来，原因正是在于他们交互的只是少得可怜的部分用户。

正确的做法还是要做更大范围内的用户交互，参与交互的人越多，企业越能够看出是否存在需求的"有效规模"。

其次是需求的等级问题（实现需求带来的体验感）。有的需求虽然是共同需求，但不是非有不可的。直观一点说，这些需求是"痒点"而不是"痛点"。典型的例子是，黄太吉等能够用"抖机灵"的方式把用户逗乐，甚至形成全网传播，但就是无法让用户持续购买，本质上也是因为它们扑向了"痒点"而不是"痛点"。

现实情况是，满足痒点带来的体验感是边际效用递减的，满足痛点带来的体验感至少是边际效用不变的。比如，黄太吉可以让美女老板娘开奔驰车上门送煎饼果子，这种戏剧感的反差绝对会让人忍不住发微博。但是，如果第二次还是同样的路数，用户就会大失所望。所以，第二次你必须想出更加出其不意的招数，但一家企业哪有这么多"机灵"来抖？真正满足痛点的，还是好产品。与其投入这么多心思来抖机灵，何不做出真正的好产品？从投产比的角度看，绝对是后者划算。

最后是实现需求的可能性问题。用户的需求参差不齐，有的用户需求标准很高，有的用户需求标准很低，前一类用户愿意支付高溢价，后一类用户愿意支付低价格。表面上看，满足哪类用户的需求是战略选择的问题，即做差异化还是低成本产品的问题。但现实往往更加复杂，企业拥有的资源是既定的，企业能够整合的资源也是在一定范围内的，锁定哪类用户需求不是一个简单的二元决策。

传统的 S（Structure，结构）-C（Conduct，行为）-P（Performance，绩效）范式更多是从市场结构来分析企业应该如何选择"赛道"，但其默认用户需求相对标准化，并不能够有效分解互联网时代复杂的用户需求，选择合适的"赛道"。所以，我认为选择"赛道"的决策应该遵循以下步骤，如图 9-1 所示。

需求侧 用户分析	供给侧 "竞品–自身"分析
STEP1：锁定大方向（第一次缩小用户范围）——用户存在何种共同需求+痛点	STEP2：盘点资源池（第二次缩小用户范围）——针对这个方向，企业能够支付得起多少资源
STEP3：搜索用户群（第三次缩小用户范围）——支付的资源能够满足哪几类规模较大的细分用户群	STEP4：规划护城河（第四次缩小用户范围）——对于每类可以捕获的用户群，利用可提供的资源进行配置，能够筑起多宽的护城河（提供独特体验感以至于无法被替代）
STEP5：选择战略极（第五次缩小用户范围）——考虑综合因素，选择具体哪一类用户群，能够形成"战略性的增长极"，既在短期有战果，又在长期有空间	

图 9-1 赛道选择五步法

资料来源：穆胜企业管理咨询事务所。

总结起来，每一步都是在"放弃"一部分用户群，最后落到一个"用户有痛点，资源有支撑，需求有规模，自身有优势，增长有把握"的狭窄"赛道"。

◎ 第一次缩小用户范围——放弃了一些拥有伪需求和非痛点需求（需求等级不够）的用户群。

◎ 第二次缩小用户范围——放弃了一些资源不能支持的用户群。

◎ 第三次缩小用户范围——放弃了一些资源虽然支持需求，但需求没有形成规模的用户群。

◎ 第四次缩小用户范围——放弃了一些非核心竞争力（对手太强，自己没有定价权）对应的用户群。

◎ 第五次缩小用户范围——一定时间内，只选择一个最有把握的赛道，拒绝四面出击，放弃了精力无暇顾及的用户群。

与用户的底层交集

最后，抛开商业的分析技巧，我们不妨回到一个最本质的问题——到底应不应该与用户交互？

自从乔布斯被封神，很多人就开始在模仿的路上乐此不疲，他们信奉粗暴的"产品观"——"用户不懂产品，我才懂"。于是，"佯装高冷，鄙视用户"成为一股风潮，交互用户似乎成为多余，每个产品经理都希望能够用自己的神级产品来教育用户、打脸用户。

但是，乔布斯并非不重视用户需求，而是在处理用户需求时有自己的逻辑；乔布斯并不是不与用户交互，而是把自己变成超级用户。所谓超级用户，就是把用户的各项需求推向极致，以此为标准，他自然要求产品完美。比如，在审核内部的 App 时，三下点击不能找到自己喜欢的东西，乔布斯就会将其删除，这种苛刻一度让苹果所有的产品经理胆战心惊。

他会如此苛刻，是因为他是"无人区的领跑者"。一方面，他敢于进入无人区，有情怀去做一款颠覆性的产品；另一方面，他刚好也有足够的时间和资源来做一款颠覆性的产品。后者是际遇，不能选择；前者却是执着，来自选择。为何有这样的选择？还是因为这个人本身的人生哲学。

所以，你会看到苹果产品就是他本人。设计上，包豪斯风格（Bauhaus，现代主义风格的另一种称呼）的简约贯穿始终，犹如他从来只是一副打扮。使用上，华丽的功能总是卓尔不群，犹如他从来不愿随波逐流，从来愿意"不同凡想"（Think Different）……

本质上，乔布斯打造出苹果产品的过程，就是实践自己人生哲学的过程。他是在用产品哲学寻找契合的用户，如果这种哲学刚好具有时代的普适性，就会成为神级产品。

另一个例子是无印良品，一样的简约主义，一样的高冷，却有诸多粉丝。当然，你也可以理解为这样的产品不需要和用户交互，让用户看到产品时会心一笑的，已经超越了功能本身，而是用户觉得这个产品就是"懂自己"，这就是产品的人文情怀，这就是企业和用户的"底层交集"。

模仿乔布斯的产品大神何其众多？但又有几个人是真正有着一以贯之的人生哲学的？当奉行功利主义的产品经理费尽心思揣摩用户诉求时，他们永远都会慢半拍。因为，他们总是在假装目标用户的朋友，总是在迎合，总是不得要义，他们永远走不进用户的心。

第十章

供给侧：让资源池成为"活水"

以用户为中心是平台型组织的原点，但这个原点是看不见的。平台型组织首先被创客看到的是"资源洼地"，这很大程度上决定了员工们是否会选择充当创客，外部创客们是否进入平台。

但大量的企业其实并不懂如何建设"资源洼地"，即使有优势资源，在他们的企业里也是"死水"。有时，员工直到走上内部创业的道路，才发现企业标榜自己的"大平台优势"，不过是一句口号而已。

资源池的僵局

发现用户需求，用企业的资源形成解决方案，再引发用户购买是互联网时代基本的商业逻辑。当然，在工业经济时代，企业更喜欢储备足够多的资源，形成所谓的"优势产品"（拥有质量优势或价格优势），等待用户上门。这在一定程度上可能忽略了用户需求，形成了"产销分离"的效果。但无论如何，资源的优势都是重要的，正因为如此，企业囤积资源的模式才屡见不鲜。

但如果拥有资源就能够一飞冲天，企业就变成了资本的游戏，谁拥有足够的资本厚度，谁就能成功。现实却并非如此，诺基亚拥有强大的研发团队，在研发上的投入让竞争对手难以企及。据2011年国外媒体的报道，诺基亚每年的研发费用为40亿美元，是苹果每年17.8亿美元研发预算的2倍多。这些研发并非没有产出，事实上，诺基亚先于苹果开发出了类似App Store的产品，但被高层否定掉了，因为，他们认为"没有人会从这种地方下载软件"。高峰时期的诺基亚显然不缺资源，这些资源甚至也形成了一些接近商业产出的成果，但最终却无法改变企业的命运，关键就在于这个"资源池"有问题。

所谓的资源池，池里一定是流动的"活水"。不仅池里的水是"活"的（自由流动），还能从外部引入"活水"，而这些"活水"都能够流到每个用户的需求上，快速形成解决方案。拥有资源池的企业有两大特点：第一，找得到拥有资源的人；第二，资源所有者能够将资源带入项目。

"找不到拥有资源的人"是因为金字塔组织。这种组织模式里，大家被限制在部门墙、隔热层和流程桶限定的区域内，每个人都有对接的汇报线、协作线和相应的规范，过界就是越轨，就是给别人"添麻烦"。所以，资源僵死在"小方格"中，根本没有可能爆发出"资源自由互联"的网络效应。

"资源带不进项目"也是因为金字塔组织。即使了解用户需求的人能够找到内部的资源，但资源方并不会接受他的指挥，因为他们身上背负的是KPI，评价他们的是上级领导。提供资源却没有回报，还有可能得罪上级，这种事情谁会做？

金字塔组织里，很多资源的使用者并不是资源的拥有者或并不具备调动权，企业好比手握一把好牌，却烂在手里。不打破金字塔组织，资源池再大，也是死水。

资源池的困境

互联网时代到来之前，没有企业意识到庞大、灵活的资源池如此重要。它们认为，只要在内部储备了自有资源，在外部连接了合作资源，就能够确保满足用户所需。而互联网带来的变化在于，用户的需求无限细分且变化太快，要求企业的资源供给必须"跟得上用户点击鼠标的速度"。此时，企业才开始发现自己捉襟见肘。

对于企业的自有资源而言，每类资源自带的动机是"服从上级"，因为，KPI是上级考核的，预算是上级下发的。所以，当某些职能模块发现了用户需求，"协调不动"资源才是常态。海尔在改革的进程中就遇到了这个问题，当某产品部门希望做一款创新产品，要求和一个评级不高的代工商合作时，采购部门、质量部门、售后部门集体不配合，因为这样的模式会影响自己的KPI。但事实上，基于产品部门的苛刻要求，只有这家代工商愿意进行深度合作。如果按照这样的决策机制，产品部门就只有放弃这款产品。

另外，这种组织模式还是封闭的，外部的资源很难"零摩擦"进入。这里很有意思，因为资源难以协调而显得不足，向外寻找资源就成了应有之义，为何企业却迟迟不行动？说来也很简单，企业的权力（权）和预算（利）是固定的，引入外部资源方就意味着会引入更多的人来"分蛋糕"，所以，才会出现资源难以动态优化的局面。我辅导的若干企业，都希望基于主业发展相关多元化的辅业，但是一旦问到老板和专业部门"有没有足够专业的人来做？"他们的回答往往是"还缺专业人才。"我再问"为何不去引入呢？"这时，老板和专业部门都回答"就是很急，正在引入。"但实际上老板是真急，专业部门是假急。除非老板给专业部门下死命令或压硬指标，否则这个僵局就一定解不了。换句话说，企业是封闭的科层，而不是开放的平台模式。

对于外部资源而言，企业特别喜欢提"整合"二字。这是个最具迷惑性的词，企业往往以为只要自己建立一个名义上的协会、联盟、生态，就可以完成"整合"。当互联网思维袭来时，诸多线下企业都曾经寄希望于抱团取暖。其中，最好整合的非贸易流通型企业莫属了。于是，各领域的线下贸易流通企业都曾经试想共同搭建一个线上平台[⊖]，它们认为，只要把自己的线下流量往线上"赶"，自然就可以打造成为一个最大的线上平台，抵御互联网的"野蛮人"，也获得通往互联网的"船票"。

但现实情况是，人人在为这个平台贡献流量时，都有自己的私心——这究竟是谁的平台？我为什么不等别人贡献流量，自己坐享其成？为了解决这个问题，大多数发起者会采用"流量换股权"的模式，解决这个激励相容问题。但实际上，双方的利益还是不一致。这个线上的平台要形成，必须要所有线下贸易流通商一致行动，共同完成对用户线上购买行为的教育。所有参与者都清楚，在大家共同推动用户往线上走时，只要有任何一个参与者允许用户"体外循环（不走线上）"，不习惯线上的用户就会走向这个不守规矩的参与者，其他人就会吃亏。所以，这是一个"囚徒困境"式的博弈，表面上的协议没用，大家的最优策略选择都是"先保线下"，最终的结果是走向双输。

残酷的现实告诉我们，松散的"整合"都会以失败告终。前文已经提到过，真正的"整合"只有两类情况：一类是你把别人买下来；另一类是你有独特的资源，别人必须和你换。进一步看，只要别人需要和你换资源了，你也愿意换资源了，这才能算双赢，这才能算外部的资源进入了企业的资源池。

抓取资源的界面

当企业厘清了上述思路，且已经明确了用户需求，它们该用什么样的界面来引入资源，将其变成给用户的解决方案呢？

⊖ 有这种想法的案例，至今为止，我至少接触过五起。

首先，要在"机制"上盘活内部资源。这意味着企业应该赋予资源方经营的动力。具体来说，一方面，应该将财权、人权（用人权）、事权（决策权）下放给资源方；另一方面，应该赋予资源方经营的风险和收益。

平台型组织中，交互用户的部门都拥有很强势的权力，它们手握考核权，负责分配，而其他部门则由它们来调配。例如，海尔交互用户的部门以前叫（产品）型号经营体，现在则叫用户小微，负责组织研、采、产、销、服等资源方（即节点小微），通过谈判确定各自分配比例。再如，华为消费者事业群（主要产品是手机）交互用户的部门是产品部门，负责组织职能部门、平台部门和销售部门，在它们之间分配"奖金分"，而"奖金分"乘以集团下发的"奖金包"就等于实际收入。

只有这样，资源方才不会紧盯预算包和 KPI，掉入本位主义的陷阱，才会主动去寻找市场的机会，才会配合交互用户的部门去为用户提供解决方案。也只有这样，资源方才会在本地资源不足时主动引入外部资源，道理很简单，如果他们的资源不能满足交互用户的部门的需要，他们就会被放弃。

其次，要在"接口"上导入外部资源。当企业发展到一定阶段，本地资源显然已经不能满足需求，这就需要将外部资源抓取到企业。换个角度说，在企业发展的过程中，资源永远是不够用的，因为，好的资源可以带来更大的市场空间，而更大的市场空间，又必然需要更多的资源。显然，能够更有效率地取得资源的企业将具备更大的竞争筹码，所以，企业一旦从一个重度垂直的小市场跳出来，就需要有一些资源的"接口部门"。

阿里巴巴的物流接口部、海尔的专业平台，都是这类"接口部门"。这相当于用 B2B 电商平台做"拼单集采"。但是，要实现这种交换，企业必须有相应的"底气"，即自身的优势资源（对对方有价值的资源）。例如，海尔的海达源是一个供应商平台，会对外连接诸多供应商，并汇总海尔各个产品型号的采购需求进行谈判，获得最具优势的集采价格、质量保证、付款条件和其他条款。这里，海尔庞大的生产体系能够释放巨大的采购需求，这本来就是一种优势资源。这样一来，负责相应产品型号的用户小微就可以直接到这个平台上去抓取资源。只不过，这类接口部门只是有权把资源抓取到平台上，而不能强制要求用户小微必须使用，换言之，如果资源的价格和其他条件不具备优势，也会被用户小微放弃。

最后，要用"强IT系统"对资源进行编码。不少企业并非内外部资源不够丰富，而是无法将资源"推到"供应链中，变成产品或服务。换句话说，这类企业的资源是无序的，无法"随需调用"。不少眼光独到的企业已经在这方面做出努力，即深耕"产业互联网"。它们认为，如果资源无序，就算打造出了一个促进出货的营销界面，企业依然是没有核心竞争力的。在需求侧推动出货的事情，各类电商企业早就做了，其他企业根本没有任何优势。与其如此，不如基于自身供应链上的独特资源，将资源编码为数据，并形成一种快速调用资源响应用户的"算法"。如果资源真的能够快速组合成为具备核心优势的产品，为何不直接和成熟的电商企业合作？进一步看，一旦这种"算法"真的形成，其本身就成为构筑"产业互联网"的平台，即外部资源也会涌入，更多的用户随之而来。

华夏航空曾经瞄准产业互联网，提出过一个设想。它是全国唯一一家定位于支线航空的航空公司，有很多独飞的航点（例如没有其他航空公司进驻的四五线城市），换句话说，通过用"干支联程（一段支线＋一段干线）"的形式，它能够将四五线城市的人运到全国任何一个地方。但是，影响四五线城市旅客出行的最大因素是价格，而航班的价格又是随着季节、供需等因素而波动的，如何寻找到联程价格低到足以吸引旅客的"组合"？如果考虑旅客的旅游出行需求，如何寻找到联程价格够低，同时目的地对于始发地旅客足够有吸引力的产品？这些都需要将资源进行编码，并设计相应的"算法"。试想，如果设计出了这类"算法"，华夏航空本身岂不就变成了一个航空运力资源调配的平台？到那个时候，它拥不拥有运力（飞机）又有什么关系呢？

抓取资源的误区

我们明确了抓取资源的界面，盘活了资源后，却容易陷入以下几个误区。

首先是资源与平台的匹配性问题。有的企业追逐最好的资源，它们认为，只有这样才能为用户提供最好的解决方案。这种想法有些天真，平台搭载资源的核心能力是有限的，当平台太弱，而资源方太强时，就会形成资源方跳过平台直接对接用户的情况（俗称"过顶传球"）。所以，平台并不是在一开始就是"全开放"的，一定会从"半开放"走向"全开放"，而开放的程度，则由自己的核心能力（对于资源的吸附能力）来决定。

这在商业模式上是很简单的道理，例如，我们至今很难看到成功的"深度内容付费平台"，原因在于，深度内容（知识）这类商品不是一般平台能够驾驭的，深度内容是独特的，而平台则是普遍的，所以，深度内容生产者在与平台博弈时总是存在优势。此时，平台有两种选择：要么绑定内容，以内容生产者为中心构建自己的商业模式，即与内容生产者签订长期经纪合同；要么将深度内容"降维"为碎片化知识，例如，罗辑思维打造的知识平台"得到"就是这样一种形式。这样一来，内容生产者就必须要与用户发生高频联系，而平台作为流量的聚集地自然就不会被绕过。回到最开始我们对于"整合"的定义，要么平台直接把资源方买下来，要么平台本身有独特资源，其他资源方必须和平台换。再说清楚点，平台在把资源引入时，一定要明确自己对于资源的持续价值，要确定自己"驾驭得住"。

其次是资源之间的协同性问题。有的资源的确是优势资源，但其必须与其他资源搭配才能产出效益，否则资源再好也是浪费。这显然符合木桶原理，最短的短板决定了水桶里的水位。但这个再明显不过的道理却被企业一再忽略，或者说，企业在积累资源时，并没有从用户需求出发，去寻找一个"资源的组合"来形成商业模式，而是乱抢资源。

举例来说，企业最喜欢的是抢占技术资源，这和风险投资的习惯一样，只要技术真正具备独特性，无非就是如何将其商业化的问题。而且，技术资源的流动性强，即使企业无法变现，也可以通过其他形式转让出去，企业并不会吃亏。我辅导的某企业，通过并购抢夺了若干"黑科技"资源，并孵化了若干项目，却无一有所突破。老板不解，这些技术都是世界范围内领先的技术，而自己企业的品牌也在垂直细分领域中处于第一的位置，按理说，产品过硬，品牌过硬，没有理由不能突破市场。结果，经过我们仔细的调研才发现，这是一家"后向扎根"专注于技术的企业，市场方面的人才和资源非常缺乏，所以，好产品卖不出去。商业模式不是资源的简单相加，而是有机组合，盯着用户需求来构建商业模式，盯着商业模式来积累资源才是王道。

最后是内部化和专业化的陷阱。先是"内部化"问题，很多企业在建立资源池时，将内部资源方变成垄断的内包商，设置一个等于或略大于外部市场的内部服务价格。这会降低资源方的专业化动机，导致服务水平下降。所以，在搭建资源池的过程中，用"赶孩子出门"的方式来逼资源方做强是必然的选择。但这往往又会给资源方一个错觉，就是使其过度追逐外部市场的盈利。资源方有这样的"冲动"很正常，长期提供内部服务会让自己失去竞争力，而且也很难说清楚自己的价值。这又走入了另一个极端，如果第一时间就把自己变成一个外部的服务机构，其服务就会变成标准品，而企业内部需要的服务往往是定制品。进一步问，如果服务是标准品，企业从外部购买即可买到更物美价廉的，为何非要将资源池建在企业内部？所以，资源方即使要专业化，也应该是在内部化基础上去追求专业化，先将自己的服务在内部化上跑通，再出去用专业化的手段证明自己。其实，在那个时候，即使是专业化，也一定是在垂直细分领域（和自己母体企业类似的用户）的专业化，而不是大平台式的专业化。

交互资源的底层逻辑

我们往往喜欢说与用户交互，但其实，对于资源方也应该进行交互。这种交互让平台能够选择最适合的资源，并将资源的价值变现。但对于"交互"的逻辑，我们还有必要进行讨论——资源真的是被抓取进来的吗？

企业解析出用户的需求，而后根据需求"抓取"协同的资源，使得资源聚集到一个商业模式上，变现资源各自的价值。这看似是一个再正常不过的逻辑。但如果我们进入这样的假设，我们就相当于在期待一只"看得见的手"。我们当然可以把这只"看得见的手"认为是企业家，但这样的模式有可能走入"另一种封闭"，依然无法最大程度上激活资源的价值。

事实上，资源方也是理性的，他们也在寻觅商业机会。一旦企业将自己变得开放，资源方可以"零摩擦"[○]进入，并获得"正反馈循环"（获得收益，激活整个商业模式），他们就会源源不绝地涌入企业。难怪，张瑞敏在将海尔改造为彻底的平台时，借用《维基经济学》中的观点表示"世界就是我的研发部，世界就是我的人力资源部"。如果真的期待这种效果，企业就应该在核心能力允许的前提下，让自己变得更加开放。平台和资源方之间，实际上是一种双向的选择，而非单向的"抓取"关系，只有这样才能产生最有价值的连接。

这个说法看起来天衣无缝，但企业在执行时往往走了样。我发现，很多企业在面对外部资源时，始终带着一种"控制思路"，力图通过谈判地位锁定资源方，让对方"被整合"。这个想法很幼稚，排他性协议的基础是双方都需要对方，并用契约的形式明确彼此的权利义务。但如果双方资源不对等，任何契约都会进入"再次谈判"的节奏。

企业需要打造平台，平台则要开放，要能够吸附住资源方，本质上还是需

○ 这一概念是来自海尔首席执行官张瑞敏先生的贡献。2016 年 5 月 11 日，国家工信部直属的中国电子信息产业发展研究院院长卢山一行参访海尔，张瑞敏在与其交流时提出"零摩擦参与"是海尔打造的平台型组织追求的目标。

要平台夯实自身的核心能力。铁打的营盘流水的兵，资源是流动的，是可以被"动态优化"的，但平台不应是铁打的，平台也应是可以被"动态优化"的。

　　要平时高高在上的平台放下身段去交互资源，本来就有点强人所难。但平台也应该明白，如果老是一副"我赏了你一口饭吃"的态度，就永远不够开放，永远难以与用户的需求同步演化。从根本上说，还是平台主（企业老板）的价值观问题，如果他们真有平权意识，上述的一切都不是问题，哪里需要这么多的篇幅来厘清？

第十一章

连接机制：平台型组织的激励机制

创客们除了看得见资源洼地，还要看得见共享机制。

当企业拥有了一个交互用户的界面，形成了与用户的"零距离"沟通，它就可以获得用户的真实需求；当企业拥有了一个交互资源的界面，形成了与资源的"零距离"连接，它就可以获得企业之外的一流资源。我们不禁产生了一个诱人的设想——如果企业能够转型为平台，让资源自动地匹配用户需求，这将产生多大的经济效益？

资源是零散的，用户需求是复杂的，所以，要将资源组合成解决方案才能满足用户需求。这一过程中，人力资源是最重要的资源，它是所有其他资源流转的中心。所以，平台上撮合供需两端的"连接机制"，实际上就是激活员工，让人人都成为自己 CEO 的"激励机制"。

传统激励的死局

传统金字塔组织的难题在于，只有顶层的人力资源是"企业家"，而其他的人力资源只是"打工者"。所以，一个金字塔组织里，企业家用流程、KPI来划定责任，辅以领导力和企业文化来驾驭整个组织。打工者们则瞄准自己的有限责任，打卡上班，拿钱走人，他们被激励有限，自然不对市场的风险负责。[⊖]

如果把对于员工的激励看作投资，当我们下放预算时，就等于把这笔投入交给了命运的轮盘，赌的只是概率。仅仅如此倒也罢了，这种委托代理关系最大的问题是，代理人（员工）可能违背委托人（老板）的利益而走向机会主义，产生道德风险和逆向选择[⊖]，所以，这种押宝的方式大概率会输。

于是，传统激励开始从以下两个方面来破解这个困局。

一方面，试图用目标管理和KPI管理等方法让员工的贡献变得清晰。但结果是，在指标选择、目标值确定、信息数据收集等环节，信息不对称的问题会让这类方法也变得无效，员工会逃避指标、压低目标值、谎报数据……再强的"考核工具"也解决不了问题。

另一方面，试图用文化管理、领导力建设、执行力建设等方法来改变员工的"人性"，让他们愿意主动投入工作。但结果是，在配合企业的上述各类"折腾"之后，员工依然追求实惠。

现实问题是，员工不仅具有信息优势，而且太精明了。上有政策，下有对

[⊖]　为什么金字塔组织无法实现有效激励？上篇提到的一个数据可能说明了问题。根据穆胜企业管理咨询事务所的研究，在传统的KPI考核模式下，每个人的薪酬中，仅仅有2%以下的实际变动部分。这显然无法激活个体，让人人都成为自己的CEO。

[⊖]　即委托代理双方由于信息不对称，优质品无法获得出货，反而是劣质品受到欢迎，出现劣质品驱逐优质品的现象。从本质上说，并非优质品没有市场需求，而是信息不对称让人无法区别优质品和劣质品，此时，购买劣质品就成了最有策略的选择，因为至少可以避免买到伪装的优质品（实为劣质品）。

策，无论是用硬手段（考核）还是用软手段（文化），领导要对付员工，基本是不可能的。从机制设计的角度，最优秀的机制是能够让"激励相容"，即能让各方利益一致。我们不禁产生一个大胆的想法：能不能让员工放弃与上级博弈，转而与市场博弈？显然，与上级的博弈带来企业的内耗，与市场的博弈带来企业的成长。如果真能达到这种效果，上级与下级利益一致，那就"人人都是自己的 CEO"了。

要让员工成为自己的 CEO，必须让其承受市场的风险，并享受市场的收益。这听起来简单，是不是只要老板将经营责任下沉到每个部门、团队、员工身上，就可以达到这样的效果？但残酷的现实恰恰与这样天真的想法开了一个玩笑。由于金字塔组织存在专业分工，并不是所有的岗位都能够被市场评价绩效，一些不接触市场的后勤模块显然是说不清楚贡献的，即无法像在外部市场上一样被"精准定价"。于是，我们又只能回到"考核"的逻辑，用目标或指标模拟出它们的贡献，结果还是解不了这道"题"。

现实情况是，金字塔组织里的分工将每个职能模块都变成了一个串联链条上的"工序"，沿着这种逻辑，我们只能去计量它们的"模拟价值贡献"，并按照价值贡献大小进行投资。投资分为两个部分，一个部分是让它们"花多少钱"，一个部分是让它们"分多少钱"。当这个"模拟价值贡献"表现为传统的 KPI（实际并没有反映贡献），没有办法衡量出职能模块的"实际价值贡献"时，投资就基本上失控了。员工会花钱，会分钱，但不一定能带来回报。

进一步看，这个"死局"是，员工会有这样的心态——你不给我预算，我不能花钱，不能分钱，这件事情怎么干？我不干。你给了预算，我只能用我的职业素养向你承诺完成你交办的事宜，至于经营的结果，我不会承诺，因为我对于结果不可控。员工几乎为不承担任何市场风险找到了完美理由，老板只有进入"套套逻辑"中。

职能并联

如何让员工感受到市场的压力，一直是老板和管理学者们思考的问题，在这方面也有不少实践。

例如，稻盛和夫的阿米巴经营模式，就是让企业内部链条各环节之间进行交易。通过稻盛和夫先生设计的一套简化的会计系统，这种交易变得相对清晰，尽量让每个人都能算清楚账。

无独有偶，海尔曾经在 1998 年就开始设想将市场机制引入企业内部，并做出了一种"市场链"模式。它在流程再造的基础上，让上下游用 SST 的原则进行交易：上下游之间如果要交接流程，要么是上游向下游索偿（S），要么是下游向上游索赔（S），如果既不索偿也不索赔，就要跳闸（T），说清楚了问题才能往下走。[⊖]这在当时的确对于海尔的发展起到了一定的作用，这个案例也进入了哈佛商学院的教学案例库。

世界最大的番茄加工企业晨星[⊖]（Morning Star Company）也采用了类似模式，每个部门都自负盈亏。

基于串联的逻辑设计的内部市场制，实际上是让下游充当最苛刻的考核者，这沿袭了"下道工序就是顾客"的质量管理理念，并用市场机制来进行固化。但事实上，这样的模式本身就有个天然瑕疵——内部定价无法精准。

内部的市场可以形成，但价格说不清楚：由于下游不可能找到外部的"完美替代者"，上游即使服务有问题，也不可能被淘汰；由于上游也不可能去寻找其他的买家，下游出价即使太低，也不可能被拒绝。这样一来，双方自然就都没有市场的压力。有时，上游一句话还能把下游堵住，"你说我的东西有问

⊖　由于上下游之间双方都是彼此唯一的选择，所以，这和外部市场关系不一样，正因为如此，海尔用 SST 强制让双方进行交易。如果上游交付的"半成品"存在质量问题以至于不能够形成交易，那么下游可以向上游进行索赔，这是用一种附加的成本强制上游必须要把交易走通。

⊖　它的总部位于美国加利福尼亚州，完成了全美 40% 以上的番茄加工工作。

题，有啥问题，不都是按你的要求做的吗！"于是，所有不直接接触用户的环节都认为自己没问题，反而埋怨销售不力。另外，销售要是能够顺利出货，也不一定就认为是采购、研发、生产等环节给力，更多会认为是自己的功劳。

稻盛和夫先生对于定价的解法是强调"领导定价"，他认为领导应该信仰稻盛哲学，变成"敬天爱人"的圣人和贤人，一方面绝不偏私，另一方面知道成本发生的每一个细节，能够用成本加成法制定出公允的定价。不仅如此，当所有人都因"敬天爱人"而具有较高的思想境界，双方的交易又有相对公允的定价时，这自然就变成了"一场激动人心的经营游戏"（稻盛和夫语）。

晨星公司的内部交易中，讨价还价的现象很常见，有时还很激烈，但他们认为这种现象是良性的。出现争执时，公司最初不会介入，会主张大家基于公司共同利益进行协调。实在争执不下，公司会启用仲裁机制，由大家推举出来的"德高望重"的前辈和公司设立的仲裁机构介入，共同商定出一个结果。

上述方式过于浪漫了。海尔则更实际一点，在发现串联逻辑的问题之后，会迅速开始改变激励机制，将"串联"改为"并联"。这个改革的过程非常艰辛，并非一蹴而就，其中也走了不少弯路。但现在，它探索到了相对成熟的理念——将所有的价值创造模块（包括人力、财务等）都并联到一起，共同面对用户，用户付钱，大家一起分，用户不付钱，大家一起亏。在原来的金字塔组织里，老板是劣后的（最后一个获得残值的清偿），企业成功，大家一起分钱，企业失败，员工拍屁股走人，老板倒霉。这种并联设计的好处在于，员工和老板共同劣后，这才将经营风险下沉到了员工层面。

另一个企业的实践可能也证明了这个方向的正确性。华为从 IBM 引入了 IPD（集成产品研发流程）等流程化的工具，却将其改造为并联的模式。以 IPD 为例，在获得用户端的真实需求后，会形成以研发为中心的 PDT（集成产品研发团队），采购、生产、销售等职能模块也会进入团队，共同实现订单，并分享收益。

有意思的是，这种并联模式逼得研发等原来感觉不到市场压力的后台部门去与用户交互获得真实需求，也逼得每个后台部门去协同其他部门找出可能的利润空间。这种模式里，每个人都在算"市场的账"，都在关注这门生意最后能不能赚到钱。

我辅导的一家生产制造企业，当我们采用了并联逻辑重构组织模式之后，销售部门居然主动去协调研发模块，寻找改进配方的可能性，希望用低价原料替代高价但不产生用户体验的原料。销售部门也会主动协调物流模块，寻找更快捷的交货方案，因为它知道交货是否及时影响大客户的采购意愿和自己可能实现的出货量。这些行为在以前被认为是"手伸得太长了"，但在并联之后，不仅销售部门非常主动，被协调的各方也异常配合，道理很简单，大家都在一条船上。

用户付薪

决定激励机制的关键还在于"薪源"——薪酬究竟来自什么地方。这个问题为什么如此重要呢？因为谁支付薪酬，员工就听谁的。领导支付薪酬，员工听领导的，企业走向官僚导向；而用户支付薪酬，员工就应该听用户的，企业走向市场导向。

金字塔组织最大的问题是薪源不一致，每个人的薪源都是自己的领导，该付给谁不该付给谁，该付多少，标准不统一，都是模糊的考核基础上领导的一句话。即使变成了市场链之后，这个问题也依然没有解决，由于缺乏外部竞争者的比较，上下游之间无法精准定价，大家各自有各自的道理，最后变成了糊涂官司，只能通过领导来协调。所以，表面上看，每个人的薪源都是流程的下一个环节，但实际上，大家的薪源依然还是上级领导的，各个环节的薪源是各自的领导，薪源依然没有统一。

事实上，仅仅实现"并联"但没有实现"用户付薪"，也无法实现市场化激励。

一个典型例子就是内部项目制（难题攻关）。一群员工用各种炫酷的过程（如跨部门协作、行动学习、群策群力）做出了若干成果，而后公司就必须支付对价，不给或给少了就是老板没有诚意鼓励创新。但是，这些创新对于企业究竟有多大帮助呢？谁也说不清楚。老板当然不愿意支付了，最多就是一个象征意义的"创新奖"。最后，老板和员工双方都觉得不划算，这种方式就会逐渐淡出人们的视野。

另一个典型的例子是 Zappos[⊖]。它尝试了一种叫作"合弄制"的组织模式，员工进入不同团队进行并联协作。然后，他们通过能力提升来累积"徽章"，再向公司申请更高的基础薪酬。对于他们的考核，则是采用同事间相互监督的方式执行。这些举措看似炫酷，实则还是"领导付薪"和"模糊评价"，没有市场检验，效果自然大打折扣。

换句话说，没有市场买单，就无法精准定价。所以，除了主张并联，还必须确保并联后的组织单元对接市场、有用户价值、有用户买单。

员工的薪酬结构中大概有两个部分：其一为固定薪酬，其二为浮动薪酬。要实现用户付薪，必须要下压固定薪酬，把更多决定薪酬发放的权力交给用户。但是，员工毕竟不是企业家，他们的风险承担能力有限，所以，这种改变是让他们不舒服的。另外，即使他们愿意接受这样的改变，又有几个老板对于本企业的（绩效）考核系统如此自信呢？如果缺乏精准的"价值贡献计量"，不公平的考核反而会带来麻烦，要么就是部分员工"捡便宜"，要么就是部分员工"吃了亏"，企业内的团队氛围反而会被破坏。老板心想，与其如此，我还不如维持员工类似"大锅饭"的分配呢！

⊖　它是一家 1999 年创立的美国 B2C 鞋类电商，成立于科技泡沫时代，经过多年的摸爬滚打，成长为美国最大的线上鞋类交易网站。2009 年，其被亚马逊以 12 亿美元的价格收购。

员工的意愿问题好解决，要员工承担更大的风险，唯一的办法是给予更大的利益作为诱惑。这是一个对赌问题，员工投入不同的资源能力，承担不同的风险，获得不同的对赌杠杆。定价问题也不难解决，但绝对不是传统评估员工绩效的考核模式。其实，与员工商议出一个贡献比例，作为分红权（虚拟股），让员工在未来的蛋糕中获得分配即可。显然，对赌的程度是会影响分红权的，只要计算清楚这种比例关系，就可以实现"并联＋用户付薪"。

在我辅导的某企业中，我们为销售团队设计了一个最简单用户付薪模式，我将其称为"无级变速"模式。具体操作是，员工如果愿意拿出10%的浮动薪酬与市场进行对赌，可以配置一个2%的利润分配权；如果愿意拿出20%的浮动薪酬与市场进行对赌，可以配置一个3%的利润分配权；依此类推。这种模式中，风险偏好不同的员工都能够找到自己的位置。

在这个方面，海尔显然是先锋企业。"并联""用户付薪"也是出自它的话语体系。它提出要打造"用户付薪平台"，所有人获取薪酬的标准很简单，总的薪酬包就是用户的支付，参与者的薪酬包就是按照各自工作的价值在终端产品中的比例，类似于占股。华为也启动了类似的激励模式，各职能模块的激励来自"奖金包 × 奖金分"，奖金包来自增量的利润，而奖金分则是一个分配比例。[○]

一句话，用户付钱，就按照合同约定分钱。这实际上解决了定价带来的庞大的交易成本问题，由此，企业内部也可以市场化。

动态优化

如果说并联和用户付薪让"人人都是自己的 CEO"，最大程度上让每个人

○　不同在于，海尔如何在不同的小微之间分配增量利润包，来自用户小微（核心小微）组织的市场化的商议；而华为在不同模块之间分配增量利润包，则来自总部的战略决策。

都具备了意愿，那么，如何解决员工能力不足的问题呢？

这几乎是企业内一直在发生的常态：在一段时间里，人才能够适应岗位的需求，但当企业发展上去了，需要冲击下一个目标时，人才本身却没有进步，这时，企业就走入了"发展的瓶颈"。

大多金字塔组织企业的做法是，将这个看作必然规律来接受，转而打造自己的人才培养系统，希望用强大的人才培养系统，一定要把人培养出来。道理很简单，金字塔组织的企业是封闭的，人才的进出受到限制，最优策略肯定是把自己的人培养出来。但是，平台型企业的做法却完全不同，它们会将这个状态看作机制不够开放、平台不够有吸引力的结果。换句话来说，它们不会限制自己的目标，而是每时每刻都会根据一个更高的目标去吸引人才。因此，平台会累积更好的资源，建立一个更加开放的机制，把合适的人引进来，把不合适的人淘汰出去。

如果我们认可平台的逻辑，就不能仅仅从静态上思考机制设计的问题，还要从动态上思考。

最佳状态是，我们能够观察到项目每个阶段对赌业绩的达成情况，并根据这种情况来决定是不是追加投资，而一旦连续几个阶段都没有完成对赌（超过了投资者的容忍期），投资就会停止。如果走到这步，就会倒逼项目团队重新优化、整合自身资源。因为资源状态不变，对赌业绩就无法完成，投资就不会继续进来，项目就没有办法走下去，所有人都会一起"遭殃"。这个时候，就不是上级来要求项目管理团队做出改变，而是他们自己要求自己做出改变。仔细想想，这不就是创业投资的逻辑？唯一的不同在于，创业投资的节奏"太松了"，而且是没有投后管理的。一旦每轮投资进去，接下来就无法进行风险的控制，只能寄希望于创业者的运气和自觉，这几乎就是创投界的普遍现象，大多数所谓"专业"的投资机构也是如此。

由我担任顾问的一家企业，通过基础原创性研发，获得了业内领先的若干

"黑科技"，老板也深知在科层组织里并不能孵化出新公司。于是，让内部的创客员工带着自己的投资另起炉灶，但结果却是，过了很长一段时间也没能看到产出。这个时候投资者和创业者之间就陷入了僵局：投资者觉得项目没有市场效果，不想继续无限制地投入，而创业者认为项目还在酝酿期，没有市场效果是很正常的，老板不想投入是缺乏勇气。当我问道，这个项目现在究竟价值几何？老板和创业者给出了完全不同的回答，前者说"他们做到什么程度了，我完全不知道"，后者说"很快就有效果了"。说到这里，定价又不清晰了。

我们希望的状态更进一步，能不能让这个对赌更加密集？甚至在产出实际的市场效果之前也有明确的对赌业绩点。这样一来，我们就能够提前对于风险做出判断，并找到补救方案，动态优化资源（如补充人才、技术等），提前止损，甚至扭转局面。

海尔采用目标逻辑，按照"三预一致"的原则来决定如何动态优化。"预案"是根据最终要达到的目标来确认的经营路径，每个阶段都有明确的交付结果作为对赌业绩点；"预算"是根据"预案"的达成情况来进行发放，即根据对赌业绩点的达成与否来发放；"预酬"是"预算"中创客团队分享的那一部分，也是根据"预案"的达成情况来进行发放。如果没有达到"预案"的要求，"预算"和"预酬"都不会进入项目，这个投资的风险依然是可以控制的。那么，项目是不是就会死掉呢？也不会，这个时候，小微里的创客会被震荡出局，新的创客又可以"抢单进入"，这就实现了动态优化的效果。也就是说，停止投资不是目的，让资源重新配置，在"动态"中实现"优化"，才是目的。

华为采用利润逻辑。例如，其销售部门的负责人可以根据销售目标的达成情况决定预算的注入，如果在没有达到业绩目标的前提下还大量要求预算，就会挤压自己的业绩目标（销售额）和预算（成本费用）之间的分享空间，让自己的利益受损。同时，在这样的压力下，每个团队也会根据业绩目标的达成情况来反向优化团队，这也实现了在动态中优化的效果。

美国的全食超市[○]采用投产比逻辑。它以投产比（如每单位劳动时间销售额）作为考核团队的标准。当投产比超过标准要求时，团队便可获取收益回报，而成员获得的奖金也就越多。基于这个标准，团队成员也会主动进行动态优化。

传统激励的死局，用一般的考核逻辑根本没法解决，风险边际根本不能控制。只有实现了并联、用户付薪、动态优化，企业才能根据用户的需求来组织资源，老板的经营风险才能下沉到部门、员工身上。平台型组织的激励，实际上是一种最精巧的投资逻辑。

○ 全美最大的天然食品零售商，拥有 40 多年历史，有 400 多家门店、近 9 万名员工，并已在 1992 年成功上市，营收达百亿美元规模。

第十二章

云的组织，人的解放

从组织的角度看，"平台"显然是互联网时代主流的组织模式，因为这种开放的组织结构能够盘活以人为中心的各类资源。

从人的角度看，互联网时代是人力资源的重器时代，人已经成为配置一切资源的中心。借由互联网技术提供的便利，人力资源的配置效率也可能大大提高。这不仅对于组织的效率有巨大的提升，也实现了对于人的解放。

当平台型组织被整体放到线上，企业就将进入一个更加高级的组织模式——云组织。

破解企业囚徒困境

互联网时代，企业和员工都困在枷锁中，双方都很痛苦。

一方面，太多企业发现自己越来越笨重。它们既根本无法获得用户需求的变化，也无法调整自己去适应这些变化。即使内部兵强马壮，但大企业病形成了巨大的内耗，它们也只有看着这艘巨轮在互联网的海洋中沉沦。

另一方面，在传统企业的金字塔包裹中，员工成为一个个去个性化的"零件"。企业通过分工和授权为员工设置岗位角色，而员工被限制在岗位上，即使他有能力做其他事情，也不得越界。而基于岗位，员工获得一份死工资，并沿着职位体系按部就班往上爬，他的人生就是写好的剧本。

于是，总有老板愤怒地声称企业里没人可用，但人力资源真的缺乏吗？这显然是个伪命题。认真观察会发现，每家企业内部都有真正"怀才不遇之人"，再认真观察又会发现，每家企业外部都有大量"可用之人"。其实，我们一直坐拥大量的人力资源，真正缺乏的是让人力资源供给找到需求的人力资源配置机制。

其实，每家企业都拥有我们难以估量的"潜能"。往小了说，这种潜能是员工个体被压抑的能力和意愿；往大了说，这种潜能是员工可以盘活的一切组织资源。而让这种"潜能"陷入囚徒困境、不能被释放的瓶颈，正是金字塔组织形成的牢笼。

问题来了，既然企业需要自己变得更灵活，而员工也有意愿让自己得到更大的舞台，那么，为何不能让员工自己决定自己的舞台呢？为何不能将企业的经营责任"拆分"到每个人，让人人都成为自己的 CEO、直接面对市场呢？很多企业正在这样做，它们致力于让组织去中心化、扁平化、去威权化、分布式，让每一个员工都成为经营核算的单元。于是，各类新兴的组织模式层出不穷。

但如果创客与市场（用户需求）的匹配仅仅依靠线下的自组织来实现，效率显然不高。还好，互联网技术给予了我们更多的可能性。如果能够让企业平台上创客的所有属性都被"标签化"，而后"随时在线"，能够被任何的用户"随需调用"，这样不就是最高效的人力资源配置机制吗？我把这种组织模式称为"云组织"[⊖]。

㊀　关于云组织的概念，具体可参见我在 2015 年出版的《云组织：互联网时代企业如何转型创客平台》。

云组织绝对不仅仅是组织模式的一般转型，而是在这种变化的基础上，依托互联网这个极具黏性与张力的载体，让一切人都"云化"，让市场机制架设在云端，发挥出最大的作用。事实上，只有把人都放到云端，才能实现随需调用、可扩展[⊖]地获得，才能把人的能力共享到极致，发挥出最大价值。

形象点说，所谓"云组织"，就是"滴滴摇人"，企业在某一个角色上需要人了，就可以随时通过企业的云平台（开放或半开放的信息系统）"摇"到最合适的人，就像使用滴滴出行等软件来摇车一样。这种人可能来自企业内部，这叫"私有云组织"，也可能来自企业外部，这叫"公有云组织"。

释放人的潜能

在平台上，当每个创客根据用户的需求，组织资源提供解决方案，并能够从这一过程中获取合理收益时，自组织过程就实现了。

这一过程中，IT只是提供了一种可能性，云组织内的根本动力还是人的欲望，当然，基于这种欲望设计的机制会让这种动力最大化（正如我们前几章谈到的）。当我们抛弃了计划经济体制、选择了市场经济体制时，组织里却仍然秉持计划经济体制的逻辑。尽管我们将组织说成市场的细胞，不认为这是计划经济体制的体现，但是，我们为何不在组织里进一步引入市场机制呢？我们习惯了让企业做主角，去定义员工应该是怎样的，应该做什么，而从来没有想象过——为什么不让员工自己做主？

管理的终极追求是让"人人都成为自己的CEO"，事实上，当每个人都经营一家名字叫作自己的公司，他主张自己的能力、贡献，索要回报……这些都是再正常不过的事情了。反之，如果他不主张这些，反而会被认为是没有"经营思维"。说到这里，我们不妨定义一下，"经营思维"来自人的私欲本身就是

　　⊖　计算机术语，即把一份资源用出两份价值。

一种强大的生产力。进一步说，当员工变成经营者，他们的权利义务也开始调整，虽然变得更加功利，但也是在自担风险，他们获得自己对赌市场风险的高额回报，不是很公平吗？

作为金字塔组织背景下成长起来的人，我们都欠缺对于这个时代的了解。互联网时代，被压抑的人性开始释放出来，人们对于"自由"的追求远远超过计划经济信徒们的想象。当电子商务袭来时，有多少匠人放弃线下的安稳工作，开始把自己的作品放到线上平台，开始经营网上店铺；当微博、微信自媒体袭来时，有多少媒体人放弃了在传统媒体里的安稳工作，开始用自己的内容打造一个个"流量入口"；当互联网医疗袭来时，有多少三甲医院的名医一边在单位赚钱，一边开起了网上门诊；当滴滴打车、Uber袭来时，有多少出租车司机放弃了在出租车公司的安稳工作，开始拿出积蓄购买私车跑"专车"……仅仅以专车司机为例，当问他们为何转行时，他们给出最大的一个理由是——"我可以自己决定什么时候开工，什么时候停工，我更加自由了。"

所以，让员工充分"被共享"，不仅仅是组织的需要，更是适应员工人性主张的需要，释放他们的私欲，就能够释放出强大的生产力。其实，我并不主张"共享员工"的说法，当一个人按照上述模式将自己"共享"出去，他不就是一家"公司"吗？他经营自己的公司比为别人打工更加努力，这不是废话吗？

正因为我们假设人性在科层里是被压抑的，假设人的能力是被分工碎片化（专业化）的，所以，我们对于组织模式的设定就一定是金字塔组织。但当我们认清了人的私欲和各种能力，我们就会发现，云组织是更好的组织模式。

被误会的能力

从泰勒的科学管理理论开始，我们对人力资源管理体系中的几个功能模块都深信不疑，按照一定的模板雇用员工、选拔员工、培训员工……因为，企业需要人去"填坑"，企业似乎应该定义岗位，而后选择和培养员工，实现人岗匹配。

这样的组织模式有以下两个问题。

第一，抹杀个性。事实上，我们为员工设置的那些传统的任职资格模板，打掉了他们多少的个性？而个性就是不同，就是创新的来源，就是某一个能力维度上的优势。面对这些个性，我们不应该"打掉"，而是应该"发挥"。平庸是低稀缺、低价值的，而个性才是高稀缺、高价值的。

现实中，企业往往不待见个性。最典型的一个场景是，新员工进入公司之后，大多会对企业的不同职能领域产生自己的观点，但转眼间，就会有老人告诉他们，别瞎操心了，干好自己的事情。"干一行，爱一行，钻一行"，是好员工的基本要求，但这"一行"就定义了他们的活动疆域，这不会浪费他们的能力吗？你怎么知道这"一行"就最适合他呢？事实上，最精确的人才测评工具也不能够精准地预言员工未来应该从事的行业，而且这些行业的定义还在不断迭代中。

企业不要忘了，所有的员工都是异质的，就好比天下没有两片完全相同的树叶。所以，究竟是应该通过管理手段让员工整齐划一，还是应该让员工不同的能力被组合成一个最佳的系统？换句话说，这个时代对于木桶理论有了新的解释。以前是，一个人的能力是木桶，短板决定了水桶的容量（获得的收益），所以，每个人都应该去补齐短板，让自己拥有更大的容量。现在是，一个人的能力是木桶，但短板并不决定容量，而是所有人都把自己的长板拿出来，组合成一个更大的水桶，而后分享新水桶的容量。

第二，割裂知识。当员工被定义在某个岗位上，的确能够在机械性劳动上，产生亚当·斯密主张的"分工优势"。工业经济时代，人并未成为最重要的生产要素，人们各司其职，附庸在其他生产要素上，将这些生产要素的功能发挥到最大，显然是最需要的。即使是最重要的人——企业家，他们作为"企业家才能"这类生产要素的提供者，更多展示的也是自己的果敢和对于信息的敏锐。这样的他们，才能够敢为人先，投身商业浪潮，依靠对于信息的掌握创造出企业的红利。

但是，高端价值的创造却一定不是通过"分工"来实现的，或者说，高端价值的创造是从"合工"开始的（虽然需要"分工"来支撑），知识只有作为一个体系才会发挥最大的作用。互联网时代，人已经成为最重要的生产要素，其他的生产要素应该围绕人来组织。也就是说，人必须具备多个领域（涉及不同生产要素）的知识，并且综合考虑一个系统，才能够创造出高端价值。这个时代，企业家会越来越多，企业家才能会喷涌而出，而且，企业家才能不仅仅是果敢和对于信息的敏锐，更是从 0 到 1 的创造。

互联网时代，每个人都可以选择不同的发展路径：有人选择专业精深，他们依靠自己的长板来吸引别人互联；有人选择专业综合，他们充当系统整合者（system integrator），自己去组合长板。但是，每个人的路径又好像相同：专业精深的，为了经营好自己的长板，必须具备更加综合的能力，正如一个超级 IP（知识资产），除了产出内容，还应该知道如何经营内容；专业综合的，为了整合各类长板，必须自己首先具有一块最有力的长板，正如一个创业者如果光谈"整合"，就是幼稚的。

于是，到了最后，所有能够将自己放在云端、"共享出去"的人都具备三层能力：第一层是精深的专业知识；第二层是复合的知识结构；第三层是对接用户的高概念和高感性能力。这就是这个时代对于能力的要求，我们会看到更多的"极客"（专业精深）、更多的"跨界"（知识复合）、更多的"产品经理"（更懂用户），我将这种人才叫作"新 T 型人才"。

云组织红利

云组织会释放怎样的"组织红利"？

第一是成本低廉。

招聘成本和培训成本（入模子的成本）将大幅降低。聘请一名外部的人才需要高昂的招聘成本、培训成本。但在云组织里，所有员工的能力都是用标签标识的，搜寻效率更高；当人才实现了"在线"不"在册"，成为"公有云组织"，搜寻范围更大。由此，我们可以找到"U盘化"（模块化）的人才，实现即插即用。这样一来，招聘成本和培训成本就降到了最低。

人均薪酬也将大幅降低。一来，云组织上"在线"的人才出售的是自己"可共享"的能力，由于不是专属，自然可以将单价降低。二来，由于互联网联通了极大范围内的人才供给，供给增加，自然可以降低人才单价。

管理成本（也就是内部交易成本）也将大幅降低。在使用人才的过程中，企业要想办法对其进行"管理"，而员工往往能找到办法偷懒，这是科层组织规则的必然结果。但在云组织里，员工与企业之间是"合伙人关系"或"外包关系"，员工是自己的CEO，从企业对付员工，变成了员工自己对付自己。

第二是产出多样。

当企业的资源固定、安排固定时，产出的都是标准化的产品，一旦用户需求出现波动，首先冲垮的就是内部的管理体系，或者说，管理体系会第一时间展现出不能与时俱进、自我迭代的劣势。

但在云组织里，人力资源由"本地人才"扩展到"在线人才"，在KK（凯文·凯利）所谓"连接大于拥有"的时代，人才只要能够在互联网上接触到，就能够为我所用。另外，人力资源的安排方式是灵活的，他们不再基于岗位，而基于连接存在，或者说，连接定义了他们的岗位。美国的晨星公司没有具体的岗位描述，员工自己制定自己的职责范围和工作内容，并在获得经验和提高技能之后承担更多的职责。创始人克里斯·鲁弗（Chris Rufer）曾解释道："关于责任，不应关注该止于何处，而应关注始于何处。采购设备的责任始于需要设备的员工，而不是财务部门或者自己。"他的意思是，发出协作需求的人决定了被连接者的角色或职责。由此，所有人都可以被配置到任何的用户需求上。

当人才的获得范围和使用方式被扩展了，企业就打造了一个柔性的生产系统，甚至可以将这种模式向供应链后端延伸，打造出"超级供应链"，满足互联网上千人千面的用户需求。

第三是风险外置。

传统的人力资源使用方式是"自营"，即人才的进销存都在企业。换言之，如果人才不好用，企业亏损；如果人才没有及时被使用形成产出，企业亏损；如果人才没有被用到合适的地方，企业亏损……一旦聘用人才，企业必须支付大部分的固定薪酬，而不管市场绩效（前面已经谈到现有考核方式的无效），此外，要解雇员工还会付出大量的沉没陈本、重置成本。科层组织里，企业承担了所有的风险。

但在云组织里，企业转型为创客平台，仅仅赚取撮合抽佣的收益。直观点来说，就像马云不用雇用、培训淘宝店家一样，在淘宝的平台上，优者生存，劣者被淘汰，但马云只是从供需对冲中抽取自己的收益，而不用为失败者买单。我常常开玩笑，马云最优秀的员工不仅仅是阿里巴巴合伙人那批精英团队，更是拼死拼活干，把自己奉献给平台的淘宝店家。

当然，除了撮合抽佣外，企业也可以对创客平台上的优质项目进行投资。例如，海尔就会直接投资[⊖]自己平台上孵化出来的项目，但其会设计一套风控模式，因此投资风险极低，这是他们"事先算赢"的基因。

云组织要素

如果我们默认云组织就是未来，那么，应该如何行动才能实现这种组织

⊖　当然，海尔也会通过基金进行小微项目的投资。

模式呢？

第一是获得足量的"可描述"的用户需求。

需求导致供给是经济学的基本原理，用户需求是发起生产的唯一理由。在当前的科层组织中，仍然是由领导来决定生产。但领导又在哪里？他们被困在金字塔的塔尖，被层层的汇报层级所包裹，犹如穿上了厚厚的毛衣，无法感知到市场的温度。所以，任正非才会要求"让一线直接呼唤炮火"，所以，张瑞敏才会说"没有用户交互而发起的生产都应该被叫停"。

企业应该开放自己的用户"接口"，将其变成交互用户"界面"，让用户的抱怨和不满能够无损耗地进入，这样才能获得足够的套利机会。进一步看，应该让用户流量留存成为"用户资产"，以便让企业获取终身价值。未来的企业，都有一个用户流量（用户资产）的"基座"，并基于这个"基座"来搭建商业模式。这里，用户需求必须是"可描述"的，也就是说，最好是能够用大数据来实现"用户画像"。

第二是获得足够的"可连接"的人力资源。

人力资源不仅是人力资源本身，其背后还包括其他资源。所以，企业的云台（一体化信息管理系统）上必须有足够多的人，而且他们还应该被数据化、标签化，确保能够被快速搜索到。只有这样，才能盘活云台上的整体资源。这在以前被人力资源管理者说成是"建设资源池"，但在互联网的语境里，"人才云化"可能是更加精准的描述。

其实，要把人才放到云端上很容易，但如何能够让他们"可连接"才是关键。换句话说，如何让人才从每次连接中获得合理的收益才是关键。是让他们当外包商，还是当合伙人，这需要企业进行激励机制的设计，云台的 IT 系统只是让这种机制更加固化、更加方便。只要有了这种快速连接的机制，员工是不会拒绝任何一次互联的，甚至外部的人才也会进入企业的创客平台。进一步看，他们还会主动为自己打上诸多的标签，使自己获得更多的连接机会，这和在领英（LinkedIn）上，会员主动第一时间更新自己的状态（以便获得更好的就业机会）是一个道理。

第三是搭建足够的"可维基"的合作。

当企业拥有足够的用户需求和足够的人力资源供给时，如何连接供需呢？企业需要大量的合作形式（外包、合伙等）作为载体，才能够让创客之间实现"结构化"的交易。这有点像张五常描述的场景：1969 年的香港街头，他坐在路旁的一个空木箱上，让一个男孩为他擦皮鞋，讲好价格为 20 分。当这个男孩开始擦时，另一个男孩走过来，不声不响地开始擦另一只鞋。他问如何支付，一个孩子回答"一人 10 分"。两个人完全不认识，却清楚如何进行协作，如何分配。

显然，企业需要搭建员工协作的载体。一些企业开始为部门赋予三权，即财权、人权和事权，让它们变成经营体（实际就是一家模拟公司），让部门之间的协作关系用市场交易来连接。另一些企业开始虚拟出一些合作载体，用项目制来打穿部门墙。总之，任何协作都必须出现在市场交易的关系中，每个环节上的每个人都必须为自己打工，而他们做的事情还必须能够指向满足用户需求，形成收益。

企业家的平权基因

尽管有太多的管理学者都强调"人是第一资源"，但事实上，在互联网时代以前，人从来就不是"第一资源"，而是其他资源（如土地、资金、技术、社会资本等）的附庸物。

所以，在以前的管理理论中，我们仅仅是简单地设定人性，X 理论、Y 理论，甚至 Z 理论都不能有效地刻画出人性。其实，我们对于人性的这种设定更多的是在科层的框架下，我们喜欢把人性简单化，并作为科层组织的一个"构件"，而不是作为价值创造的中心资源。或者说，我们害怕人性的不确定性，害怕人性中过于复杂的部分，认为这些部分是管理的难题，而不是价值的来源。

当企业家秉持上述逻辑时，企业就走入了金字塔组织的"权控模式"，事无巨细的流程设计，无处不在的 KPI 考核，老板主导的文化宣贯、领导力建设、执行力建设……在这个王国里，老板俨然成了帝王，用帝王术来驾驭人性。帝王术又怎么能驾驭得住人性呢？中国封建王朝的历朝历代都证明这根本就是死局！

我与不少企业家进行过交流，他们虽然都认为人是无比宝贵、等待激活的资源，但很少谈到人的需求。康德说："人是目的而非手段"。难道，我们仅仅应该考虑他们作为资源的价值，而不应该考虑他们本身的诉求吗？难道，我们仅仅应该考虑他们作为简单资源的价值，而不应该考虑他们本身存在诸多创造价值的可能性吗？

事实上，这个时代的很多企业都曾经热情无限地想要拥抱云组织，但它们搭建出的舞台却并没有员工愿意起舞，最终又只能回到老路上去。究其原因，企业家本身缺乏平权精神，不愿去了解自己员工的人性需求，只是把他们当作"人手"或"人力资源"而不是"人"。

不理解人性又怎么会明白如何激活员工？如果说一家企业的激励制度是产品，那么员工就是用户，有多少此类产品完全是管理者主观臆想出来的产物呢？这样的产物，又怎么会有用户愿意接受？所以，这些名义上拥抱云组织（或其他类似称谓）的企业，大多是以此为幌子，设计了一些让员工"卖力不拿钱"的套路罢了。

云组织的出现不仅仅是一种技术进步，更是一种价值观的进步——从威权到平权，云是一种商业民主。不是所有企业家都能拥抱云组织，因为不是所有企业家都能拥有平权精神。

附录 1

组织模式演化史

战略史学家钱德勒在经典著作《战略与结构：美国工商企业成长的若干篇章》中提出过一个经典的"钱德勒命题"，即组织应该跟随战略，组织也能影响战略。有意思的是，前半句话成为被反复传颂的经典，而后半句话则被大多数人遗忘。

在商业发展史上，明线是战略的变迁，暗线却是组织的迭代，而这条暗线的重要性可能被大大忽视。有效的组织模式能够让资源以最无摩擦的形式输送到理想的位置，形成系统效果，支持战略的落地，而无效的组织模式则让伟大的战略胎死腹中。

直线制（U 型结构第一类）

"直线结构"（line structure）是沿着"指挥链"进行各种作业，每人只对一个上级负责，老板的最高权威沿着不同的生产单元被切分下去。当企业的生产规模较小，生产系统并不复杂时，管理者可以凭借自己的全能来管控企业（不需要太多的参谋）时，此时的指挥非常灵活，但它无法处理大规模的生产任务。这种企业一般被认为是工厂、作坊、前店后厂，多半出现在企业的初生期。这类企业的职能部门基本是不存在的，小姨子是财务，小舅子是人力，只要信任就可以，不需要什么专业。

职能制（U 型结构第二类）

"职能结构"（functional structure）是在每个级别的行政主管之下都设置了人力、财务、法务、研发等专业的职能管理部门，将行政主管本来的权力按专业拆分成不同条线，完全由这些条线进行管理。这种管理方式相对专业，能够处理简单市场的大规模标准化需求，但由于存在专业之间的部门墙，容易决策迟缓，面临复杂市场时，存在巨大问题。正因为这种标准化的市场是很少见的，也因为将权力全部授予到职能部门会让老板不安，这种组织模式并不常见。

直线职能制（U 型结构第三类）

"直线职能制"（line and function system）是兼具上述两类组织模式的特点，实行行政主管统一指挥与职能部门参谋指导相结合的组织模式，这一模式最早由通用电气（GE）提出。这种组织模式的出现显然是为了在"灵活性"和"规模经济"之间取得最佳的平衡点，职能部门实际上充当了老板管理半径的"放大器"，而老板又保留了对于业务部门的直接指挥权。从严格意义上说，这种模式依然是相对强势的，老板依然是决策的"超级中心"。

在国外，直线职能制是主流的组织模式。至 1917 年，美国制造业 236 家公司有 80% 采用了这种结构。在国内，由于现代企业管理的历史比较短暂，诸多企业并没有领会直线职能制的精髓，老板和职能部门之间的关系一直没有理顺，老板强势一点就偏"直线结构"，（大多数由于企业大了管不过来）职能部门强势一点就偏"职能结构"。

控股公司（H 型结构）

控股公司结构（holding company）简称 H 型结构（H-Form），即"企业集团"。相较 U 型结构来说，它是一种松散控制的管理体制。

在 H 型结构中，控股公司持有子公司或分公司部分或全部股份，下属各子公司具有独立的法人资格，是相对独立的利润中心，总部的控制力基于其股权关系。至于控制的强弱，一方面是依赖于股权控制的力度，另一方面则是依赖于母公司的意愿。

所以，一般会出现两类控股公司：第一类是纯粹控股公司（pure holding company），其目的是只掌握子公司的股份，支配被控股子公司的重大决策和生产经营活动，而本身不直接从事生产经营活动。第二类是混合控股公司（mixed holding company），指既从事股权控制，又从事某种实际业务经营的公司。

对于不追求对于子公司控制力的企业集团，这种模式倒是不错的选择。事实上，这种不全面插手子公司具体经营，但保留对其影响力的组织模式，方便了资本集聚、税收筹划等事宜，深受大量资本运作高手的追捧。但这样的模式由于"控制力瑕疵"，无法形成统一的战略思路、发展规划、管理体系，导致了相对高昂的管理成本，也无法形成深度的协同效应，所以尽管从表面上看是"灵活的"，但从整体效益分析，却是"不经济的"。

第二次世界大战前夕，在美国大型工业公司中，几乎没有人仍然利用控股公司来管理他们的生意。20 世纪 70 年代以后 H 型结构在大型公司的主导地位已逐渐为 M 型结构所取代。

事业部制（M 型组织）

　　事业部制结构（multi divisional structure）即 M 型结构（M-Form）。相对 U 型结构，这种组织模式更加放权，但相对 H 型结构，这种组织模式又更加收权。可以说，M 型结构是一种高度（层）集权下的分权管理体制。

　　在这种组织模式里，企业会收一部分职能在总部，放一部分职能进事业部。这样就既形成了资源的高度共享，又保证业务的灵活。分权比较少的，有可能把某项或某几项职能留在事业部，而其他职能则由总部进行统合，例如形成产品事业部或销售事业部。而分权比较多的，直接把所有职能全部装到事业部里，每个事业部变成了一个个职能模块完整模拟公司。

　　当然，总部必然留住人事决策权、预算控制权和监督权，并通过利润等经营性的绩效指标对事业部进行控制。这样既给予了业务部门足够的灵活性，又保证了业务运行的规范。这种模式形成了若干的战略业务单元（SBU），它们能够在公司职能的支持下，基于自己控制的职能、面对的市场进行独立决策。

　　事业部制最早是由美国通用汽车总裁斯隆于 1924 年提出的，故有"斯隆模型"之称，也叫"联邦分权化"。当时，通用汽车公司合并收购了许多小公司，企业规模随着产品种类和经营项目的扩张而急剧膨胀，但内部大一统管理却适应不了这种变化而显得十分混乱。时任通用汽车公司常务副总经理的斯隆参考了杜邦化学公司的经验，以事业部制的形式完成了对原有组织模式的改造，这使通用汽车公司在当时获得了较大成功。

　　但事业部制也存在一个天然瑕疵：如果将各类职能下放到事业部里，会获得"灵活性"，但却"不够经济"；如果将各类职能统一整合到总部，会获得"经济性"，但却"不够灵活"。

矩阵结构（初级网络组织）

矩阵式结构（matrix structure）是为了改进直线职能制"相对僵化"和事业部制"不够经济"的弱点而产生的一种组织模式。它一方面将总部层面的权力下沉授予到按产品划分、能够接触到市场的"项目小组"；另一方面则是职能在总部层面的进一步整合，在总部形成了研发、生产、营销等整合的职能模块。项目小组调用总部的若干职能资源，形成有效的跨部门协作，完成商业从"创意"到"货币"的全过程。需要说明的是，职能部门是固定的组织，项目小组是临时性组织，完成任务以后就自动解散，其成员回原部门工作。

将矩阵结构做到登峰造极的企业不少，IBM 就实现了多线矩阵的组织模式。其矩阵内有按区域、按用户行业、按产品、按职能等维度划分的多个条线，组成了一个庞大而复杂的网络。没有分工就没有专业，例如只有按区域划分而没有按产品划分部门，对于某个产品的理解就可能缺乏深度，而一旦分工又会因为各个部门各有立场而出现无法协调的部门墙，例如不同区域争抢资源，不同职能各自为政等。

矩阵制在专业分工的基础上，让项目小组根据用户需要来调用各类资源，看似可以解决这个问题。但这也带来了另一个问题，每个人在企业内都有不同条线的归属，需要同时向几个领导汇报，这就大大降低了组织效率，还有可能最终调不动资源。以至于，企业不得不通过若干委员会来进行协调，进一步把决策权撕扯得七零八落。

下一站组织的猜想

回溯组织转型的历史我们可以发现，企业的组织模式是随着企业规模、业务形态和用户需求的变化而变化的。若干变量导致企业面临越来越大的复杂性和不确定性，企业也一直在组织模式上进行适应，并经历了两次循环（见图 A-1）。每次循环里，企业都会从关注"灵活性"到关注"经济性"，而后再走向二者平衡。不同在于，在第一次循环里，直线职能制有效地适应了工业经济时代的需求，成为一种在当时有效适应战略的组织模式。而在第二次循环里，面对互联网时代的各种复杂性和不确定性，矩阵制根本无法做到使二者平衡。

这让人疑惑，为什么这次就不灵了？

图 12A-1　组织模式的两次循环

资料来源：穆胜企业管理咨询事务所。

从严格意义上说，从直线制到矩阵制，尽管分权越来越明显，但还是逃不出科层制的逻辑——"以领导为中心"而非"以用户为中心"。在金字塔形态的科层制里，即使分权再大，员工也不是事业的主人，尽管掌握更多市场信息，他们还是无权决策，无须担责，也无权获得经营的红利，所以，"动不起来"和"创新乏力"是常态。

科层制的这种劣根性在进入互联网时代之后得到集中爆发。面对苛刻的互联网用户，企业需要一种近乎变态的"灵活性"，否则不能满足用户对于"体验"的高要求；同时还不能丝毫牺牲甚至要求强化"经济性"，否则不能满足用户对于"低价"的高要求。但这让矛盾更加突出：如果要维持经济性，就需要充分分工，但这又会让资源更加离散，在部门墙和隔热层的阻碍中失去灵活性，无法有效组合满足用户的上述苛刻需求。

显然，按照以往的思路来解题，组织转型已经走到了进化的死结上。

附录 2

只有平台型组织才能"反脆弱"

以前的黑天鹅和灰犀牛事件可能冲击的是局部，在冲击中死掉的企业毕竟是少数，大量企业尚未意识到自己如此脆弱。而新冠疫情这只黑天鹅，则是用"一刀切"的残酷方式，给企业敲响了一个大大的警钟——我们都可能是命运之手的"弃子"。

面对这个充满"超级不确定性"的时代，我们究竟应该将脆弱的企业引向何方呢？换句话说，如何才能让企业"反脆弱"呢？"反脆弱"（antifragile）是趋势作家塔勒布在其同名著作中提出的观点。他认为，风险事件无法预估，但脆弱却可以被提前发现，如果建立了一种结构，让事物反而能从不确定性中获益，那么这样的结构就是"反脆弱"的。

塔勒布的研究领域广泛，他的研究涉及政治、经济、人文等范畴，他的理念更多是谈及一种趋势和原理。而我专注于商业模式和组织模式的研究，更关注商业领域是否也存在这一趋势或可能。

疫情带来的几个深刻教训

2020 年新冠疫情来得特别猛。我记得武汉封城的前两天，我还在三亚参加一个客户企业的年会，大家还在谈笑风生，畅想来年大干一场。而转眼之间，全国就如临大敌，所有企业家都在做"最坏的打算"。各位，企业家们的紧张是有道理的，他们已经在看不见的硝烟中嗅到了企业死亡的几种可能。我想，他们担心的可能是以下三种死法。

一是"被吓死"。

疫情袭来，人人都想自保，这个可以理解，但作为组织里的成员，你的行为很有可能带来连锁反应，你就有一份责任。有的企业，员工还没乱，高管首先就乱了，既不能与公司同甘共苦，例如主动降薪，也不能带队冒死冲锋，例如带队上一线。你们想想，这个时期高管的这些动作会带来什么影响？他们是企业信心的基石呀。因为老板再怎么喊也是一个人的声音，大家看的还是老板身边的人有什么样的动作。于是，企业内人心涣散，大家都怠于输出，战斗力大减。一场疫情，让大家把人心都看透了，企业文化的画皮彻底被撕掉。这样的企业，即便不会被疫情弄垮，但未来还会有前途吗？

二是"被憋死"。

有的企业有产能，有市场，但却不敢开张或不能开张。道理很简单，你能把产品做出来，但客户得买呀，如果解决不了安全问题，交易就不可能发生，甚至政府也会强行要求你关门。餐饮、教育、娱乐……哪个需要面对客户的行业不受到这种挑战？有的企业到了这个时候才来临时抱佛脚，开始把业务搬到线上，连抖音、快手、小红书的流量特征都分不出来，这种上线的效果就可想而知了。

有的企业现金流还能撑几个月，它说我不急，几个月后市场还是我的。对不起，那只是你一厢情愿的想法。如果客户的需求是刚需，你又无法保证交易安全，那么，他们必然被迫用脚投票，走向其他能在线上完成业务的竞争对手。那些早早将业务做上线的企业，这时就可以让员工在家里在线办公，把线下的接触点减少到极致，同时兼顾效率和安全。于是，你的客户一点点丢失，人家的客户迅速地增长。我们过去以为，最可怕的是，疫情过去了，地盘还在，人没了。我们现在认为，最可怕的是，即使疫情过去了，人还在，地盘没了。

三是"被饿死"。

大量企业的现金流储备不足，而疫情导致没有收入，只有支出，企业就可能只有 2 ～ 3 个月的寿命，这是最现实的问题。好多企业不得不重新设计现金流，砍成本、砍费用、争取银行贷款、争取融资、争取政府补贴、合理避税、裁员、降薪、放无薪假、工资延迟支付……

所有的办法都想了一遍，也只是杯水车薪。我们一样样分析：砍成本、砍费用哪是那么容易的，能砍下来早砍了；银行贷款和政府补贴是那么容易落地的吗？投资人又真的会雪中送炭吗？有些政策还引发了员工的对抗情绪，这也可以理解，员工身背房贷车贷，在大部分员工眼中，老板家底厚，都应该兜底。如此一来，现金流的紧张问题就很难解决。

这还算是好的，北京的 K 歌之王、培训机构兄弟连教育干脆就直接倒闭了，老板和员工连吵架的机会都没有。朋友们，学过财务知识的都应该知道，现金流量表里有企业的生命线。不少企业账面还有盈利，资产负债率也不高，但现金流断裂却让企业陷入破产困境，这就叫"黑字破产"。乐观的企业家们不会想到这一天，直到疫情袭来他们也只会埋怨时运不济，政府不救。但我提出另一种可能，也许，组织设计的天然漏洞（bug）才是企业覆灭的根本原因。

导致企业死亡的几种"脆弱"

其实，上述几种死法背后，都是企业自身的"脆弱"。这些"脆弱"实际上一直存在，只不过，我们一直将其视为合理的，一直没有一个事件来让我们清醒罢了。

首先，组织架构过于刚性。

当下，大量企业采用的组织模式都是科层制，或者称金字塔组织。这类组织模式有明确的横向分工和纵向授权，各类职能各司其职，权力集中在顶层，像一个金字塔一样结构稳固、井然有序。当下的各类组织形态，包括直线制、职能制、直线职能制、控股公司制、事业部制、矩阵制等，都逃不出这个模式。

但这类组织模式有以下几个问题。

一是船大难掉头。这是我们对金字塔组织最大的责难。在这类组织里，员工是听领导的，为自己的 KPI 负责，而不是听用户的，对用户的体验负责。但领导不是无所不知、无所不能的，一线的人才听得见炮火，远离一线的指挥更可能是"瞎添乱"。就算这个领导真的就是无所不知、无所不能，给出了正确的指挥，员工又真的可以动得起来吗？他们有自己的心思，只要领导没有把指挥落到每个细节，一天 24 小时地盯着（这也是不可能的），他们都会有折扣地执行。更何况，再有成就动机的员工，如果碰到金字塔组织里的部门墙、隔热层和流程桶，他们也会黯然退却。说句血淋淋的话，在这类组织里，大量员工表面上是听领导的，实际上是在用形式上的 KPI 交差，打自己的小算盘。

二是无效单元多。金字塔组织说到底是领导和 HR 们自己设计出来的，他们都不掌握一线信息，机构、编制、人员更多是推算出来的，其中还有大量部门通过表演形成的信息干扰。有意思的是，疫情导致大量员工延迟复工，有的企业居然惊喜地发现自己还能照常运行，有些企业效率甚至还提高了。这应了 NBA 赛场上的一句老话——赢球不要紧，缺谁谁尴尬。老板们惊讶地发现，原来每个部门都号称缺人，现在居然有这么多水分。

三是过于实体化。墨守成规且充斥冗余的组织，实际上形成了一个个无比坚固的利益群体。每个部门的领导都会把部门"做大"作为终极追求，因为这代表权力（power）和预算（budget）。他们更希望部门变成自己的王国，一些即使可以外协的模块，他们也宁愿留在自己身边。也就是说，部门交付一些并不能带来结果的KPI，但却在不断消耗组织的成本，对于企业而言越来越不划算。所以，我说的"实体化"是这个意义上的"实体化"，是越来越固化、越来越铁板一块的意思。这种"实体化"也带来了新问题，即企业在对内管理和对外经营上绝缘于线上。道理很简单，这种王国里部门领导是不愿意让各类数据透明上线的。至于为什么，你懂的。

其次，激励机制不够灵活。

这是让我觉得最荒谬的地方，不少企业已经发展得比较大了，有几十亿元甚至几百亿元的营收规模，但它们的薪酬还是发不清楚。有的企业连岗位工资和绩效工资都分不开，有的企业绩效工资和奖金是混在一起的……老板却完全不在意，他们的眼中没有薪酬分单元的概念。他们也从来不愿意与HR们讨论薪酬单元，在他们的眼中，这都是技术细节，不值得他们关注。多解释两句，他们还会觉得HR们迂腐，设计得太过复杂。在这种豪放下，老板们还有一种趋势，即为了留住或吸引人才，将更多的薪酬单元变成了固薪，一味保障，导致企业定期都有大量刚性支出。

坦白来说，对于金字塔组织里的激励设计，我并不主张让中基层员工承担经营风险，这种组织把钱"发实在"更重要。但这种"实在"并不意味着发放固定薪酬。绩效没有联动KPI，奖金没有联动KPI和企业整体经营效益，其结果就是没有任何人对企业的前途上心。再平庸的、没有产出的员工，也可以理直气壮地向老板索要所谓"全额工资"，稍有不满意，还会用道德绑架老板"不担当、黑心、甩锅"。想来，这不是人力资源体系的基本功不够，自己给自己挖的坑吗？这背后的原罪又属于谁呢？

进一步看，如果考虑现在的超级不确定性，即使把传统的人力资源体系基本功都做到位了，组织也依然"脆弱"。道理很简单，发放较大额度的岗位工资，固薪依然范围过大；发放联动 KPI 的绩效工资，却因为 KPI 体系没有分离度，导致绩效工资成为"准固薪"；人人都按照公司整体经营绩效发奖金（尽管可能考虑职位、部门 KPI 和个人 KPI 表现等因素），结果依然是奖金相当于"准固薪"。说直白点，员工年初对于全年能拿多少钱，基本上都能算清楚，这不就是固薪吗？顺风顺水时，倒也相安无事，老板甚至还可能因为这种相对固定的发放方式，而获得了更多的利润留存。但遇到疫情这类黑天鹅事件，这种大量支出的固薪或准固薪，不就变成一种"脆弱"了吗？

再次，价值理念背道而驰。

价值理念就是使命、愿景、价值观，是组织的一种底层逻辑。一个基业长青的组织，必然有特别鲜明和有感染力的价值理念，这会让组织成员们的奋斗充满意义感，让他们即使在物质比较贫乏或前途不太明朗的时候，也依然充满希望、坚定前行。从这个意义上说，优秀的价值理念应该是可以"反脆弱"的，但是，我们的大多数企业真的具备这种文化优势吗？我想，答案是否定的。

我接触了不少企业，99% 的老板都喜欢考核价值观。尽管我可以用无数方式告诉他们，这种考核最后可能只是一种"形式"，不可能产生考核分离度，但他们也宁愿选择将这把达摩克利斯之剑悬在空中，他们对文化的重视可见一斑。但有意思的是，他们在塑造企业文化时，却特别随意，把一些高端的词汇堆砌在一起，加上自己一些个人风格化的表达，就成了企业的使命、愿景、价值观。问题是，这些高大上的词汇，真的是你的信仰吗？是你们企业的信仰吗？其实，这就叫"崩人设"。有时，老板习惯了高调宣传，把自己都骗了，还真以为自己和企业有多么伟大的追求。问题是，员工不傻，他们都是听其言、观其行。

最终的结果，就是价值理念这个词被"贱化"了，变成了一种狭隘的"忠诚"标准，整个组织变成了团伙，失去了灵魂。事实上，在一个组织里，使命、愿景、价值观是老板发起、高层（合伙人）响应、全员认同的契约。大量的企业口号喊得震天响，大难临头各自飞，这就是一种极其危险的"脆弱"。

最后，战略内核随波逐流。

在我的定义中，"战略内核"有两个部分：一是明确企业的核心客群（核心流量），二是明确企业的核心能力，这是组织的另一种底层逻辑。事实上，只要是基于核心客群的深度需求，提供基于核心能力的解决方案，任何对手都很难进入你的赛道，企业总有自己的"利基市场"。

有人认为应该是先有使命、愿景、价值观，再有战略，这是错误的。不基于战略内核的使命、愿景、价值观，就是一种空想，没有任何意义。真正的使命、愿景、价值观，应该是在战略内核明确的基础上总结出来的。当然，这种总结可能需要"上价值"，要提炼提炼、拔高拔高。

明确战略内核的意义在于，企业的资源总是有限的，必须把资源投入到战略内核的建立和维护上，甚至做持续的"饱和攻击"，才有持续的发展。如果战略内核不清晰，企业就会在非战略领域投入大量的资源，导致"撒胡椒面"一样的布局。这在平时都已经是浪费，在疫情期间，资源紧缺时就更是如此了。但没有明确战略内核的企业还特别容易被"带节奏"。疫情一来，一点风吹草动都能让企业过度反应，技术动作全部变形，慌张之下四面出击，最后只能两手空空。其实，这种没有定力的慌乱是最危险的，可能导致上述几个方面一系列的连锁反应，有可能是组织最大的"脆弱"。

什么样的组织才能"反脆弱"

新冠疫情已经极大程度挑战了企业的几种脆弱，而在这个具有超级不确定性的时代，我们也很难保证没有新的黑天鹅或灰犀牛事件出现。那么，我们不妨将新冠疫情作为一种最严苛的试金石，尝试构想一种在这样极端条件下依然能够存在的组织模式。

这样的组织应该具备以下特征。

一是组织结构要足够精简。

赤壁之战中，曹操因为北方士兵不习惯水战，为了稳定战船，将其全部用铁索固定在了一起，但却招致了东吴的火攻，最后伤亡惨重。这给我们一个启示——真正能够对抗风险的结构，一定是能分能合的。能分，代表遭遇风险的时候能尽快散开，各自寻找出路；能合，代表在有了目标之后能够迅速协同，形成合力。当疫情袭来，企业拖着笨重的组织躯体，不仅没有灵活性，还要为庞大的无效单元买单，更要应付那些打着小算盘的藩王，最后的结果自然就是全军覆没。

能够"反脆弱"的组织，一定是又大又小的。所谓"大"，是指能够聚合海量资源达成各类目的；所谓"小"，是指各个部分都是独立的，都能够灵活作战。要实现这种效果，就应该用核心能力管控多元业态，企业维护住自己的核心能力，再用一种线上技术和激励机制的连接方式，将海量玩家放到自己的平台上或生态里，甚至将自己内部的部门变成孵化的业务单元，将躯体进一步"缩小"。事实上，这个时代里，企业股权形成的有形边界根本不是重点，阿里巴巴、腾讯、美团、字节跳动等企业，都用核心能力搭建了庞大的生态，摄取了巨大的生态红利。

不得不说，要实现上述效果，企业必须坚决地走向"三化"——在线化、网络化、智能化。说白了，就是企业要上"云"，把自己变成一个"云组织"。这本来是我在 2015 年出版的一本书《云组织》里提到的概念，没想到新冠疫情又把它推火了。其实，覆盖企业全系统的 IT 服务商，是最有条件帮助企业上云的。

所谓"在线化"，是让企业能够活在线上。这不仅仅是要让业务上线，更是要让管理上线。事实上，业务不能对接线上，很大程度是因为组织管理无法对接线上。如果组织管理是线下的，即使对接了线上业务，也是两层皮，缺乏效率。

所谓"网络化"，是要通过线上的广阔空间，连接更多的合作者，形成一张庞大的共生网络，企业要做到"不为我所有，但为我所用"。一定要记住，拥有更多的合作者，才有更大的红利空间。

所谓"智能化"，就是当这张共生网络一旦在线上跑起来以后，就会有大量的数据交互和沉淀，而基于数据和算力，就可以用算法来挖掘红利空间。考虑数据的堆积、算力的进化、算法的迭代可以发现更多的机会，这种正反馈循环会让组织甚至生态越来越强大。

各位可以想一下，当我们搭建了这样一种"三化"的组织，它在面对黑天鹅事件的时候会有怎样的表现。企业首先不用承担刚性的负担，其次可以先人一步地在线上寻找海量的市场，面对各类市场的独特需求，再次可以迅速协同最匹配的伙伴提供交付……说白了，只要世界不停摆，他们总能找到机会让自己活下去。

二是激励机制要分层有序。

对应精简的组织结构，激励机制也要轻快。如果已经让组织结构尽量实现了"归核"，那么，企业就能够用外包（outsourcing）来对合作伙伴进行激励，消解了这部分固薪。

当然，前面也说过，企业肯定有一块需要自己亲自做的核心业务，这个部分的激励虽然不能完全采用外协机制，但也要尽量轻快。最理想的状态是，衡量出每个人的投入产出，把每个人变成一个经营单元，让人人都是自己的CEO。但这只是理想中的状态，实际上是不可能实现的。

于是，企业应该做好以下两方面的工作。

一方面是尽量划小经营单元。这非常有难度，绝不是阿米巴那种强行核算每个部门经营收益的方式，因为那会导致核算不公平。现实中，前台的部门需要核算经营损益；业务中台部门需要核算经营效能；后台部门只能模拟出贡献。而企业经营的整体结果，要以精确的方式还原到上述前中后台每个部分的贡献中去，这本身就需要精巧的设计。

另一方面是在经营单元的范畴内灵活地运用分红（partnership）、外包（outsourcing）、固薪（employ）三种关系来设计对于员工的混合激励机制。这种混合激励机制的好处在于，不仅通过固薪保障了员工与企业之间的依附关系，同时又通过外包明确了交付关系，进一步还通过分红放大了他们收益的可能，让他们真正变成事业的主人。

企业一旦做到了上面这两点，员工们就不会再仅仅盯着自己的 KPI，去完成任务，而是会紧紧盯着自己的用户，关注创造的经营价值。企业就不是养着一群拿固薪的员工，而是聚集了一群拿分红的合伙人。一旦发生黑天鹅事件，企业的刚性支付可以降到最少，黑天鹅事件形成的风险就可以被极大程度地对冲掉。不仅是人工成本，这群人也会在成本费用上主动"节衣缩食"，最大程度保障企业的生存，这样的组织才能不"脆弱"。

老板们一定要记住，当我们需要员工在黑天鹅事件发生时与我们同甘共苦，我们就必须在事业高歌猛进时让员工分享收益，否则，就是在套路员工，在道德绑架员工。老板们也大可不必心疼在激励上的支出，当员工成为企业广泛意义上的合伙人时，他们释放出的潜能一定能够把蛋糕做大，老板们分出去的比例大了，最后收获的绝对量还多了，这是双赢。

三是价值理念要棱角分明。

其实，针对组织结构和激励机制的设计，除了技术保障外，更多内容来自价值体系的导向。那么，什么样的价值导向才能匹配上述组织结构和激励机制，才能"反脆弱"呢？这里提两个重要的方面。

一方面，文化塑造的方式要犀利。企业文化里，主张什么，反对什么，要清晰、明确，要不断强化。老板基于美好的愿望让企业文化提倡"十项全能"是常有的现象，价值理念随着企业的发展变得模棱两可也是必然的规律。但在持续的发展中，企业必须越来越清楚自己要什么。这件事情是一把手工程，是高管团队的工程，不投精力、不花时间，是不可能找到的。在阿里巴巴这样的企业，最高级的合伙人会议有一半左右的时间都是在讨论使命、愿景、价值观。他们为什么如此重视文化？因为他们明白，打磨好的价值理念是应对危机的超级利器。

另一方面，文化塑造的方向要正确。有的老板喜欢塑造家文化，这很好理解，这样可以让管理最简单化。潜台词是，你别想多了，你不用带脑子，跟着大哥有饭吃，大哥不会亏待你。说得文雅一点，你若不离不弃，我必白首相依。但这样的问题是，你作为老板做了一个不可撤销的承诺——你要为员工无限兜底。管几十人、几百人时可以这样说，管几千人、几万人就不能这么说了。因为你根本兜不住这种底，而一旦黑天鹅事件发生时你兑现不了兜底承诺，你的人设就会完全崩塌，企业文化也就失去了最核心的支撑。举例来说，你不能先说几万人都是兄弟，又说人家性价比不高就不是兄弟了。

企业要反脆弱，最理想的文化底层绝对不是那种封闭威权的家文化，而是一种平等、开放、自由的"平台+创客"文化。在家文化里，一旦发生大灾难，"抱着大哥一起死"是大概率事件，大哥当时的豪言壮语不过是套路纯熟的心灵按摩；在"平台+创客"的文化里，老板和员工是相互尊重的，大家都是平等的事业伙伴，大家各司其职，各取战果，共同成就彼此。进一步跳出企业来看，整个生态的文化底层也应该是这样的。

四是将资金布局在自己的战略内核上。

组织结构、激励机制、价值理念都在极大程度上影响了企业发展，但为企业的发展设置基调的还是战略内核。如果企业的战略内核能够在黑天鹅事件中安然无恙，那么，无论当时的损失有多大，事件之后企业都能迅速恢复，甚至越来越强。

一方面是核心客群。企业首先要问问自己，疫情这类事件会不会让自己的客户不再需要自己，或者让客户发现没有那么需要自己？这好比异地恋，地理距离长就导致劳燕分飞，这种爱情显然是脆弱的。这种脆弱很大程度上是因为企业没有找准自己的核心客群，没有及时洞悉对方的核心需求。正因为如此，企业的诸多努力交付也只是在按部就班，满足的只是客户的基本型需求，根本没有让对方信任和惊喜，生存依附的是对方的付费惯性。企业要抓住核心客群，还是要建立长期持续的交互界面，最好是线上的，掌握"热数据"，这样才能精确掌握客户动向，甚至先于客户发现他们的需求。

另一方面是核心能力。如果不能开展业务，核心能力会不会退化？或者说，会不会因为其他对手的进步而"相对退化"？所谓核心能力，一定是相对于竞争对手来说独树一帜的，而且还要能够持续进化，甚至即使有疫情这样的极端条件，也能持续进化。所以，这依然需要在线上培养能力。有的企业可不是这样，它们本拥有的能力就不足够突出，而疫情到来，业务停摆，能力也就止步不前了。在大量的购买力面前，这类企业尚且有一碗饭吃，而一旦疫情导致整体社会购买力萎缩，它们必然成为最先被挤出竞争的失败者。说白了，企业必须独特到极致，才有可能成为残酷竞争中最后的剩者，而在市场复苏时，这类企业也会理所当然地成为率先攻城略地的王者。

企业要反脆弱，必须合理定位自己的战略内核，不能盲目放大，也不能乱打一气。在此基础上，企业要节衣缩食，屏息凝神，做什么，不做什么，先做什么，后做什么，都要有明确的规划，千万别乱"浪"。把"浪"的钱节约下来，做灵活的资金调配，不是让它们趴在银行账上，而是可以拿一些去搏机会，但一定要有另一些来应对不时之需。

其实，同时具备上述四大特征的就是典型的平台型组织。

我在 2017 年出版的《释放潜能：平台型组织的进化路线图》一书中，总结了平台型组织的三大构件：一是资源洼地，即在平台上做事能够获取相对于其他地方更便宜、更优质的资源；二是共享机制，重点是组织结构和激励机制，组织结构是有划小的经营单元，激励机制是确保在平台上做事能够获得更加丰厚的回报；三是价值理念，核心就是平等、自由、开放。这个模型需要补充的是"战略内核"，它和"价值理念"同样重要，两者一硬一软，共同构成了平台型组织的逻辑底层。

如此一来，我们谈到的理想组织的几个反脆弱特征，就完全符合了平台型组织的几个构件特征：资源洼地是企业经营累积的结果，这个先不谈；建立共享机制需要"组织结构"和"激励机制"的改造，组织结构需要搭建精简的平台去连接内外部资源，激励机制需要让人人都参与经营，人人都是自己的CEO；价值理念就是平等、自由、开放的共识；加上清晰、稳固、能支撑平台的战略内核，即真真正正用核心能力为核心客群创造深度价值。

塔勒布在《反脆弱》中提到，子系统的不稳定，才能支撑整个系统的稳定。其实，平台型组织就是通过这种原理来对抗超级不确定性的。平台型组织将一个金字塔组织拆散为大平台＋小经营单元，让每个经营单元都直接面对市场压力，在动态中确保整个系统的"反脆弱"能力。其实，子系统不需要每个都无比聪明，但它们组合在一起就是稳定的。这好比，每个神经元都是简单、愚蠢的，但当它们组合成了神经系统，就形成了高阶智慧。

如何走向平台型组织

———

进入互联网时代后，"激活个体，激活组织，让人人都成为 CEO"成为媒体上的高频说法，越来越多的企业想要转型为平台型组织。不幸的是，在这方面成功的企业寥寥可数，但幸运的是，曾经凤毛麟角的成功者现在开始越来越多。

平台的概念并不新，以诺贝尔经济学奖获得者梯若尔为首的研究者很早就提出了"双边市场"（two sided market）的概念，国内也有学者对这一概念进行了广泛推广。但是，他们更多是从商业模式的角度去讨论，而真正要建设一个平台，需要的可能是组织层面的"变革"。

人们对于这一领域的认知是缺位的，理论界和实践界几乎都是在"盲人摸象"。大家都在用自己的理解来阐述平台，实际上都不得其法。甚至，一家企业的成功很难被复制到另一家。混乱之下，一些所谓"去管理化"的方法论更是大行其道，让人误入歧途。

我的观点是，那些用车库创业[⊖]的激情粉饰一切的天真想法，与金字塔组织时代对于企业文化管理的幻想何其相似？其必将被现实打脸。

以 2014 年为基期，截至 2016 年，我们接到的关于组织转型的咨询需求几乎增长了 500%。而这些需求中，几乎全部都是关于如何将企业打造为"平台型组织"，甚至更灵活的"云组织"的。即使在 2020 年新冠肺炎疫情期间，这种需求依然相当可观。而下篇展示的内容，就是从我们的实践中总结出来的方法论干货。

企业之所以会转型为平台型组织，平台上的创客们之所以能够形成"自组织"，关键是要解决员工"责权利能"四大要素的问题。而对于这四大要素的调整，可以合并为以下三大变革。

一是重塑组织结构，也就是重新定义"责"和"权"。 这将改变指挥条线，让团队甚至个体开始以用户为中心，让听得见炮火的人来决策，让前台调动中台再调动后台。

二是重塑激励机制，也就是重新定义"利"。 这将改变指挥条线上每个节点的利益分配方式，让人人都为自己打工。

三是重塑赋能机制，也就是重新塑造"能"。 这将升级指挥条线上每个节点的能量，具体包括"帮扶机制"和"人才供应链"两个部分。"帮扶机制"解决短期问题，即将企业内的资源和知识（工具、方法论等）进行无摩擦传递，让长板帮短板，能者帮弱者。[⊖]"人才供应链"解决长期问题，即企业打造人才培养体系，让人才持续成长，匹配企业高速发展的需求。平台型组织对于个体能力的要求是极高的，在我们的实践中，转型为平台型组织的企业无一例外都会发现自己的人才缺口，于是要求打造出高效率和超稳定的人才供应链。

本书中，我们主要回答重塑组织结构和激励机制的问题，其中会涉及赋能机制中的帮扶机制，因为资源和知识总是跟着激励的方向走。至于赋能机制中的人才供应链的问题，在拙作《激发潜能：平台型组织的人力资源顶层设计》一书中已经有了详细阐述，这里就不展开了。

⊖ 泛指互联网早期创业。

⊖ 在某个专业上有长处的人，帮助另一些在这个专业上不擅长的人，如 HRBP 可以帮助业务部门负责人进行人效管理。这并不意味着业务部门负责人能力比 HRBP 弱，而是说术业有专攻，大家在某些领域上各擅其长。

第十三章

重构平台型组织的组织结构

在转型平台型组织的三大变革中，首先应该启动的是组织结构的重构。

大量企业天天高呼"无边界协作、去中心化、网络状连接"，组织结构却纹丝不动。它们天真地以为，只要把这些口号"撒"到原有的金字塔组织（科层制）上，再办几场企业内部所谓的创新大赛，吹口"仙气"，就能够让机制自动开花结果了。

让职能并联起来，实现共同劣后是方向，但谁来决定哪些职能应该并联在内圈？让用户付薪，而不是让企业来拨付预算是方向，但谁来决定分配的结构（谁来动刀切蛋糕）？实现动态优化，让不能适应用户需求的人离开是方向，但谁来设定这个目标并判断目标有没有实现？

不少企业在疑惑，它们明明已经下过文件，说明了企业是"平台"，但企业作风依然很"官僚"。它们明明强调要以用户为中心，但为什么企业内各部门依然以自我为中心？它们明明强调要无边界协作，但为什么平台之上的经营体（被赋予独立经营权的部门）之间依然有墙，还是相互推诿？它们明明强调要让一线呼唤炮火，但为什么平台之上的经营体依然是"等、靠、要"，还是等着总部下指令？

道理很简单。如果金字塔组织的结构不变，每个部门的责权利状态不变，那么上述机制怎么可能落地？太多号称自己是平台的企业，依然用自上而下的集团管控模式（管人＋管财），更好笑的是，有的企业居然把自己失控的集团管控模式说成是平台。

对于平台型组织的组织结构，看来必须要说点什么了。

三台架构

所谓平台型组织，是一种用户需求"拉动"的组织，企业的动力来自接触用户的前台项目。从状态上讲，应该是"创客听用户的"。而金字塔组织，是一种领导者"推动"的组织，企业的动力来自不接触用户的后台职能部门。从状态上讲，应该是"员工听领导的"。

在平台型组织里，前台是最接近用户的，它负责交互用户并理解用户的刚需，而后组织平台上的各类资源，形成对应的产品、服务或解决方案。为了让前台成功，中后台应该提供激励和赋能两种机制，这好比平台型组织的任督二脉。说得简单点，人家到你的平台上来创业，一是图你这里有帮扶，资源好，方法好，自己更容易成功；二是图你这里有（激励）政策，自己更容易致富。

为了打通上述任督二脉，后台首先要建立激励规则，建设各类资源，沉淀各类知识。按理说，前台因为接近用户而能够洞察市场需求，而后台又能提供优势资源和先进知识，还配置了开明（激励）政策，应该会不断有创客前赴后继，让一个又一个的项目"冒出来"。但事实上，这只是一种天真的想象，后台的资源只是在理论上可以做到"随需调用"，现实中还需要中台作为"连接器"。

中台分为两个部分：一是业务中台，二是组织中台。业务中台负责将后台的资源变成可以随需调用的"中间件"，实现对前台的专业资源赋能，也随"中间件"的交付进行专业知识赋能。组织中台由各部门派出的业务伙伴（BP）组成，既是后台的代言人，又是前台的业务伙伴。他们一方面在后台给出激励规则的基础上，实现具体的激励方案配置，向不同项目注入不同程度的资源，最大程度确保收益和投产比；另一方面也为注入资源的项目提供投后管理，实现对于前台的经营知识赋能（战略、财务、人力等）。

从表面上看，平台型组织的结构只有前后台两层，可以被描述为"平台＋项目"。此时，大家习惯将业务中台看作平台的一个部分，而将组织中台看作项目的一个部分（见图13-1）。

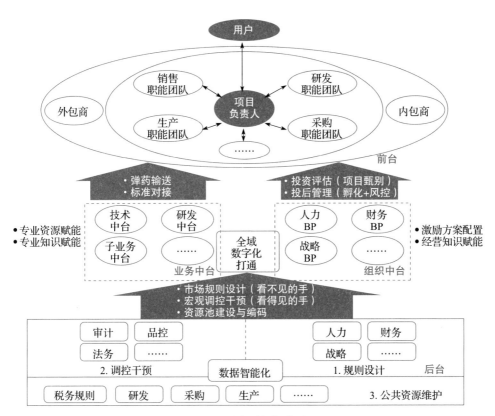

图13-1　平台型组织全景图

资料来源：穆胜企业管理咨询事务所。

阿里巴巴的曾鸣先生曾经有一个判断，"未来组织最需要的不是管理或激励，而是赋能"，认为"在创意革命的时代，创意者最主要的驱动力是创造带来的成就感和社会价值，自激励是他们的特征。这个时候他们最需要的不是激励，而是赋能，也就是提供给他们能更高效创造的环境和工具"。这个判断过于浪漫主义，是有失偏颇的。"激励"和"赋能"，前者是"让人有意愿干"，后者是"让人有能力干"。两者指向的是不同的目的，一个都不能少。如果非要将激励和赋能相比，激励显然是更需要优先解决的问题。因为，如果没有解决员工的动机问题，他们依然会选择吃大锅饭，并不觉得自己需要资源的补给和能力的成长。

这个时代的人性需求是复杂的，我们不应该对此妄加揣测，更不应该认为激励已经解决了。事实上，妄图揣测人性是管理学最傲慢的失误。我们需要做的，是设计一个向企业内传递市场压力的"对冲模式"，让项目和创客直接连接用户，要成就感，要自我实现，要尊重，要物质回报……都可以从用户那里去取。

前台

前台是传统的利润中心，只不过在平台型组织里，大的销售部门被拆散为若干的小团队，还加上了其他若干职能团队。华为的集成产品开发团队、海尔的小微生态圈都是这类项目团队。它们分散而灵活，负责无孔不入地与用户交互，强力组织内外部资源，获得客户买单，实现交付，俗称"打粮食"。

前台是直接接触用户的，是以项目负责人或部门为中心的紧密职能集合。这个集合分为内外圈：内圈是合伙关系（partnership），纳入那些主要职能，而外圈是外包关系（outsourcing），纳入那些辅助职能。关于哪些职能放入内圈，哪些职能放入外圈的规则，后续章节会给出答案，这里不再赘述。

　　这个集合里究竟包括哪些职能呢？没有一个标准的界定。因为，用户需求是变动的，而为了满足用户的需求，装入集合里的职能也不一样。举例来说，首创热力这家企业为用户提供的是供暖解决方案，它的前台项目里就包括了"财务职能"，原因是解决方案都是定制化的，为了确保有盈利，财务职能必须先期介入，把账算清楚。

　　尽管会加入若干的职能，但每个职能进入项目的都是几个"代表"形成的"职能团队"，所以，这个前台依然是灵活的"小团队"。这有点像美军作战阵型的变化：第二次世界大战时，美军以军为单位作战；到了越南战争，就减少到以营为单位作战；到了中东战争，则进一步减少到 7 人或 11 人的小班排。这些小班排会快速深入敌军防区，并传送回精准的目标信息，而后召唤中后台庞大的火力（导弹、无人机等）配合，进行精准打击。前台的灵活性加上后台资源的规模支撑，就变成了可怕的战斗力。

　　对于前台应该是什么，存在以下三类普遍的误区。

　　第一类误区是，很多企业直接给部门授予三权，将其就地变为独立核算的单元（称为阿米巴、经营体、模拟公司等），这种变革方式是错误的。单独一个部门（除了销售部门）很难去实现商业的结果，独立核算没有意义，它们必须要和其他的职能协同才能走完这个过程。但把所有的部门都放到一起，又会成为另一种大锅饭，没有任何意义。所以，平台上的单位应该是"项目"，而项目这个集合内应该包括"从创意到货币（收到钱）"全过程的主要职能派出的代表团队。

　　第二类误区是，过于追求项目的人数精简，只纳入职能接口人而非职能团队。项目人员的精简可以形成更扁平化的沟通，可以去官僚化，这是大多数企业的初衷。但这种设定会有负面效果：在相对复杂的项目中，即使业务中台提供成熟的"中间件"，也依然需要项目里的一系列整合改造才能达到交付水平，此时如果项目里每个职能都只有一名接口人，就可能导致兵力不足。事实上，除了某些极度简单的项目或项目中某些极度简单的职能，进入项目的职能人员一般都是几人左右的小团队。

第三类误区是，有人认为前台是去中心化的网络化协作[一]，但事实上却是以项目负责人为中心来组织的。项目负责人必须是最接近用户的人或部门，而且他或他们的手上一定要掌握强力的考核权，但这并不是一种科层关系。

设置一个项目负责人或部门，其意义在于：第一，有一个统一面对用户的界面，而不是一拥而上、骚扰用户，这有利于优化用户体验；第二，必须有一个中心在"发声"，才能够高效组织各类职能进行协作，基于合伙和外包这两类市场化关系，大家利益一致，各个职能也会动起来。当然，这种设置可能让员工无法接受，原来平级的部门之间，居然分出了"上下级关系"（实际上不是），某些部门要听命于另外的部门。应该明白的是，考核权其实也不在项目负责人或部门手上，而是在用户手上。

中台

大多数企业打造平台型组织失败，是因为缺乏中台。所以，即使后台有再好的资源、再具诱惑力的分配政策，也无法支持前台的项目成功，要么项目"冒不出来"，要么项目匆忙上马不合格，最后导致投资失败。

中台分为两类：业务中台[二]和组织中台，这一虚一实构成了组织的腰部（见图 13-2）。

[一] 在大众通识的描述中，这张网络往往被看作是"去中心化"的，但实际上，这类网络在一个组织的局部来看就是一张"蛛网"，一定有中心。只不过，从经济系统整体来看，"多中心"和"中心更迭"让网络看似呈现了"去中心化"的特点而已。

[二] 这里的业务中台是指"业务类的中台"，是相对于组织中台而言的概念，并非某些企业内与数据中台、技术中台、研发中台相并列的狭义的业务中台。

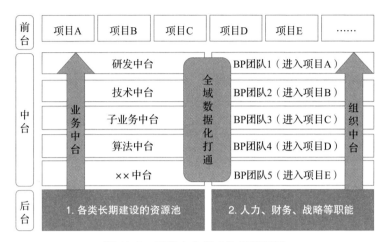

图 13-2　两类中台组成的组织腰部

资料来源：穆胜企业管理咨询事务所。

业务中台

它多半是传统的成本中心，把后台的资源整合成前台打仗需要的"中间件"，方便被随需调用（见图 13-3）。我们打一个通俗的比方：糖醋排骨、鱼香肉丝、松鼠鳜鱼这几道菜，都需要糖、醋、生抽、老抽、淀粉等调料做成的糖醋汁，于是，厨师就可以提前调制好，在做某道菜时直接加进去就行。

其实，这背后有一个并没有被大众熟知的概念——模块化[○]（modularity）。这是强调把一个整体系统里紧密连接的两个部分进行"松散耦合"（loosely coupled，或称"退耦""解耦"），即减少模块间的联系，增强其独立性。说通俗点，就是把一个整体做成"乐高积木式"的拼接结构。这样一来，某些频繁被使用的组织模块就成了共用的"中间件"，即中台。其实，自 20 世纪 60 年代起，模块化的思路已经在产品设计、组织设计、企业间关系设计上逐渐流行起来。

○　20 世纪 60 年代，IBM 使用"模块化产品"的设计理念，打造了大型机市场上的明星产品——IBM360 电脑。

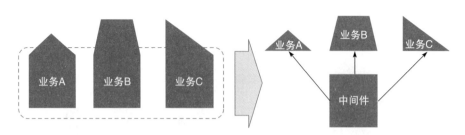

每项业务按照自己的想法独立设计，独立调动资源，存在大量重复建设，业务之间的协同性也存在问题

提取"中间件"建设为"中台"，提高资源复用性，强化业务协同性。前台只负责按照需要进行本地化应用

图 13-3　业务中台的建设原理

资料来源：穆胜企业管理咨询事务所。

在我提出的平台型组织架构里，最开始是没有把这个部分算作中台的。因为，这类部门在以前的金字塔组织中就存在。事实上，把不同业务的通用部分抽取出来形成独立部门，来与前线业务做接口，是模块化思路影响下组织设计领域已经达成共识的一个基本原理。几乎任何一家大型企业都实践过此类思路，而在这样的思路下搭建的"平台型组织"和金字塔组织并没有任何区别，依然存在前台与中台之间的"部门墙"等大企业病，前台并不能顺利调用中台的支持。

但有意思的是，互联网企业的影响力太强了，当它们开始遵循这种组织设计基本原理时，这种运动就变成了潮流。于是，当下人人都在谈中台，这似乎又变成一种创新了。传说中，阿里巴巴对标芬兰游戏企业 Supercell 建立了这类业务中台，是这股潮流的发起者。⊖阿里巴巴于 2009 年成立"共享事业部"，2015 年启动"中台战略"，这为其业务发展带来了巨大的好处。例如，阿里巴巴仅用 1.5 个月就上线了团购平台（聚划算），而同类团购平台投入的研发资源可能是阿里巴巴的几十倍，准备时间可能是阿里巴巴的几倍。在 2018 年年末至 2019 年年初，大厂的中台战略成为潮流（见表 13-1）。

⊖　但我也听到另外一种说法，阿里巴巴当时就想好了要做这类业务中台，Supercell 不过是它找出来的一面旗帜而已。当然，这就是马云策动变革时的智慧了。

表 13-1　大厂的中台行动

时间	大厂行动
2018 年 9 月 30 日	腾讯宣布成立技术委员会，服务于各大事业群，宣布未来打造"技术中台"
2018 年年末	京东启动有史以来最大规模的组织架构调整，采用"中台"的组织架构概念
2018 年 12 月 18 日	百度架构调整，建设"大技术中台"
2018 年年底	美团全面打通用户数据，开始实施"中台战略"
2019 年 3 月	字节跳动将抖音、西瓜视频和火山小视频三个短视频产品的直播技术和运营团队进行合并，搭建"直播大中台"，支撑旗下的所有直播业务

资料来源：穆胜企业管理咨询事务所整理。

　　我的观点是，从互联网的技术逻辑上去找中台建设的方向，这绝对是一个进步。原理是旧的，但互联网的技术是新的，如何在原理下做出解决方案，那是需要水平的。现在提到的技术中台、研发中台等概念，其实都是在做一种技术的架构，并以这种架构来重新规划组织。因此，我们也没有必要强行去调整这个潮流中的概念，而是将其归纳为"业务中台"。

　　当然，互联网企业对于中台的信心不仅在于模块化实现的"退耦"，还在于利用 IT 技术实现的"全域数据化打通"，阿里巴巴将其称为"数据中台"，业界也称其为"中台的中台"。当企业的各类资源都被数据化，且数据孤岛被连通到一个平台上时，资源的供给、业务的需求、协作的界面等一目了然，似乎也可以实现效率。

　　我也把"业务中台"称为"有形的中台"，因为它们是有实体部门存在的。

组织中台

　　其实，我认为真正的中台应该是"组织中台"，也叫"无形的中台"。这是由财务、人力、战略等部门向前台派出的业务伙伴（Business Partner，BP）组成的团队。他们会进入前台的小团队，用专业视角与他们共同作战，同时也代表后台高效配置资源和政策。

　　这个模式来自海尔，它的这类实践是最完整的。它的中台就是由人力、财务、战略、法务、IT 组成的一个名为"三自"[⊖]的"机构 BP"。当然，在其他的一些标杆企业，我们也观察到了类似的趋势。我将这类组织定义为真正的中台，因为这才是金字塔组织里没有的，也只有设计了这个部分，金字塔组织才能转型为平台型组织。大家试想一下，一线的业务总是处于变化当中，前台的需求一定不是标准化的中间件能够解决的，一定会存在大量需要协调的需求。此时，前台小团队是没有和大中台进行博弈的底气的，所谓的部门墙、隔热层和流程桶依然不可能解决，组织依然是低效的。通过仅仅提倡"小前台，大（业务）中台"来建设平台型组织，实际上走入了一个巨大的误区。但如果存在组织中台，财务和人力等 BP 就可以根据业务流的推进，灵活地配置人、财两类资源，形成前台、业务中台、后台之间的"连接器"或"润滑层"。

组织中台如何进行"连接"或"润滑"呢？一方面，它承接了来自公司高层对于某个项目的要求；另一方面，它将这种要求变成对项目的要求，并提供定向的支持。值得注意的是，这种对于战略目标的分解，并不是单纯的"下目标，做考核"，而是通过运作战略投资平台的模式，提供定制化的激励政策和定制化的赋能方案，让前台主动"跑起来"，实现后台目标。举例来说，一个强势的研发中台故步自封，不愿意为前台提供的用户需求修改设计，那么，组织中台就可以将研发主要参与者的激励绑到前台里，并且为其分红设置基本的交付标准。这样一来，就解决了部门墙的问题。

关于组织中台的运作模式，我们将在后文展开论述。这里，我们简单列举一些组织中台实现上述目标的场景。

一是投资前的投资评估。由于主动权在前台的项目里，组织中台当然希望更多的项目"冒出来"。如果企业把三权放到了项目里，再匹配了创业者的责权利，那么就一定有爱冒险的创客愿意牵头做项目。但在林林总总的项目里，

⊖　由战略、财务、人力、法务、IT 等若干机构组成的"机构化的业务伙伴"，从原来的"顶层控制"到现在的"融入业务"，意为这个机构能推动小微实现自创业、自组织、自驱动。

哪些能上，哪些不能上？哪些应该多配资源，哪些应该少配资源？如果让一个不合格的项目上马，或者为低价值项目超配资源，浪费的就是资源的成本和机会的成本，平台的经营目标也可能无法实现。一个项目能不能上、能拿到多少资源，最终要看其商业计划究竟靠不靠谱。此时，组织中台就应该基于自身专业知识和平台整体战略，去辅导项目思路，甄别项目的好坏，确保把"投资"放到最适合的项目里，确保赢面更大。另外，投资要放进去，也得有定制化的激励方案来确保投资收益率。所以，组织中台需要规划一个项目的成长路径，并在每个节点上给出最有吸引力的激励方案，这也是非常重要的。

二是投资后的投后管理。这可以使项目持续快速成长。一方面通过激励方案的执行，让前台部门的利益与用户的评价同步，实现用户付薪，确保企业长期利益，让其有"意愿"做好。另一方面提供专业的方法（如财务分析、人力配置等），调用企业的资源，从各方面赋能于前台部门，让其有"能力"做好。

组织中台应该由传统企业中的"总部职能部门"协同组成，但现实中，如果不动它的屁股，就动不了它的脑袋。所以，必须推动它以"中台"的形式走向业务，并且把它的利益绑定到前台部门去，共同劣后。当然，前台项目也一定认可"钱在哪里，心就在哪里"，所以，只有这样才能让它相信中台与自己一条心。

我之所以把"组织中台"称为"无形的中台"，就是因为它没有实体部门，像水一样，无孔不入地渗透到每个业务单元。

后台

后台是传统的费用中心，也可以被称为职能部门或后勤部门。它不直接产生效益，更多是间接的、长期的贡献，但它却奠定了组织的基调。后台的厚度从根本上决定了平台的维系和繁荣。

后台主要运行以下四大职能。

◎ 一是市场规则设计，简单说，就是业务做到什么程度，配置什么资源（人和财等），给予什么奖励和惩罚。

◎ 二是宏观调控干预，即根据平台的风险设置红线，处罚越界行为。

◎ 三是资源池的建设，也就是为平台累积更多的优势资源，便于被中前台调用。

◎ 四是推动整体数据智能化，也就是让企业整体上云，将业务流、人流、财流整合到一个在线的数据化平台，并基于数据进行智能化决策。这是中台层面进行"全域数字化打通"的基础。

要运作上述四大职能，传统的职能部门或后勤部门必须要转换工作思路。其实，市场规则设计和宏观调控干预都是在设计规则，资源池的建设则是储备了弹药。当规则合理且弹药充足时，前台和中台就会自动得到源源不断的补给。数据化将资源变成数据，将规则转化为数据标准，让这种补给变得更加高效。

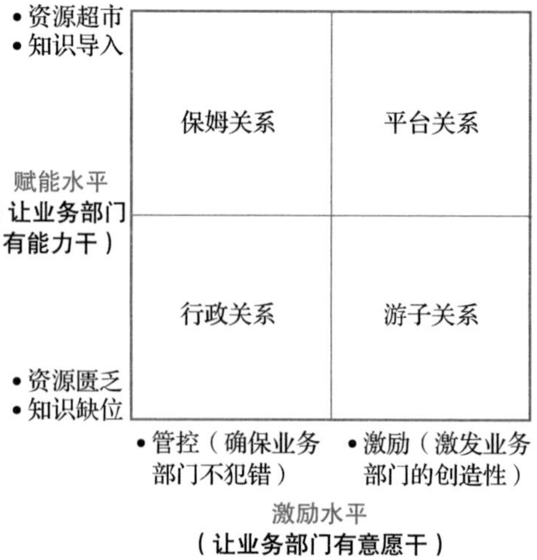

后台应该通过两个转变，来推动平台与项目之间从传统的行政关系走向平台关系（见图13-4）。

一是从低水平赋能走向高水平赋能。金字塔组织里的后台资源匮乏、知识缺位，不能为业务部门带去任何帮助；平台型组织里的后台服务高效、资源丰富，对前台部门

图 13-4　后台与项目的关系分类

资料来源：穆胜企业管理咨询事务所。

有强力支撑。

二是从管控走向激励。金字塔组织里的后台只会用"一刀切"的惰政来确保业务部门不犯错误，但这也让业务部门备受牵绊，往往会贻误战机；平台型组织里的后台只会用激励来牵引业务部门，使其灵活发挥创造性，为企业获得更大的赢面。

平台型组织中，后台应该是整个组织的大脑，干的是脑力活而不再是体力活。事实上，按照平台型组织后台四大职能的运作模式，大量企业里的后台人员都是有冗余的。我的判断标准不是他有没有事做，而是他做的事情究竟有没有实际的价值。"大脑式的后台"不同于传统"躯干式的后台"，不需要"堆人数"。

多年前，我曾经提到过一个趋势——人力资源三支柱的组织形态会走向"小机构、泛外包、多分支"，这个观点也被记录在了我的《激发潜能：平台型组织的人力资源顶层设计》这本书中，即专家中心走向"小机构"，几个数据分析师加上一个一体化的 IT 系统就可以满足需求；共享服务中心走向"泛外包"，外部的 SaaS 大量接管了入离调转等基础业务流的处理需求；业务伙伴走向"多分支"，大量 HR 从后台走到一线，与业务部门协同作战，成为业务部门的 CHO。此时人力资源部在后台的就是专家中心和共享服务中心，它不就做到"极度轻量化"了吗？

转型要义

整体来看，平台型组织的上述三个部分中哪个最重要呢？

大多数人认为是前台，前台负责打粮食，它就是企业内的财神爷。这有点像有些企业内的顶级销售（Top Sales），走路衣服角都能扇人，老板也要让他们几分。所以，企业在进行平台型组织改造时，首先都会想到要激活前台，它们把原来庞大的销售组织拆散为小团队，再给予颇有力度的激励机制。这种"包销提成制"带来的业绩的上涨是可以预料的。

这带来了一个问题：当前台被激活后，它就会用市场的眼光来审视中后台，并对中后台提出各种要求。人家的埋怨很简单——我们不需要你们赋能，你们也赋不了能，把资源和权限放给我们，别耽误了我们打仗。我们辅导了若干企业向平台型组织转型，所有前台在改造之初都有这种声音，没有例外。

这种想法是幼稚的。

一方面，企业对于客户的交付是各部门综合协作的结果，不可能由那些前台小团队来独立完成。所以，企业必须在后台拥有强大的资源池，并且能够将这些资源推到业务中台，变成"中间件"。

另一方面，企业也不可能不加甄别地配置资源和权力。拍胸脯的话老板听多了，但他们放心吗？授权是一种胸怀基础上的技术，而不只是一种胸怀。如果有胸怀就能做好授权，那么一个傻子也能做好企业，只要把权力让出去，不就可以了？现实是，大多数老板宁愿企业发展得慢一点，也不愿意失控。他们中的大多数不是没有胸怀，而是没有找到授权的技术。所以，此时的组织中台就具有非常意义。

一番折腾之后，老板们终于明白，平台型组织建设的关键不在前台，而在中后台，前台能不能摧城拔寨，关键在于中后台能不能提供足够的动力。再说个道理，对于前台的顶级销售来说，只要你给的激励政策到位，他们没有理由拒绝你，所以，他们不会是企业的核心竞争力。真正的核心竞争力是什么呢？或者说，顶级销售们除了看分享政策外，还看什么呢？那就是中后台的实力。中后台赋能到位，顶级销售们更有可能完成任务。所以，尽管有的平台的激励政策不是最好的，但获得分享的概率更高，对于前台的顶级销售来说，依然是最优选择。

第十四章

业务中台建设的现状与趋势

互联网大厂迅速感知到中台的魅力，并在 2018 年年末至 2019 年年初间，密集推行了中台战略。如今，业务中台建设似乎已经成为标配。但在业务中台建设开展得如火如荼之际，我们依然可以听到不绝于耳的反对之声。不少从业者甚至感叹，业务中台在"理想国"的表象下是一个狰狞的"送葬场"。

业务中台的好处

传统的组织设计，永远是在三个约束条件中求最优解的过程。

◎ 灵活性——建立的组织结构能否应对市场的各类需求，这是企业生存的基础。

◎ 经济性——能否用最精简的人员和机构支持业务，因为，人员和机构不仅会形成显性成本，还会形成大量隐性成本（内部交易成本）。

◎ 规范性——能否对于扩张出去的分支机构进行有效管理，确保其路径规范、不踩红线、有效协同，绝大多数老板宁愿企业发展得慢一点，也绝对不愿失控，风险太大。

一边是灵活性，另一边是经济性和规范性。两边永远处于矛盾的两级，追求一边就必然放弃另一边。所以，企业会陷入分拆与合并的循环：每当需要灵活性就会放权，为前台配置各类职能，让其以"独立团"的形式响应市场；每当需要经济性和规范性，就会收权，将前台里分散的职能抽取出来，合并为大职能部门，并由总部统一规范管理。

业务中台的建设显然是后一种情况，面对互联网时代变幻莫测的市场，企业不可能为诸多小前台单独配置职能。以电商企业为例，当线上、线下、ToB、ToC业务团队都同时需要开发"订单功能"，此时，就没有必要在每项业务里都单独开发一次，而是将其放到中台统一开发、大量复用。这样一方面更有经济性，另一方面为后来打通数据铺垫了基础，更有规范性。

另外，业务中台似乎也没有牺牲灵活性。当抽取出来的职能实现了"松散耦合"，就能够被前台随需调用。小前台在市场上无处不在，灵活探测客户需求，而后调用强大业务中台的功能模块来实现交付，这是多么美好的画面！

除此之外，互联网时代为组织设计带来了灵活性基础上的一种新的要求——体验感。互联网时代的信息透明，导致了产品之间的激烈竞争，被娇惯的用户对于体验感的要求之高前所未有。以前企业把产品做到60分就行，现在必须做到90分，它们需要的是"灵活的深度交付"。

用战争来做个比喻：以前要攻克堡垒，组建一个"独立团"，配上冲锋枪、手雷、火箭筒就行；现在攻克堡垒难度增加了，需要调用无人机、轰炸机、导弹等进行重度火力打击。从这个意义上说，中台建设就是构筑"重度火力"。在业务里，独立团式的业务团队不可能实现高水平的体验感。

如此看来，一极是经济性和规范性，另一极变成了灵活性和体验感，但业务中台建设却几乎可以平衡矛盾，一次性解决所有问题。企业为什么如此积极地建设中台，就不言自明了。

在2015年阿里巴巴开始实践中台以来，形成了两股实践潮流：一是互联网大厂纷纷入局，这种趋势在2018年年末至2019年年初达到高潮，至今也未曾消退，当前甚至进入了中台细分的专业化阶段（见图14-1）；二是专业服务商如雨后春笋般涌现，但在经历了茅台等几个大单在2019年的折戟（延期交付、项目亏损）后，中台的适用性受到挑战。于是，业界对中台又爱又恨，众说纷纭。

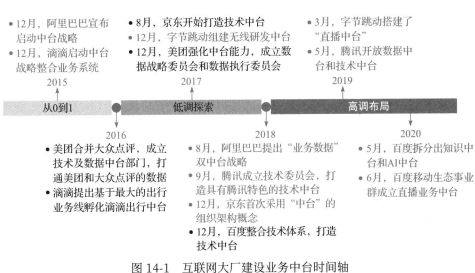

图14-1 互联网大厂建设业务中台时间轴

注：彩色字代表官宣信息，黑色字代表实际建设中台的行动。

资料来源：穆胜企业管理咨询事务所。

业务中台的挑战

业务中台自然有诸多好处，但建设业务中台却必须要通过以下三道"鬼门关"。

一是建设的成本。

从前台抽取出业务的共性，再进行统一建设，看似原理简单，实则凶险无比。中台毕竟远离一线，不可能百分之百了解业务需求，需要与业务部门一起梳理需求，而后抽取出共性建设公共模块，最后还要保证这个公共模块与前台业务的适配性。这个过程中需要投入大量的人力，根据以中台作为服务内容的外包商反馈，项目耗费的人力多到夸张，人力成本成为项目成本的大头。

更可怕的是，企业经过万般努力建设的业务中台却没有相应效果。大多数企业根本没有做知识萃取和沉淀，别提制度、SOP、工具、模型、Baseline，就连基本的业务逻辑都没有理顺，大量知识都留存在个体身上。换句话说，换一个人，就是一套不同的做法。在这样的情况下，中台部门不仅要先帮前台业务补课，而后还要建业务中台，其难度就可想而知了。

大多数企业遇到问题，并不是因为对建设业务中台的逻辑存疑，而是因为业务中台没有建好。俗话说，举重才能若轻。业务中台沉淀得足够好，才能够应对各类需求，并在交付上实现超高的体验感。大多数企业没有相应的沉淀，前台调不出支持，好比打仗时大后方不给弹药补给。这个时候你不应该讨论是否要建弹药库的问题，而应该想想平时做什么去了，为什么弹药库里如此匮乏。

二是改革的成本。

大多数业务领导都会选择"做大势力范围"和"屏蔽上级监控"。前者意味着更大的权力范围和更多的预算拨付，后者意味着自己有更大的决策空间。想当"藩王"是人性使然，如果控制在一定的范围内，危害不大。

而上业务中台意味着组织变革，显然与人性相悖。在企业内呼风唤雨的前台部门要将职能让出相当一部分放到中台，相当于"割地"；它还需要将数据打通，让自己的业务全部可视化，相当于"戴上紧箍咒"。这种"削藩"的动作太大，只有一把手敢做，还得是对企业有超强控制力的一把手。

典型的例子是阿里巴巴。2015年年末，在张勇提出"大中台、小前台"的组织战略后，阿里巴巴在 2016～2019 年，进行过 19 次组织调整，当中涉及诸多高管换岗、部门合并，动静之大可想而知，这也为中台建设扫清了障碍。

但其他企业不见得如此幸运。据财经媒体 36 氪报道，在华南一个有几十人的 CIO 社群里，2019 年由于中台项目失误而导致离职、调岗的高管就有十几个。他们无疑都倒在了前两道鬼门关下。

三是改革后的成本。

这道鬼门关最让人绝望。建中台本来就是一种挑战，要面对的是前台的官僚主义，但当我们拼命建设出了一个大中台，又会面临中台更大的官僚主义。

2010 年，海尔在改造倒三角组织结构时，将企业内的部门裂变为 2000 多个自主经营体（见图 14-2）。其中，一级经营体是研产销三大职能的若干小团队，而二级经营体也称"资源平台"，包括销售平台、研发平台、供应链平台等。除了没有当前这样极致的 IT 化要求外，二级经营体就是现在的业务中台。

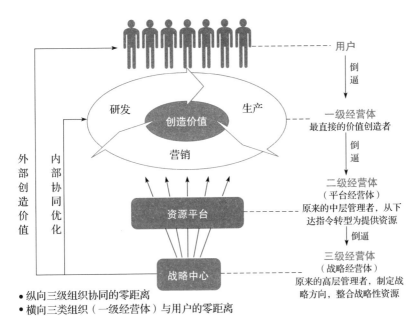

- 纵向三级组织协同的零距离
- 横向三类组织（一级经营体）与用户的零距离

图 14-2　海尔三级自主经营体

资料来源：海尔、穆胜企业管理咨询事务所。

原来的想法，正是由前台小团队来拉动平台资源。二级经营体被要求建立"资源超市"，被要求资源丰富、定价清晰，与一级经营体签订市场化的服务协议。但这个层级本身就是各级资源的"管理者"，而且在内部是垄断的，要他们"听从前台指挥"，显然太难了。典型的场景是，一个小地区的市场经营体虽然与国内销售平台这个二级经营体签订了服务协议，但其面对一个集团的"大部门"和"大领导（销售平台经营体体长）"，基本是没有话语权的。更让人无奈的是，当上游只有一个垄断的内部供应商时，定价更是说不清楚。

大约 10 年前，中兴通讯和华为也面临过相似的问题，它们提出"一线主战，专业主建"，将业务中台称为"××体系"，这同样带来了官僚主义。中兴通讯的一位中层称："体系里都是大爷，要调动资源得使出十八般武艺，总之，爱哭的孩子有奶吃。"

上述企业在碰壁之后，都开始寻找新的解决方案，下文会提到。但现在不少文章还在引用它们 10 年前的组织结构来支持业务中台建设的观点，这是错误的。

整体看来，建设业务中台的过程好像是从一个深坑掉入另一个，似乎真的是不划算。

业务中台的未来

在上业务中台的潮流中，大量 IT 厂商一拥而上，资本也开始追逐此类项目，看起来，中台似乎变成了一门好生意。从 2015 年开始，以中台名义获得融资的笔数一路走高，在 2019 年有明显跃升，趋势至今也未回落（见图 14-3、图 14-4）。整体来看，后期融资增多，早期融资也并未减少。明略科技集团在 E 轮居然获得了高达 3 亿美元的融资，考虑中国 SaaS 企业普遍估值较低的现状，这样的融资规模实在让人意外。

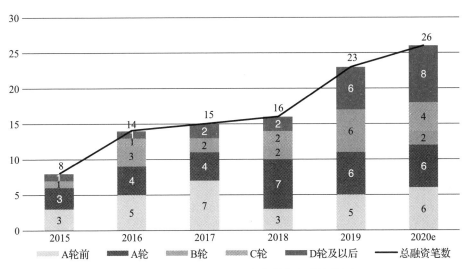

图 14-3　2015 ～ 2020e 中台服务商融资情况

注：2020 年上半年融资笔数为 13 笔，推测全年 26 笔。

资料来源：天眼查、穆胜企业管理咨询事务所。

这些企业最初的想法是，在一个标杆项目完成后，业务中台的解决方案可以被简单修改后迁移到下一个项目。但这个想法显然太过天真，别说跨行业，就连一个行业内的两家企业，情况都大不相同。不同的商业模式、不同的业务流程、不同的组织结构、不同的人员素质……业务中台建设似乎天然就是无法模板化、标准化的。所以，这更像是以总集成商的身份来做"深度咨询 +IT 解决方案"，需要堆人头来解决问题。而且，堆人头只能解决建设成本问题，无法解决改革和改革后的成本问题。由于缺乏可复制性，上不了规模，作为生意前景存疑。

2019 年年初，阿里云智能事业群总裁行癫在内部战略会上提出，如果阿里云一味冲在前面做总集成商——客户的特性可能千差万别，总包就要做定制化方案和实施——会透支阿里云的品牌。当前，阿里巴巴的政策是，如果要以总集成商的身份拿客户，需要部门特批。

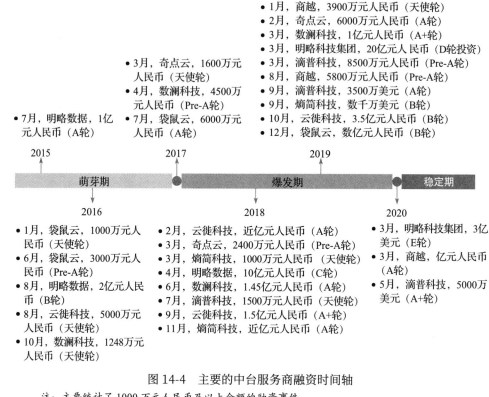

图 14-4　主要的中台服务商融资时间轴

注：主要统计了 1000 万元人民币及以上金额的融资事件。

资料来源：天眼查、穆胜企业管理咨询事务所。

　　如果不做总集成商，IT 厂商可能需要从 SaaS 走向 PaaS，提供一个平台支持 ISV（independent software vendors，独立软件开发商）和客户的快速自主开发。国内不少企业认为，SaaS 层面已经不能提供客户需要的获得感了，尤其是具备支付能力的大客户，迫切需要更深度的定制化。但这样的方式也需要巨大的投入，盈利性和易用性都必须有庞大客户规模的支撑，在当下国内 IT 厂商所处的阶段上，极有可能是个"深坑"。

　　这可能是大厂才玩得起的游戏。2019 年阿里云峰会上，行癫甚至表示"阿里云自己不做 SaaS，让大家来做更好的 SaaS"。显然，阿里云已经做好了"练好内功被集成"的准备。当前，阿里云提得更多的是"数据中台"而不是

"业务中台"，正是因为业务千差万别，而数据中台的产品更容易标准化。数据中台实现的"全域数据打通"才是中台的威力所在，以这种方式推动"企业上云"尽管稍显缓慢，但也许更为可行。

　　综合来看，将中台作为一门生意对大多数 IT 厂商而言其实并不可靠。从产品角度看，中台不是一个 IT 产品，不是一个"咨询 +IT"产品，而应该是企业自己高级定制的奢侈品。从企业角度看，中台不是一套组织架构，只是平台型组织模式（架构 + 机制）中的一个战略要地。如果仅仅以建业务中台的视角来行动，是解决不了问题的。相当于你手臂的力气再大，也不可能把自己全身举起来。

第十五章

组织中台建设的现状与趋势

业务中台的成功与否依赖组织中台的建设。

阿里巴巴的业务中台建得好，但人家的组织中台——HRBP一点都没落下，还被命名为"政委"，且被赋予了和业务一把手相当的地位。华为的HRBP和财务BP同样强大，他们不仅仅是执行业务模块的专业工作，更基于专业视角参与业务决策。海尔更是派出了财务、HR、战略等角色的BP组成团队，深度参与到业务中。

事实上，这个环节太重要了，只要是开始启动平台型组织转型的企业，都会无一例外地走入组织中台建设。说得直白一点，平台型组织要求放权前台，这必然带来某种程度上的失控，只有建设组织中台才能够缓解老板们对于失控的焦虑感。

理想的组织中台

大量的企业都会有 HRBP 和财务 BP 两类角色，但这并不意味着他们就是组织中台。传统的 BP 更多是偏执行的角色，负责将后台专家中心（center of expert，COE）制定的政策落地，大多被当作政策警察或特务。但在平台型组织里，BP 应该进入前台项目里，充当类似 CHO 或 CFO 的角色。可以说，在金字塔组织中是 COE 推动 BP，而在平台型组织里是 BP 在拉动 COE。

要以 CHO 或 CFO 之类的身份融入业务，组织中台需要有更高的视野，也要有更大的影响。他们要负责投资评估和投后管理，这绝对是高难度的动作。通过在若干企业的实践，我们总结了组织中台的运作模式（见表 15-1）。在投资前后的两个阶段，BP 团队本质上都是在负责三类工作，即激励、风控和赋能。其中，激励是正向，就像踩油门；风控是负向的，好比踩刹车。当然，我们也可以将两者都看作广义上的"激励"。

表 15-1　平台型组织中 BP 团队的运作模式

	定位	投资前 投资评估	投资后 投后管理
职责	激励（正向）	根据《商业计划书》预估业务路径，设计有吸引力的激励方案	根据业务路径对激励方案进行动态调整，确保被激励者得到最大激励
	风控（负向）	通过《商业计划书》模板收集项目信息，进行初始分析，为投决会高效决策提供支持	基于业务路径的对赌节点审核是否达成，执行激励兑现，启动动态优化
	赋能	基于对业务的理解，以教练技巧敲打团队，让《商业计划书》变得靠谱	基于业务战略，执行人员配置、汰换、素质提升、绩效管理（管理看板）、团队文化建设等人力资源工作
	价值	确保项目的目标、团队、路径、激励机制靠谱，事前控制投资风险（事先算赢）	确保《商业计划书》的执行不出现偏差，事中控制投资风险（事中调赢）

资料来源：穆胜企业管理咨询事务所。

整体来看，组织中台做的事情依然是赋能和激励。BP 团队就是用户和前台团队之间的连接者。他们代表企业家（或公司的股东），一次次地把前台团队从不切实际的梦想中拉回现实，让其直面用户需求，合理地分配资源，沿着最佳的路径前进，一路升级打怪，直至抵达最终的目标（如上市退出）。

组织中台拥有的是"激励的指挥棒"和"赋能的方法论"⊖：运用前者让前台团队动起来，并看到自己前进中所缺少的能力；运用后者则是补齐这些能力，让其走得更顺利。总结起来，就是"激励开路，赋能加持"。

其中，激励是来自后台的规则框架，并基于前台的业务特征，给出的定制化方案。组织中台实际上是在后台和前台给出的约束条件下，寻找一个最优解。同样，赋能也是来自后台的知识沉淀，并基于前台的业务特征，给出的定制化经营工具组合。所以，强力的组织中台自然能够让更多高质量的项目冒出来，并获得持续的成长，为企业带来源源不绝的收益。

不妨想想，这和投资机构做的事情有没有区别？

为何千呼万唤出不来

如果对于组织中台角色的设定没有问题，那么，为何现实中这一角色成长缓慢呢？

一是组织模式转型得不彻底，企业总是回避组织中台建设的必要性。组织中台是一把钥匙，如果你装作看不见，就打不开转型的那扇门。这也是一块试金石，如果企业没有建设组织中台的决心，那么只能证明它们没有组织转型的决心。如果是这样，企业就还是金字塔组织，即使设置了BP的角色，也依然会保持过去的运作方式。

所谓的决心，不是喊几句口号，而是体现在企业给出多大的信任和试错空间，以及跟进多大的培养力度。在我辅导的某些企业，老板痛陈对于BP们的不满，认为他们无法充当组织中台的角色。但问题是，平台型组织本来就是

⊖　业务中台拥有的是"赋能的中间件"，或称"赋能的资源包"。

最新的组织转型趋势，哪有 BP 天然就适合做组织中台？再换个问题，为了培养这些组织中台，老板和高管们愿意花费自己的时间吗？愿意花费企业的资源吗（例如组织专项培训）？光是扔下一句"他们不行"，这太容易了，解决方案呢？当老板们抛出这句话时，业务部门也附和，企业里各方势力群起而攻之，本来就自信心不足的 BP 们，心态一定会崩塌。这是老板想看到的吗？

二是 BP 们的路径依赖和专业执着。来自后台的财务、人力等部门，习惯了原来的运作方式，很难走出舒适区，主动拥抱变化。它们明面上笃信自己的专业，实际上则是回避挑战。

举例来说，要制定一个贴合业务实际的财务预算，财务一定需要 BP 深入业务，了解业务的各类需求，再在各类需求与企业的需求之间找到平衡。但是，如果简单点来做，出一些"一刀切"的政策不是更方便吗？业务实在有特殊需求再谈嘛，总比前一种做法要轻快吧？再往深了说，做一个组织中台，需要了解业务知识，需要掌握专业知识；但做一个传统 BP，只需要了解专业知识。而且，BP 了解的专业知识，是不用放到业务里去验证的，可以装着看不到业务，强推总部的标准。

传统的 BP 可以认为是企业没有给自己发挥的空间，但在转型平台型组织的过程中犹豫不前，就有点习得性无助[⊖]的意思了。

三是企业缺乏沉淀，却让 BP 自己探索出路。有的企业想要依靠外引强人来建设组织中台。比如，有的老板在参观完海尔后，对于海尔的 BP 团队三自大加赞赏，提出"穆老师，帮我挖一个海尔的 BP 吧"。但实话说，这也是不靠谱的。海尔的 BP 强，很大程度不是因为 BP 的能力强，而是因为他们有来自平台的支撑。

一方面是知识的沉淀。所谓知识的沉淀，就是若干"系列的打法"。简单来说，就是看到一些经营数据、业务数据、人力数据，BP 能够知道自己如何

⊖　通过学习形成的一种对现实的无望和无可奈何的行为、心理状态。

应对。事实上，如果看到一组经营数据后，BP 没有自己的思路，只能证明企业没有知识沉淀。真正顶级的企业，都有一套小白都能上手的"经营罗盘"。这不是 BP 个人的问题，是企业缺乏内力的问题。

另一方面是 IT 系统的沉淀。这些企业在 IT 建设上早就经过千锤百炼，很大程度上打通了人流、财流、业务流，实现了若干信息系统的集成。没有数据系统的中台，就是没有牙齿的老虎。当下，我们辅导的向平台型组织转型的企业，基本都进入了建设"财务 + 人力双 BP 协同作战模式"的阶段。因为，它们已经走到深水区，深刻理解了财务和人力 BP"背对背"工作的局限性，深信双剑合璧的意义。而合璧的内容既包括职能运作的打通，也包括业务流、人流、财流三类数据在一体化 IT 系统上的打通。

组织中台的几道曙光

尽管建设组织中台的道路上千难万险，但我们还是可以发现几道曙光，即以下两个趋势。

一个趋势是 BP 在业务中越来越有话语权，越来越能够影响经营。

在金字塔组织中设置 BP 岗位时，企业会要求他们懂业务。但是，在平台型组织中，则要求他们在懂业务的基础上，从专业角度对于业务产生更大影响，甚至是能够给业务"踩油门"和"踩刹车"。如果要达到这种效果，每个 BP 岗位上就都应该配置 CXO 级别的人物。这可能吗？

华为通过 IT 系统支持组织中台，找到了一条解决之道。组织中台依赖基于 IBM 的流程体系（IPD、ISC、IFS 等）的 IT 系统，以 IPD（集成产品研发流程）为例，每个节点（被称为 DCP，decision checking point）都会有相应的评估，数据和测算模型都来自 IT 系统，自然大大降低了对于 BP 个人素质的依赖。

另一个趋势是双 BP、多 BP 的一体化协作。

仔细分析就会发现，财务和人力资源两大职能简直是"天作之合"。财务人员的"现状"是什么？他们可以通过报表把一门生意分析得非常清楚，但对于如何改进却难以下手。就激励来说，谁来做，怎么做？如何把激励落到部门？如何把激励落到个人？现实是，切分业务单元不是他们的特长，玩激励也不是他们的特长，他们更擅长把握整体生意逻辑。但数字的背后都是人，如果人动不起来的话，一切都是空谈。他们有的，正是 HR 们缺的，他们缺的，正是 HR 们有的。

进一步看，这样的财务和人力的组合难道就够了吗？在对业务单元做激励时，需不需要战略、市场等部门的专业性？这些职能难道不应该融入这个联盟吗？

海尔走出了一个极好的标杆案例。它从财务、人力、法务、战略、IT 五个部门分别派出 BP（业务伙伴），组成了一个叫作"三自"的中台部门，一起协同实现对于前台的影响。他们的主要工作就是"投资评估"和"投后管理"。

不要小看了这些 BP 们的威力，他们相当于一家小型的咨询公司，拥有各方面的专业人才。而且，他们还具备后台专家中心配置的各种"使能器"，如业务部门的商业计划书模板——宙斯模型，又如核算战略损益的模板——顾客价值表和共赢增值表，再如，兑现考核的模板——二维点阵……所以，当海尔运用人单合一的机制，将"三自"的利益强制绑定在前台小微的身上时，他们不仅可以决定小微是否可以开始运作，配置什么资源，配置什么激励方案，还会伴随小微成长，给予各种赋能方案，提供"教练式影响"。

企业的满意之处在于自己的投资决策效率更高了，而小微们的满意之处在于他们身边多了一个无所不能的高参，有人帮你分析报表，有人帮你制定市场策略，有人帮你优化团队管理，有人帮你抓取数据……

上述两个企业的组织中台模式各有道理：海尔 to C，强调物种的多样性，业态太多元，即使有强大的 IT 系统，也必须有中台人工干预的部分；华为 to B，强调战略的聚焦性，业态比较简单，通过自动化的 IT 加上少部分的人工，已经可以实现有效干预。

实战中的化学反应

近年来，穆胜企业管理咨询事务所一直在推动企业转型为平台型组织。在若干亲历的项目中，我们充分感受到了这种协同作战的威力。下面举一个"投资评估"领域的例子。

某制造企业找出了几个试点项目来进行组织变革的尝试，即在下放经营权的同时，让项目成员的收益与其经营结果高度关联。说直接点就是，项目成员们的固定薪酬被降到最低，浮动薪酬被拉到最大，而且随在市场上取得的战果波动。

为了有效监控项目的经营，我们对标海尔的做法，将职能部门中的人力、财务、战略三大职能组成了一个类似投资管理部的联合体，直接为项目拟定指标。按理说，这个指标应该是老板对于这门生意的要求。但是，老板又怎么可能是这种多面手。

于是，有意思的情况发生了。老板说："对于这门生意（项目所从事的），我要求毛利达到 3000 万元，其他我都不看。"财务马上提出异议："老板，如果项目拼命做大库存来形成高毛利，这种毛利您是否还需要？如果项目提前释放下一个经营年度的需求来做高毛利，这种毛利您是否还需要？如果……"一连串的问题让老板思索，也让老板抛出了一个问题："可能我考虑得不太周到，但你们有没有好的建议呢？"

财务人员马上想到要把一组完美的指标定出来。但老板接着发问："这个指标组没问题，但你们如何让项目主管认可，又如何把这些指标下沉到每个项目成员身上？"

当他们尝试用这个指标组与项目沟通，项目成员不干了，直呼"鞭打快牛"，不仅不认可老板拍脑袋提出来的毛利数据，也不认可财务拍脑袋提出来的指标组。他们也提出了一个看似积极的建议，要认可这些指标可以，但必须加大投入，要给人员编制，给人工成本，给预算。轮到财务人员卡壳了，他们能得出生意的大概数额，但就是不能把经营责任落到"人"身上。

还得依靠 HR。他们给出了一套方案：一方面，以在历史的五年数据中取到前 20 分位（即 P80）的效能数据作为基础，根据项目认领的业绩承诺，反推出人数编制和人工成本的配置作为红线；另一方面，又根据职责分工，将整体业绩下沉分解到每个成员身上，锁死了每位成员的"交付"。当然，项目成员承担风险的能力和偏好是不一样的，他们又使用一个分配的政策杠杆，诱引项目成员们承接更高的目标以获取更高的收益。这里的政策杠杆是不会吃掉预算的，溢出预算的部分都来自项目形成的超利，相当于"自挣自花"。

谈到这里，老板满意了，他没有想到的是财务和人力双剑合璧，居然有这么好的效果。到了最后，老板又礼貌性地问了问剩下的那位战略部小伙子的想法。战略部的小伙子笑笑："我对于两位的方法都没有质疑，但对于如何为公司扩展地盘、守住地盘，我还有不同的想法呢……"原来，他对于项目的市场战略本来就有异议，并说得头头是道。有了他的专业，客户维度的疑惑好像明朗了，于是，财务、战略、人力重来一次协作，在最可行的市场策略下，将生意逻辑分解到了人力单位。老板再次惊喜。

第十六章

后台建设的现状与趋势

企业向平台型组织转型的过程中，相对前台、中台的天翻地覆，后台是最波澜不惊的。在大量企业里，甚至根本看不出后台部门在转型前后的变化。有的后台部门甚至自己都认为，转型带来的变化无非是激励制度的改变罢了，还有就是重画了组织机构图，并增加了一些高大上的口号。

但如果是这样的情况，转型为平台型组织的热度一定会在风风火火的变革行动后迅速降下来。企业好比一个拖着笨重行李的旅人，不可能抵达"诗和远方"。说得严重点，企业还有可能走回头路，重回金字塔组织。

也许，企业对于这里面的问题看得太简单了，面临无数风险形成的大坑。

理想的后台

前文已经初步阐述了后台部门的变化，具体来说，后台部门应该做好以下四项工作。

一是市场规则设计。市场规则是确保平台自动运作的基础，后台应该成为"规则的设计者"。市场规则主要包括以下三个方面。

◎ 人的规则——人力资源效能（HR efficiency）规则，投入多少人力和人工成本，要产出多少效益，如人均毛利、人工成本投产比等。

◎ 财的规则——财务的效能规则，投入多少资本，要产出多少效益，如ROI、ROE、ROIC等。

◎ 业务规则——什么样的业务成果被视为绩效？对于不同的业务模块，是定位于经营绩效还是战略绩效？定义什么为经营绩效（流水、营收、毛利、净利）？定义什么为战略绩效？比如在拓展市场时，企业可以选择仅仅对市场的铺货量进行计量，而不管营收、毛利。

由于市场是复杂的，市场规则也必然是复杂的，前台项目绩效的计量标准更是复杂的，可能是一个动态的"指标群"。这个指标群应该来自企业独有的一张利润表（甚至扩展到独有的"三表"），例如，海尔为了核定小微生态圈（相当于项目）的损益，设计了"顾客价值表"和"共赢增值表"。再如，华为在流程推进中设置的DCP，也是基于一套自有的逻辑来进行损益计算。当前，若干互联网企业对于这种指标群的调整完全基于数据，非常灵活，这也是一个需要高度关注的趋势。

二是宏观调控干预。市场规则有失灵的时候，平台上不可避免地会出现若干"越界行为"，或者出现虽然符合市场规则但实则有害的"隐性越界行为"，所以，需要宏观调控这只看得见的手，后台应该成为"违规行为的处罚者"。现实中，不同的企业有不同的风险，后台应该甄别这些"越界行为"，并且让其形成一条条的红线，如现金流风险、税务风险、政策风险、道德风险等。"隐性越界行为"更为隐蔽，识别这些风险才是真正的水平。比如，有的企业的销售部门利用行贿行为来做大业绩，导致企业陷入法律风险当中。再如，有的企业为了做大业绩，只让有经验的人进入项目，这就让新人失去了成长的机会，破坏了企业的人才基础。

所有的风险都应纳入两类控制中：前置性审批不经审核，不许开展，应该针对极其重大且无法事后追溯的风险；后置性审批则可以先行开展业务并报备，但应该通过定期的事后审核来考察合规性，针对相对较小且事后可以追溯的风险。需要注意的是，后台应该谨慎设置"前置性审批"的避险方式，如果这样就需要"早请示、晚汇报"，平台型组织又会进入金字塔组织的运转节奏。

三是资源池的建设。前文说过平台的底层是金字塔组织，因为平台必须具备资源洼地，而资源洼地之所以存在，是因为企业规模化地运作了若干的职能，形成了自有资源的优势。例如，某些企业进行基础性研发（技术研发），周期长，风险大，投入资源多，这是任何一个项目组可能都无法实现的。于是，企业在后台进行投入和储备，以便前中台能够在此基础上进行应用层面的研发（产品研发）。华为的研发体系，就是类似的运作机制。

但这只是企业建立平台的基础，如果要平台发展壮大，平台需要开放资源接口，并抓取或吸引战略级合作者。真正强大的平台，自有资源、开放接口、战略级合作者，三大要素一个都不能少。这类平台可以在全球化的背景下连接世界范围的资源。正如《维基经济学》中谈到的，"世界就是我的研发部，世界就是我的人力资源部"。例如，海尔的海达源就是一个拼单采购的平台，能够汇总集团内部所有的采购需求，再与最优质的上游供应商去谈判统一的采购价格、交货标准、付款条件等。可以说，它做出来的采购优势，是任何一个项目依靠自身的体量都无法企及的。

当我们从资源的视角对比前中后台的同一职能时，你会发现前台是"下单"或"下单+改造/组装"的，业务中台是负责"交付"的，而后台是负责"囤货"的。

四是推动整体数据智能化（data technology，DT[⊖]）。后台的上述三个部

　　⊖　DT 是阿里巴巴提出的一个概念，和 IT（信息技术）相对应，被认为是 IT 的升级。

分的工作都应该基于数据化开展，只有这样才能够真正实现资源的随需调用（资源池建设），才能高效运转规则（市场规则设计），才能高效实施调控（宏观调控干预）。基于统一的数据化 IT 平台，企业内的数据语言统一了，资源被数据化，规则被数据化，运转效率必然几何倍数级提升。进一步看，这是萃取和沉淀组织知识最高效的方式，而当我们将这些组织知识放到云端，供企业平台上所有的人随需调用时，它就成为平台最宝贵的资源。未来的企业都将是数据企业，这才是它们真正的核心竞争力。

如果没有做好这个层面的工作，企业也许依然可以成为一个平台，但一定无法成为一个高效的平台。效率最高的平台是"云平台"，即企业整体上云，资源的流转全部以数据形式在线化、网络化、智能化，实现最大程度的随需调用。当然，这里的困难是，大型企业都有上百套系统［EHR（人力资源系统）、CRM（客户关系管理系统）、财务管理系统、供应链管理系统等］，系统之间相互没有关联，形成了大量的"数据孤岛"。所以，需要有一个一体化的 IT 系统来打通这些数据，甚至形成 BI（business intelligence，商业智能）。当前，若干覆盖企业全系统的 IT 服务商都盯住了这个趋势，意图为企业提供"整体上云"的解决方案，正是这个趋势的体现。

为何铁板一块

按理说，我们已经明确界定了后台部门的定位和四大职能，它们只需要照猫画虎即可。我们在为企业做辅导时，甚至可以帮它们把新的部门职责定义出来。但事实上，每个部门都有自己做事的惯性，要它革自己的命，太难了。原来，我曾设想前台可以拉动后台部门，但从穆胜企业管理咨询事务所实践的若干案例来看，前台传递的压力根本无法让其转变。现实是，它们如果自己不想改变，企业里根本没有任何力量可以倒逼它们，因为它们就是权力部门。如此一来，就形成了一个改革的僵局。就像一个人力气再大，也不可能自己把自己举起来。在我们的观察中，后台都是平台型组织转型中最硬的一块"铁板"，这些部门往往有无数理由来"应付"组织变革。

不少企业走到这一步就走不动了，就只能用喊口号的方式来促动大家。例如，有的企业提到后台部门是源动力，要自我革命，推动组织。但这种口号是苍白而无力的，如果口号有用，也就不用转型为平台型组织了。

其实，后台部门很难改变，还有一个直接原因——后台整体的两个隐性职能处于缺位状态，即塑造价值理念和战略内核。从平台型组织的三台结构不难看出，当前台直接面对用户并能呼唤"炮火"，当中台能够提供相应的赋能和激励，这样的企业本身就具备了"平台属性"。但是，如果后台没有确定的价值理念和战略内核，组织的底层逻辑就有可能被动摇，平台型组织就有可能走回头路。

所以，我们在推进平台型组织的过程中，会不断听到复辟的声音。

例如，总有声音说这种激励对员工来说没有保障，太大起大落。但实际上，这种激励机制淘汰的正是企业需要淘汰的那些人，真正有能力、有贡献的人都是从这种激励机制中得到了好处的。如果我们的文化是"家文化"，那么，这种反对的声音就是对的，但如果我们的文化是"创客文化、创业文化、奋斗者文化"，那么，这种声音就是错的。

再如，总会有业务单元的人员为自己的亏损叫屈，他们认为自己是战略性亏损，要求同样分享公司的利润（来自其他业务单元）。有时，他们是对的，他们做的是维护企业战略内核的事；有时，他们是错的，他们之所以四面出击，无非是为了扩大自己的队伍，获得更多的权力和预算。关键在于，企业要用自己的战略内核来判断性质。

现实中，没有任何一个后台部门可以去定义价值理念和战略内核，即使是战略部门或文化部门也不行。能够定义它们的，只能是老板，或者说，它们只能来自老板的内心深处。

但尴尬又来了，老板真的愿意把这两个问题说清楚吗？

一方面，老板在价值理念上会"崩人设"。大多数老板都喜欢把一些高大上的词汇堆砌在一起，加上自己一些个人风格化的表达，就成了企业的使命、愿景、价值观。抛出这种价值理念没有任何意义，因为这些既不是老板内心的真实想法，也不是企业的共识。一旦落到制度和执行层面，就会发现很多导向与抛出的价值理念是完全背道而驰的。如此一来，价值理念就失去了其校标作用。

另一方面，老板在战略上舍不得放弃。我一直强调，战略的本质是一种放弃，而非选择，因为选择人人都会，而放弃人人不舍。所以，想清楚的老板会说得出"我坚决不做什么"。但现实中，当我用这句话逼问老板时，80%以上的老板不能给我明确答复。如此一来，战略内核也失去了其校标作用。

正因为老板不愿意说清楚这两个问题，而后台部门也没有必要去跟老板"对着干"，所以，平台型组织最需要明确的两个底层逻辑就一直处于混沌状态。再说一个笑话，现实中如果想要惹怒一个老板，不妨评价他"没有信仰"或"没有战略"。如果所有老板都是爆竹，那么这两句话就是引线。这个爆竹我作为外部顾问敢去点燃，但后台部门作为老板的部属，敢去点燃吗？再说直白点，你能想象后台部门会像我们这种外部顾问一样向老板发出"灵魂拷问"吗？这就是当下平台型组织转型进入"死局"的深层原因！

后台的标杆实践

转型为平台型组织的真正源动力来自公司的高层，他们是企业的最终劣后者，他们应该是燃烧生命照亮企业的一群人。如果一家企业连几个这种人都没有，那么它已经是行将就木的躯壳了。当然，不能光用口号来连接这群人，还需要给予利益，进行各种形式的股权激励。

再次强调，我反对撒胡椒面一样的股权激励，但我主张对这群人进行股权激励。再说深一点，这群人的薪酬就应该是固薪加分红（各种形式的股权激励），他们根本就不应该拿自己领域的奖金。或者说，主张各个合伙人拿各个领域的奖金，根本就是在鼓励山头主义，鼓励形成"高管墙"。

当我们将一个合伙人团队绑定，就可以让他们来塑造企业的底层逻辑——明确价值理念和战略内核。这两个方面都应该是老板发起、高层响应、全员认同的。明确了这两个方面，后台的各个部门才能够运作四大职能。

在这个方面做出标杆的是阿里巴巴。2009 年，当阿里巴巴成立十周年，尚在业务的高速发展期时，其创始人就开始思考传承问题。2010 年，阿里巴巴正式出台了合伙人制度。

这个制度设立的初衷是解决以下三个问题。

一是价值理念传承。创始人团队必然是有价值理念共识的，但如何让这种共识一直延续，不随着公司的发展壮大而耗散？这也是如何让一家大公司坚持本色的问题。

二是战略思路延续。创始人能把企业带到现在的位置，必然有一个清晰的战略思路和长期的战略导向。但后面加入的职业经理人会在战略思路上摇摆，也有可能因为 KPI 而有短期行为，如何解决这一问题？

三是决策权控制。上市后，企业成为公众公司，需要强化对于公司经营决策权的控制，避免类似万科被野蛮人狙击、被争夺控制权的问题。

阿里巴巴破解这三个问题的思路很简单，就是抓住对于公司最有影响力的一群人。对于价值理念传承和战略思路延续，企业内再多的花式宣贯也比不上合伙人的言传身教，他们会一层层地向下影响，而这群人就是文化和战略的"第一宣传队"。

另外，阿里巴巴的这群合伙人团队也凭借业绩表现取得了投资人的高度信任。根据表决权拘束协议，阿里巴巴合伙人、软银和雅虎将在股东大会上以投票互相支持的方式，确保阿里巴巴合伙人不仅能够控制董事会，而且能够基本控制股东大会的投票结果。这种合伙人对于企业的强力控制，被各方誉为经典实践，实际上也解决了向平台型组织转型的一个隐忧——如何在偏向短视的资本市场的约束下，依然能够"折腾"这类指向长期主义的事情。说白了，人家折腾的空间，是用表现换来的。

作为公司的最高决策机构，合伙人进入和退出都有严格标准和程序，不同层次的合伙人也有不同的责权利（见图 16-1）。为了"绑住"这群人，阿里巴巴设置了具有极大吸引力的激励方案。合伙人既能获得荣誉又能得到实惠，阿里巴巴主张"既给钱又给名"。合伙人会有更多现金，也会有更多股票。当然，对于这个群体来说，股票的激励作用更大。

这个组织定期开会，讨论的内容基本围绕文化和战略。例如，当出现海外并购时，企业进入了一群新人，拥有不同的文化背景，就需要对于企业文化进行新的阐释，这就是由合伙人会议发起的。再如，阿里巴巴生态

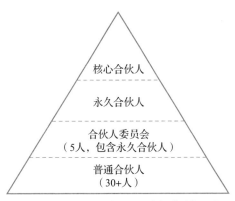

• 从组织部中选出经济体发展执行委员会成员
• CEO班、CFO班、CHO班定向培养
• M5及以上的干部进入"组织部"
……

图 16-1　阿里巴巴的合伙人团队结构

资料来源：由穆胜企业管理咨询事务所整理。

的整体战略就是在合伙人会议上逐渐澄清的。其实，大多数企业的高管或合伙人都开会，只不过，阿里巴巴合伙人的这类会开得很实在，能够定期输出明确的价值理念和战略内核。

其实，在合伙人制度之外，阿里巴巴的干部管理制度也非常强大，可以看作一种"泛合伙人制度"。在合伙人团队之外，M5（资深总监）及以上的干部自动进入组织部，规模为 500 人左右。组织部不是一个单独的部门，而是一个干部

管理机构，也指一定管理层级组成的虚拟团队。组织部管辖干部的职位调动、聘用、薪酬，履行相应的人力资源管理职能，并通过固定频率的培训宣传文化和战略。在此基础上，阿里巴巴从组织部的干部里选拔出经济体发展执行委员会（经发委）的成员，支撑整个阿里巴巴生态的决策。另外，优秀的干部会进入 CEO、CFO 和 CHO 班进行定向培养，一旦阿里巴巴生态中出现并购企业，CEO、CFO 和 CHO 组成的铁三角会迅速替换掉原来被投企业的管理层。 ⊖

总结起来，阿里巴巴不仅通过合伙人制度来明确塑造了价值理念和战略内核，还通过干部管理制度将这两个组织的底层逻辑进行了有效宣贯。在此基础上，其后台四大职能的运作效率，其打造平台型组织的效率，自然就有了坚实的保障。

实战中的后台突破

有了前中台的拉动，加上合伙人团队的推动，后台才有改变的可能。当前，穆胜企业管理咨询事务所也在着手帮助客户搭建合伙人团队，包括为合伙人团队设计股权架构和运作机制。这些企业大多是开始进行多元化的生态布局，越来越依赖有文化凝聚力的合伙人团队，也越来越需要思考清楚战略的方向。况且，有这样一个组织定期开会，传承文化、同频战略，实际上是实现高阶沟通和培养高端人才的最佳道场。

但实际上，在布局多元化的生态之前，他们就应该启动合伙人团队的搭建，不应该仅仅因为缺人才去布局生态公司而行动，而应该意识到平台型组织的底层逻辑需要这个群体去界定。或者说，人才的输出只是搭建合伙人团队的副产品。

在我们的视野中，合伙人团队的高举高打会带来部门层面的变化。例如，

⊖　阿里这种强势的并购姿态，也引起了若干非议。我们这里对其不予置评，但无论如何，这至少体现了阿里干部队伍的强大，体现了这种组织模式里良将如潮。

合伙人团队开会后明确了人才培养的缺口，后续人力资源部门就会提供相应的人才池建设解决方案。再如，合伙人团队明确了战略方向的调整，后续公司的战略或经营部门就会调整相应的激励政策。当然，要想在合伙人会议之后有类似的后续行动，就必须要严肃合伙人会议的规章制度，并实实在在地开好每一次会议。直观来看，如果合伙人会议之后，后台部门里没有被搅动起一点风浪，要么就是会议开得太烂，要么就是会议本身没有权威性，即缺乏运作机制的支撑。当我们解决了这些问题，铁板一块的后台部门才会被拉动，开始投入到政策制定、红线维护、资源建设、数据化推动这几类真正有价值的工作中。

在这一过程中，人才培养也有意想不到的效果。由于后台部门被"揪头发"⊖，被强行提升到合伙人的高度去审视公司的战略和文化，并且要求在自己的领域内进行落地，相关人员迅速成长。根据我们的经验，后台部门里起点（学历、专业、工作经历等）基本相同的年轻人，在平台型组织中能力成长的速度应该是金字塔组织里的 3 倍以上⊜。

此外，我们的两个建议也取得了较好的效果：

一是建议 2000 人以上的公司成立自己专门的干部部或组织部，向合伙人以下的干部群体传递战略和文化的影响。我们发现，这个群体的成立，既传承了战略和文化，也让后台部门在运行新职能、公司在转型为平台型组织时，得到了更大的支持。

二是建议在合伙人团队之外，成立一个外圈的储备合伙人团队，多放入有潜质的年轻人，并指定合伙人中的带教者。有的企业是因为选不出足够的合伙人才出此下策的，但却收到了意想不到的结果，这对于年轻人的激励和赋能作用远超想象。

⊖ 来自阿里的术语，指上级强行拉高下级的视野。

⊜ 这个结论来自穆胜企业管理咨询事务所的客户群体，我们将平台型组织和非平台型组织里的 4 组样本进行了对比，得出了一个初步的结论。需要说明的是，我们对于起点、能力成长的定义都相对模糊，结论仅为粗略估算，仅供参考。

第十七章

前台项目的治理逻辑

前面，我们谈到了职能并联、用户付薪、动态优化被认为是平台型组织激励的必备要素。但这却引入了新的问题，顺着我们的思路往下走，如果要让人人都为企业全力以赴，岂不是用"把股权分下去，让人人持股"这一招，就可以破解所有难题？

顺着这步往下走，就会发现一类陷阱，事实上，这类陷阱还真有市场。

举例来说，有人说华为的成功是因为全民持股，但事实上，每个人持有百分之零点几的股份，不会让人以为公司是自己的，不过是在工资里多了一个名为"股权激励"的奖金单元。因为华为很成功，所以它的一切动作都变成了成功的原因，这是一种典型的"伪因果关系"，华为的成功另有诀窍。

再举例说，有人玩众筹，说众筹不是仅仅为了筹钱，而是为了筹人、筹智、筹资源，这是最好的组织模式。但即使是黏性最强的股权型众筹，每个人仍然是仅仅占有一点点股份，他们只可能用自己的盈余时间象征性地为项目投入，怎么可能全力以赴？

平台型组织以前台项目为中心，如果要谈平台型组织的激励机制，我们首先需要明确项目的治理逻辑。项目是配置了三权的模拟公司，但其治理逻辑又与公司治理有一定区别。一是项目不用大而全地配置各类资源，而是可以灵活调用平台资源，更有利于企业家才能的发挥。二是平台和项目的关系不属于《公司法》等相关法律法规的规制范畴，企业作为平台拥有者可以有自己的游戏规则（如可以强制要求能力不足的项目参与者退出），可以在特有的价值理念和战略内核基础上，建立一个特有的世界观。

项目里该有谁，他们的收益权和控制权是什么，如何在项目发展的过程中进行灵活调整，都是我们需要解答的问题。有了这些作为基础，我们才能谈到平台型组织的激励方案，即前中后台该拿什么钱，如何计算。

并联范畴

如果职能并联的原理没有问题，而上述两个反例又说明"并联一切职能"的做法存在问题，那么问题的关键显然就是"并联范畴"问题。并联多了，大家进入"大锅饭模式"；并联少了，并联之外的职能又能够躲在金字塔组织的"考核死角"里。[一]

串联，还是并联

经济学规律告诉我们：市场里的激励机制（买家是否买单）是强激励，而科层里的激励机制（领导进行考核）是弱激励。因此，我们不应该进入金字塔组织的"考核死角"，而是应该将市场化的激励机制引入科层内部。只有这样，才能达到"人人都是自己的 CEO"的效果，这也是互联网时代的组织转型规律。

　　[一]　金字塔组织里的 KPI 等形式的考核，是无法精准明确员工贡献的。

市场里的激励机制（即"市场机制"）又分为两类：一类是外包关系（outsourcing），即给钱办事，按效果付费，这是"串联模式"；另一类是合伙关系（partnership），即各占股份，风险共担，收益共享，这是"并联模式"。前文中，我们极力澄清将"外包关系"带入企业内部形成的"市场链"是无效的，但这并不代表"外包关系"本身无效。我们暂时不考虑如何优化这种关系，仅仅在其有效的假设下思考如何运用。

一个项目需要调用研发、采购、生产、销售等职能，只有将必备的职能（背后是资源＋人力）连接到一起才能产出并交付产品、服务或解决方案。如果用市场机制来连接，则更有效率，而"外包关系"和"合伙关系"又都是"强激励"，那么，企业应该如何选择呢？或者说直接点，哪些角色应该使用合伙这种"并联关系"呢？

资源重要性

第一个考虑的维度是职能的"重要性"。

当职能是完成既定工作，既不会造成多大问题也无法制造更多"惊喜"时，应该采用外包关系。外包关系简单直接，以外包商达到交付要求为标准，管理好这类关系，可以锁定价格和质量。换句话说，外包商更像是一个安分守己的好学生，做好自己分内的事情就行了。

相比之下，当你不确定这个职能能够为项目带来什么"惊喜"时，或者会造成多大的问题时，就应该采用合伙关系。说简单点，这个职能发挥作用，可能导致项目价值井喷；这个职能表现不好，则可能导致项目价值跌到谷底。这个时候，一定要绑定该项职能，让职能负责人与项目共进退，也就是说，他们要成为合伙人，既分享成功，也共担风险。

当然这种重要性与外包价格无关，而是与不确定性有关。例如，外包商提供的元件（或服务）有时会在终端产品（或服务）的总成本中占有极高的比例，但即便如此，这种成本的投入能够带来什么收益也是明确的。那么，这个时候外包关系就是合理的，没有必要让外包商成为合伙人。

议价能力

当满足了第一个维度"重要性"的条件后，第二个考虑的维度是职能（或资源）的"议价能力"。

对于议价能力，我在自己的博士论文中提出的一个二维模型可以有效评估，即考虑职能背后各类资产[⊖]的专用性和专有性。前者表示该类资产在需求侧是否仅仅能够用于此项目，还有没有其他的去处；后者表示该类资产在供给侧是否稀缺，还有没有其他的替代者能够提供。由此，我们可以将资源分为四类（见图 17-1）。第一类是双边锁定资产，即如果抽离掉，对于买卖双方都是损失的资产。第二类是供应优势资产，即别人独有，但诸多项目都需要的。第三类是需求优势资产，即大家都有，但只有我这个项目需要。第四类是无差别资产，即供给侧众多且需求侧广泛需要的通用资产。

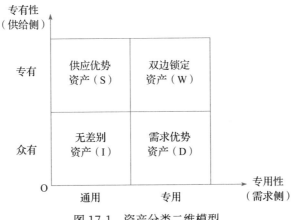

图 17-1　资产分类二维模型

资料来源：穆胜企业管理咨询事务所。

⊖　此处把资源、人力都看作资产。

对于无差别资产和需求优势资产，外包关系足以控制；但对于供应优势资产和双边锁定资产，则应该用合伙关系加以控制。之所以进行这样的制度安排，是因为供应优势资产和双边锁定资产的拥有者，具备了一定的议价能力，足以影响项目的成败。需要说明的是，供应优势资产和双边锁定资产之间供应者议价能力的不同，会影响到股权分配的具体安排，如对于双边锁定资产，股权比例可能更少，分配股权的时间可能更晚（因为更苛刻的对赌条件）。

说到这里，如何使用两类关系的原则已经非常明确：如果该职能重要性大（第一个维度），且资源的议价能力够强（第二个维度），就应该将其放到"内圈"，形成合伙关系；如果该职能重要性小（第一个维度），其资源的议价能力不可能强（第二个维度），应该将其放到"外圈"，形成外包关系。

交易频率

需要说明的是这种情况，该职能的重要性大（第一个维度），但资源的议价能力不够强。换句话说，项目虽然可以找到备胎，但输不起这一次，耗不起时间。在这种情况下，还是应该采用一种"合伙人关系"和"外包关系"之间的"夹层模式"——对赌，即如果达不到交付要求，不仅不能拿到外包费用的收益（外包关系的"按效果付费"体现），还会形成自己的违约金损失（合伙关系的"共担风险"体现），后者大多表现为项目保证金。

区别在于"交易频率"：如果是一次合作，就需要设置高额对赌标的来避免损失（如果达不到条件，对方也有相应的损失）；反之，如果是多次合作，则可以降低对赌标的。例如，我们将某位创业者放到了项目里，虽然他的能力并不一定是独有的，但项目的生死存亡都交给了他，错过这个时间窗口，项目就基本做不起来了，这种条件下他就是最重要的。这相当于一个持续多次的合作关系，我们可以多次设置对赌条件，来锁定他的产出。当多次对赌成功之后，创业者已经证明了自己拥有资源的专有性，这个时候，就可以配置股权，转化为合伙人的关系。

总结起来，我们可以得到如下的决策树（见图 17-2）。

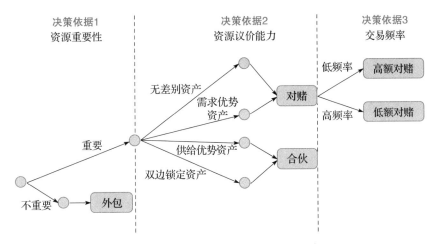

图 17-2　项目内各职能合作关系决策树

资料来源：穆胜企业管理咨询事务所。

治理结构

大多数企业在确认了并联范畴后，都会思考项目里的治理结构，即"收益权"和"决策权"。在学术术语上，这两类权力也被叫作"剩余索取权"和"剩余控制权"。这两类权力的分配决定了并联的内圈里的责权利关系，是项目能够成功的关键。

按照传统的公司制度安排，应该是同股同权，股份比例的多少代表了"收益权"和"决策权"，这是最简单的制度安排。职能 = 资源 × 人力，由于人力资本（后者）异军突起，作用越来越大，越来越难以捉摸，互联网时代的治理结构大有不同。而在平台型组织中，项目的治理结构设计，则有了更加灵活的空间。

收益权分配

收益权应该与职能的重要性和议价能力有关。

重要性的影响在于，收益权显然应该配置给更能为项目带来价值的一方。这是一种约定俗成的分配规则，价值创造与价值分配的一致本来就是公理共识。

议价能力的影响在于，高议价能力的一方可以用退出作为威胁来占有更多分配比例。制度经济学家阿尔钦和德姆塞茨将这个可以通过威胁来占有的部分称为"可挤占性准租"。人品的保证没用，当威胁发生时，这个成本是必须要支付的，与其如此，还不如在收益权中提前把这个部分让渡出去。

所以，收益权的分配像是一种两个维度综合的结果。这有点像用收益权的多少作为对价来购买对方对于项目的参与，最后成交的价格高低实际上是与供需之间的博弈关系相关的。在外部市场里，这种收益权的配置是可以谈判的，如果职能的参与者狮子大开口，项目大可以寻找替代者。但在平台型组织的内部市场里，大多数职能都独此一家（如企业只有一个研发中心），这种谈判就无法进行。因此，必须为各类职能设计基本的收益权指导额度。

在我们打造平台型组织的经历里，进入项目的职能角色都会主张自己对于项目的重要性，以此来要求更多的收益权。他们的理由通常是，如果自己角色的极度失败将导致项目如何失败，或者自己角色的极致发挥将导致项目如何成功。但实际上，这是一个典型的逻辑陷阱。我们应该找出的是，该职能在正常绩效水平的范畴内对于业务结果的影响。换句话说，确保基本绩效水平是对于参与者的基本要求，否则他们就不应该在企业里（即在平台上）。

现实操作中，我们可以通过一份结构化的在线问卷，对公司中高层进行现场调研，并将结果及时公布。而后，我们就可以基于这个结果建立一个收益权分配的官方指导额度○。

○ 关于这种额度的设置，第十八章会谈到具体方法。

决策权分配

对于"决策权"来说，显然应该是向人力资本倾斜的。进一步说，其应该配置给最能够调动各方资源的"整合者"，而不是单纯的资源拥有者。资源的整合者即"企业家"，这种人不一定拥有资源，却拥有整合能力，能让散落的"珍珠"串成一条项链。

要有整合能力，就必须是某一范畴内的"全才"，这种人可不好找。再往上走一步，这种"全才"还应该在这个范畴的垂直细分领域具有鹤立鸡群的能力，能够把其他单纯做资源整合的人比下去。这是"全才"基础上的"专才"，也即"T型人才"。最好，这种全才还拥有除了显性知识之外的隐性知识——具备独特的思维和视角，能感知用户需求，并将资源组合为商业模式来实现这些需求。这相对"T型人才"又进了一步，可以被称为"新T型人才"。

"企业家才能"往往必须在现实的验证中才能成立，而没有验证之前，谁也不敢确定。换句话说，判断创业者的"企业家才能"有点像是在厚厚的冬装下去窥视一个人的身材，只要没有走到创业这片沙滩前，你都只能猜测。

虽然企业家才能并非透明，但平台对于项目负责人的选择却不能"埋头下注"。

最初，大多数企业会设想一种项目决策权的安排——谁"冒出来"，谁就当"带头大哥"，因为所有参与者都是利益攸关方（局中人），不会阻止有才能的人上台。有的企业，甚至发动大家民主选举项目负责人。但事实上，这种完全的"自组织"是不理智的。

一方面，"局中人"首先就不可能是完全理性的，因为他们都不是最了解用户的人。研发采用研发思维，生产采用生产思维，采购采用采购思维……但谁应该来做决策？应该是有用户思维的人，应该是最接近用户的人。

另一方面，"局中人"的决策风格各异，可能导致有个性的企业家无法当选。大多数时候，真理就掌握在少数人手中。治理企业和治理国家是两回事，后者要求的是稳定、公平基础上的效率，而前者要求的是效率优先，兼顾稳定和公平。企业家精神都和冒险、突破、创新相关，如果采取这种"民主选举"的形式，最后的当选者必然是各方都喜欢的"平衡器"，企业就不可避免地走向了平庸。

现实是，要管控项目负责人选择的风险，必须有所作为。投资前只能依靠平台的甄别能力，为此，我们建议平台开发定制的"项目负责人素质模型"进行初步筛选，在此基础上再用"官兵互选"的方式明确人选，即非深度项目参与者不能投票。而投资后，则要一个阶段一个阶段地用业绩来验证项目负责人是否合适。说得通俗点，也就是制造一个个的"小沙滩"，用市场的"买单"去观察创业者真正的"身材"，探测"企业家才能"。

股权外的主导权扭曲

某些时候，由于某类职能（资源）的重要性或议价能力"溢出"，超过了其股份持有的比例，我们就不得不为其分配更多的收益权或决策权。换句话说，当某类资源相对其占有的股份创造了更大的价值时，收益权和决策权会发生偏离。在每项职能里，资源是"死的"，随行就市，在确定股权比例时已经有合理安排；人力是"活的"，最容易产生"溢价"。

从收益权来看，大量为低股权的持股方"配杠杆"或"配期权"的协议已经说明了这类趋势。举例来说，万科做事业合伙人制度，要求每个项目的运营团队强制跟投，但对于地产这种重资产的项目来说，个人的投入始终是有限的，只能占有很少的收益比例。此时，公司就有可能为运营团队的收益"配杠杆"，所以，本来3%的股权，就有可能获得5%的收益权，其中的2%就是因为运营团队的"企业家才能"被"配"过来的。

从决策权来看，杠杆控制、一致行动人协议、委托投票权、公司章程控制、优先股、AB股等方案都可以在股权之外强化实际控制人的控制。这些方案都可以引入平台型组织，强化创客对于项目的控制。以 AB 股为例，即将项目的股份分为两类：对外部投资者发行 A 股，每股有 1 票投票权；管理层持有 B 股，每股有 N 票（通常为 10 票）投票权。这类持股结构大量被运用在高科技公司，因为这些领域高度专业，投资者根本"看不太懂"，只能将命运交付到管理层手上。

对于平台型组织来说，无论收益权如何设计，决策权都应该转移到项目里，更准确地说应该是三权下沉（还包括用人权和财务权）。说白了，就是先让创客跑起来，当然，后续可以根据表现来叫停（动态优化）。但是，收益权的倾斜却需要逐步到位，创客只有在对赌业绩点证明了自己的能力，才有资格享受更大的好处（如期权或股票归属）。

无限动态优化

由于项目是动态的，职能相对于项目的意义（重要性、议价能力、交易频率）往往会发生巨大变化。说到底，在不同阶段，职能背后的人力资本的意义是不同的，此时，收益权和控制权就需要动态调整。这种动态是最难把握的，一旦没有考虑动态优化，在治理结构上形成了"僵化"，项目失败几乎就是板上钉钉的事了。

动态调整并联范畴

一方面，是项目没有变化，但发展到不同阶段，各大职能的意义发生了变化。另一方面，是项目变了，并联的范畴也会起变化。

例如，一款以 App 为载体的项目，在初期，当然是产品、开发等职能相对重要，而在后期，市场、运营等职能的重要性就开始显现。甚至可以考虑极端一点的情况，项目发展到一定时期，开发的作用已经相对弱化了，更多是依靠运营的拉动。如果不考虑这个动态，就有可能将各种所谓的人才一起拉入项目，再基于"未来的商业宏图"和"各自可能发挥的作用"给出一个股权比例，把大家绑死在一起。

这和本章开头举到的华为和众筹的例子极其相似，问题很大：大家在每个阶段的贡献程度不同，却要用"未来的股权结构"来分"当下的蛋糕"，显然就会出现局部某些人"搭便车"的嫌疑。相信我，团队内一旦产生了"谁养谁"的感觉，就一定会出现与金字塔组织相似的病态。

有人说，难道不应该有点"胸怀"吗，为了未来的大蛋糕，赌一把又何妨呢？这样的说法是有问题的：第一，你不能确定未来的蛋糕是否存在，也许就是一个空想；第二，你也不能确定某个职能里的人力资本一定有作用，这同样是很难证实或证伪的。

所以，除非那块蛋糕就在眼前，而不是遥远的未来，而且对方证明过自己的能力，否则，那种以胸怀为名将大家绑定在一起的赌博依然是愚蠢的。这有点像一种情况，向往大海的人建了一艘大船，但由于船上人太多，吃水太深，在河里就搁浅了，但偏偏谁又都下不了船，这就是一个"僵化陷阱"。

最好的办法是"按单聚散"○，这里的"单"是指可以获取的用户价值，也即项目的发展空间。说得简单点，就是不说未来的"单"，只基于看得见的"单"来确定并联范围。整体来看，一个项目的成长，应该是由小到大合并（加入越来越多的职能），而非由大到小分拆。前一类情况是强强联合，很容易，后一类情况是资产处置，是僵局。

动态调整参与者

在并联的内圈里，某个职能要分享项目的收益，必须满足两大条件：其一

○ 这个说法来自海尔首席执行官张瑞敏先生。2012 年 12 月，张瑞敏在接受 IMD 商学院网站采访中提到了这一理念。

是要完成自身对于项目的价值承诺；其二是项目整体要实现收益。这还是延续前文"职能并联＋用户付薪"的逻辑，也是触发"动态优化"的基础。

当职能模块不能实现价值时，或当项目整体不能实现价值时，"动态优化"就会发生。在不同的情况下，职能模块内部的成员可能被替换掉，职能模块可能被替换掉，并联的中心职能模块（项目的组织者）也可能被替换掉。

企业应该意识到，没有哪个天才在组建一个项目时就能算好项目所需要的所有资源，动态优化是客观的必然规律。第一，优化应该是全动态的，而不是局部动态的。第二，动态优化是一个持续过程，随着项目的发展，每个阶段都会引入新的资源，换掉旧的资源。道理说起来简单，但当老板们发现自己的项目需要动态优化时，他们往往又下不了决心。原因很简单，不用这个（批）人，还能用谁？

所以，企业唯一能做的，就是将资源池建得足够大，能够连通外部，支持动态优化。海尔是这方面实践的先锋，为了抓入外部资源，它建立了若干交互资源的界面：为了引入创客，它建立了"创吧"；为了引入项目，它建立了"海创汇"；为了引入成熟技术资源，它建立了"HOPE"；为了引入供应商，它建立了"海达源"……

建设资源池的成败，背后是企业有没有自有资源的"高地"。如前文所言，太多企业将心思放到了"整合"外部资源上，却忽视了自身的孱弱。其实，核心资源（以及背后的组织知识）沉淀不足是大多数企业的状态，只不过打造平台型组织制造出来的矛盾犹如一面照妖镜，让它们看到了这一切罢了。

讲到这里，我们谈的似乎已经不是组织管理，而是投资管理。但正如我们前面谈到的，组织就是将不同职能组合到一起的过程，投资逻辑是最有效率的。或者说，投资规律就是平台型组织做管理的规律。其实，回归投资管理，对于创业型项目，在募投管退的各个环节上都有诸多漏洞。早期项目有无数"坑",是投资领域公认的事实。一方面,过去创投领域大都采用第三方资金,抗风险能力比较强,大家能够用大资金去赌个别项目成功的概率。另一方面,投资机构对于实业也不可能深钻进去,如果那样,它们还不如自己去做实业呢。

有意思的是,现在有的企业把自己打造为战略投资平台(CVC),转型为平台型组织。相对于一般风险投资(VC),它们更依赖自有资金,对于风险更加敏感,同时也了解实业。在这样的条件下,它们没有理由不用投资逻辑设计一套更加精细的激励机制,而这,有可能就是互联网时代解锁组织管理的钥匙。

第十八章

前中后台的激励方案

明确了平台型组织里明确项目的治理逻辑，我们终于可以谈谈具体的激励方案了。

我发现，大多数老板都把平台型组织的激励方案想简单了。他们以为，平台型组织的激励就是"家庭联产承包责任制"，一个农民、一块地，就是一家公司，如果让他们自挣自花，就可以实现"人人都是自己的 CEO"。但事实上，我国曾经尝试将"家庭联产承包责任制"引入工业领域，但因为工业企业内部协作太过复杂，最终未能成行。

事实上，华为、海尔等企业为了分清楚项目中不同职能和个人的贡献，在很早之前就进行了尝试。但也是在经过若干次的试错后，它们才有所建树。在它们"轻松算好账"的背后，有一系列多年沉淀的庞大工具体系在支撑。这类企业的此类改革，实际上是在破坏传统的薪酬模式，其力度和难度可想而知。

我们绝大多数企业不会比华为、海尔等更聪明，平台型组织的激励没有捷径可走。互联网时代，平台型组织里的协作呈现了更加复杂的网络状，要算清楚每个人的贡献更不容易，这自然增加了设计激励方案的难度。

在本章，我们将尝试提供一个经过实践验证的激励模式。

三段式薪酬改造

无论激励方案如何设计，员工最直观的感受都来自自己的薪酬。只有明确了薪酬模板，我们才能在此基础上进行激励方案设计。

我们前面谈到，在平台型组织里，应该降低员工的固定薪酬，并由用户买单来决定浮动薪酬的发放。这种变革当然会让员工不安，但如果给予更大的事业和利益诱惑，员工中的能人自然会接招，这也是我们的制度所导向的。

直观来说，我们需要减少员工过去固定薪酬的一部分，将其换为作为合伙人的分成比例。再说形象点，就相当于是员工在"上梁山"之前做了一个"投名状"，换取了成为梁山合伙人的资格。

具体操作上，平台型组织的激励方案会把薪酬模板分成三个部分（见图18-1）：

◎ **基本酬**。它实际上是《劳动法》限制范畴内最低工资的给予。这种钱必须发给员工，才能保证劳动关系符合法规，并且保证员工在当地的基本生活水平。这就是典型的雇用关系，即企业给员工兜底。

◎ **对赌酬**。员工拿出自己应发工资的一定比例与企业对赌，达到对赌业绩点，这部分工资就返还给员工，甚至还略有"溢价"，但如果没有达到对赌业绩点，这个部分就被完全罚没。巴西靠离心机制造起家的塞氏企业很早就有了类似的操作，它将这个部分的工资称为"风险工资"。员工选择将工资降低25%（拿出25%来进行对赌），若该年度公司效益好，员工将得到原工资的125%；反之，则只有75%。在国内，海尔、万科[⊖]、房多多等企业也有类似操作。这就是典型的外包关系（outsourcing），你做事，我给钱，做好了给，没做好不给。和传统的绩效考核相比，对赌酬是非常刚性的，不仅体现在指标更加刚性上，也体现在考核结果的应用上。传统绩效考核是决定绩效工资发多少，大多数时候只要不犯错误，都是全额发放，而对赌酬考核达成与否一目了然，并决定了这部分钱发还是不发。

◎ **超利分享**。它是指员工因为参与了对赌，所以有资格参与企业超额利润（不是绝对利润）的分享。这个部分的薪酬是不封顶的，分享的额度来自用户价值的实现。共同投入，共担风险，共享收益，这就是典型的合伙关系（partnership）。

图 18-1　金字塔组织与平台型组织的薪酬结构对比

资料来源：穆胜企业管理咨询事务所。

这种薪酬模板的调整会带来两种效果，能力较弱的人收入会减少一部分，而能力较强的人收入会大幅度增加。企业里并非都是能人，在推行三段式薪酬模板时，往往会遭遇一定的压力，此时应该特别注意推行步骤。穆胜企业管理咨询事务所的经验是，一开始要限制对赌范围，减少员工的压力，可以让他们用绩效工资的一部分来投入。这给员工一种感觉——"只要我完成了绩效目标，还是可以拿到全额工资的。"如果再保守一点，甚至可以让员工用固定发放的年终奖金来投入，这样一来，员工就更没有可以抱怨的理由了。

具体应该让员工拿多少来对赌呢？可以参考我定义的两个数据：名义杠杆率和实际杠杆。前者是员工投入一元钱的对赌，能够换回多少钱的回报，这

⊖　在万科等企业的带动下，项目跟投几乎成了房地产行业的"惯例"。

是个政策层面的数据；但员工不可能刚好达成那个业绩点，所以，一定会有溢出部分，所以，会有一个大于名义杠杆率的实际杠杆率。我们的经验是，名义杠杆率大于 3，大多数员工基本就愿意接受这类政策了。不妨想想，原来某员工的薪酬是 30 万元，现在拿 10%，也就是 3 万元出来对赌，赢了返还 9 万元，总收入 39 万元，输了还有 27 万元。为什么不愿意呢？这种以小博大的好生意哪里去找呀！

从项目到个人的分配漏斗

通过三段式薪酬的模板，我们不难发现，平台型组织的项目中，员工最终的角色应该是合伙人，而员工最终收入的主要部分应该是超利。超利，应该是实际业绩减去公司预期业绩。这个部分是业绩的增量，是老板愿意拿出来分配的。说白了，这个部分老板即使出让 99%，他依然留下了 1% 的增量，也是划算的。反过来看，老板用如此大的利益来引导员工释放个人和组织的潜能，激励机制设计的空间还是很大的。

让我们把注意力放到前台项目这个平台型组织的"收益源头"上，首先分析这个部分的超利分配方案。前台的超利分配是"漏斗式"的，即一层层往下切分超利，直到超利分享至个人身上。具体来说，包括三层（见图 18-2）：一是基于项目的超利，项目团队与公司进行分利；二是基于项目团队分得的超利包，项目内的职能团队与职能团队之间进行分利；三是基于职能团队分得的超利包，职能团队内的个人与个人之间进行分利。

每个层面上的分利都有两个充要条件：一是存在来自上一层分享的超利（包），二是参与者达成基本的业绩要求。没有前者，共同劣后的参与者们自然没有利益可以分享；没有后者，显然参与者不仅对项目没有贡献，还需要其他参与者来"填坑"，如果让这种"搭便车"的人进行分享，显然就不公平。在此基础上，如果按照这个逻辑分配超利，就能基本确保没有激励死角。

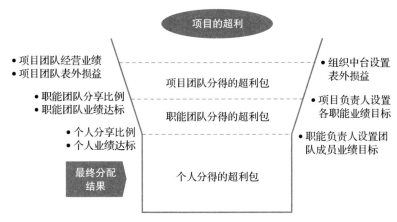

图 18-2　项目超利分配漏斗

资料来源：穆胜企业管理咨询事务所。

项目团队承接两类目标：一是经营业绩（表[⊖]内损益），如项目毛利达成3000万元，这为团队赢得超利包；二是表外损益，如活跃用户数达到300万，这表明团队确有贡献，激活了超利包的分享条件。对于职能团队和个人，他们按照分享比例获得超利包，基于业绩达标激活超利包的分享条件。

超利包层层切分的逻辑很好理解，但如何设置表外损益或业绩目标，作为有待激活的分享条件呢？

项目的最终目标是经营业绩，但这只是一个结果，而表外损益却是实现经营业绩的驱动因素（drivers）。举例来说，一个项目可能利润不错，但没有形成良好的客户基础，都是在做"散单"，那显然就是经营失败的。所以，在表外损益上我们需要设置关于"客户基础"的指标，以一个互联网项目为例，指标可以是在线用户数、月活跃用户数（MAU）、付费用户数等。

整个分配漏斗也是沿着项目的目标分解逻辑进行的。首先，组织中台帮助项目负责人，从经营业绩倒推项目的表外损益，定义好经营业绩的驱动因素；

⊖　指财务报表。

而后，项目负责人主导，将项目的表外损益分解为项目内各职能团队的目标；再往后，职能负责人主导，将职能团队的目标分解为团队内各位成员的目标。如此一来，就能保证所有项目的参与者上下同欲。

显然，这种分解的质量决定了项目完成的可能性。但有意思的是，我们在企业内进行这类辅导时，组织中台、项目负责人、职能负责人几乎都不能进行有效的目标分解，即使管理基础极好的公司也是如此。说直观点，有的分解虽然形式上完成了，但更像在基于岗位职责写工作计划，根本不能支撑业绩目标达成。其实，这体现的就是金字塔组织钝化了人的经营思维，甚至磨灭了人的创造性。

特别要提到的是，项目的经营和单体公司的经营不同，其还需要考虑整个平台的协同效应。有时，表外损益不仅仅是为了维护项目的基本面，更是为了维护公司（平台）的基本面。例如，一个项目可能利润不佳，但其帮助了公司"搭售"其他项目的其他产品，那这显然也是经营的成功。所以，我们会帮助企业建立自己的战略损益表，在财务损益表之外计量这些战略层面的损益。

战略损益表应该是随着战略的调整来迭代的，其计量维度和计量标准犹如指挥棒，都会导致项目行为的变化，这是由合伙人委员会来控制的。在合伙人委员会商讨战略的工作中，调整战略损益表是一项非常"落地"的工作。

参与者的分配比例

项目团队、职能团队、个人的分配，都是基于各个层面的超利包，按合伙的比例获得收益。那么，究竟应该核算多少分配比例呢？上一章，我们提到过收益权应该配置给更加重要的角色[⊖]，但如何计算谁更重要呢？另外，除了重要

⊖　第十七章谈到将收益权配置给更重要的职能。这种思路延伸到本章，也意味着收益权应该配置给更重要的项目或个人。

性外，我们还应不应该考虑其他影响分配比例的因素？

这里，我们可以给出一个确定参与者分配比例的"三步法"。

第一步，企业应该通过评估参与者重要性来形成一个基本的"初始分配比例"。这里列举几个我们经常使用的参考因素：

◎ 所需能力门槛。它是指这个项目、职能、岗位角色所需要的基本能力。举例来说，高精尖的岗位自然应该得到更多的分配比例。这意味着要建立精密的个人能力评估系统。

◎ 职责范畴。职责的范畴代表参与者在多少领域发挥作用，自然从某种程度上决定了其重要性。这意味着要建立精密的岗位评估系统。

◎ 对绩效的影响度。这个参与者发挥得好可能导致团队有多少价值增量，这个角色发挥得不好可能导致团队有多少价值减量。这也意味着要建立精密的岗位评估系统。

……

需要说明的是，"对项目的影响"是我们在第十七章中提到，也应该是分配额度的最主要参考因素。我们之所以要参考其他的因素，是因为这个因素太过不确定，也太难评估，必须要加入其他因素来推断参与者的重要性。

第二步，企业应该在"初始分配比例"的基础上考虑其他因素，进行项目内的调节，确保分配公平。这里同样列举几个我们经常使用的参考因素：

◎ 认领业绩——认领更高业绩，理应获得更高的回报。但前提是这种认领应该有对赌投入的保障，而不能是开空头支票。

◎ 投入对赌额度——投入代表决心，代表劣后的程度。就算以简单的合伙开公司的逻辑来说，也应该是投钱更多的人分更多。

◎ 对公司战略损益——除了对于项目的直接利益影响，也应该考虑对于公司不同层面的战略影响。例如，有的项目短期没有收益，但却为公司在该领域打开了市场，那么这个项目团队就应该多分（公司应该让利）。

……

第三步，还可以考虑形成"绩优奖励"的规则，进一步确保分配公平。如果我们担心一个表现平平的参与者最后因为其他参与者的发挥而获得了高额分配，就应该考虑各个参与者的绩效表现，再对于分配额度进行一次调节。举例来说，某两个职能团队的分配比例原来都是7%，但因为绩效表现一好一坏，最后，绩效好的职能团队的分配比例可能提升为9%，而绩效差的职能团队的分配比例可能降低为5%。

需要提醒的是，根据穆胜企业管理咨询事务所的项目经验，各家企业情况不同，几乎都需要基于上述因素形成定制化的计算公式，而在应用初期，这个公式的校正调整更是复杂。

另外，如果要考虑上述要素，我们需要建立若干计量系统（如能力、岗位评估系统，最好还是以IT形式出现的）。但这些系统必须经过管理上多年沉淀才会有，以华为和海尔为例，它们的这些系统是用一家家顶级咨询公司和一段段艰苦卓绝的实践换来的。所以，决心走向平台型组织的企业，要做好持续精进管理的准备。平台型组织绝对不是一套"以乱治乱"的方案，更不是一条"简化管理"的捷径。

从前台到后台的分配逻辑

说清楚了前台项目的分配逻辑，我们还需要明确中后台的分配，事实上，前中后台的分配本来就是联动的。基于前文已经明确的前中后台职责，中后台的分配逻辑如下。

组织中台的分配

它的身份特殊，一方面对于前台项目的经营业绩负责，另一方面也对所在职能条线的关键战略目标负责。前一方面很好理解，后一方面可以举个例子。例如，HRBP 作为中台，需要配合公司整体的人效管理，完成后台人力资源部门要求的缩编、外包等部署。

组织中台踩在两个指挥链条上，一是前台基于市场要求的业务指挥，二是后台基于管理诉求的职能指挥。它投入对赌的是两类目标：一类是在项目里的赋能效果；另一类是按照后台的部署完成工作任务。在两类目标达成的情况下，组织中台才能按比例分享项目的超利包。只有这样的设计，才能平衡组织中台的角色，让其不偏不倚地代表后台，投身前台。

业务中台的分配

它对所管辖资源的效能负责。实际上，原来没有成立业务中台时，窝在总部职能部门里的专业人士最容易以"专业"自居，听不到前线的炮火，闭门造车。但现在，业务中台的设计要求他们尽可能地提供适配用户需求的"中间件"。这意味着，专业人士们必须将专业做成产品，用产品来验证专业。所谓的产品思维，就是用设计、测试、运营、迭代的系列流程来形成交付，在这种思维下，所有的专业输出都要强调"产品力"。

业务中台的产品好不好，还是前台人员说了算。因此，他们对赌的是所管辖资源的整体效能，而他们获得的超利包，来自前台各个项目使用"中间件"后的付费。这种付费逻辑可以是项目利润抽成，也可以是按次付费，前者风险和收益都更高，相当于合伙关系，而后者则相对保守，相当于外包关系。具体如何设计，还要看企业的实际情况。需要强调的是，如果整体效能未能达成对赌要求，即使某些项目能够获得付费，也不能分享超利。

后台的分配

它对于平台整体效能或关键战略目标负责。后台部门大概有两类功能：一类是负责资源池的建设，另一类是负责规则的设计和督导。

对于这些工作内容，实际上是很难进行对赌考核的，可以考虑以下两个切入点。一是资源的整体效能，如人力资源部门对人效负责，财务部对财效（ROI、ROE 等）负责，质量部门对良品率负责。这些都是硬指标，会倒逼他们设计游戏规则并利用组织中台去影响业务部门。二是阶段性战略级项目的完成，基于公司的战略指向，为平台进行长期主义的建设，例如企业 BI 系统的建设、工业 4.0 项目的建设等。

后台对赌上述两类目标，在两个奖金包中分别进行分配：一是基于整体效能的对赌，分享来自前台项目的超利包；二是基于战略级项目的完成，分享从公司的预算里划拨的"战略拨备金"。

尤其需要提到的是，后一个奖金包的分配必须严肃，否则就容易形成对于后台部门的定向补贴，导致内部的不公平，引发抱怨。要实现合理分配，就一定要发挥合伙人委员会的作用。每年，合伙人委员会对战略级项目的立项和结项进行严格审批，合伙人各自都有管辖部门，但又相互监督，倒逼各个部门提供战略级的产出。这会带来另一种"倒逼"，如果一个部门连续没有战略级项目的立项，那么，只能证明它在低水平运作，这个部门就应该缩小甚至消失[⊖]。

⊖　通过将职能并入其他部门，或者用 IT 系统替代其职能。

第十九章

打造平台型组织的七大陷阱与解法

现实中，不少企业都曾雄心勃勃地启动了平台化的转型，但这些转型大多走入了陷阱，原因正是在于这些企业"想当然"的逻辑。

在平台型组织的几大构件中，资源洼地是企业的累积，战略内核是企业的规划，短时间内都是没有办法改变的，但企业却可以在其他几个维度上有所作为。本章以平台的价值理念、激励机制两个维度为基础，加上了创客选择的维度，总结了常见的陷阱（见表 19-1）。当然，这与前面提到的方法论是一脉相承的，或者说，我们将整体的方法论拆散成了更易于理解的"工具小模块"。

表 19-1　平台型组织建设中的常见陷阱

核心要素	理想状态	存在陷阱
创客选择	超级创客：一流能力 + 一流资源	✓ 创客选择：盲目放权，缺乏筛选
共享机制	经营体自身：三权下放	✓ 组织结构：划分经营体，但不下放三权
	平台与经营体：利益绑定 + 投后管理	✓ 激励机制（初期）：违背人性，乱给干股 ✓ 激励机制（后期）：投后失控，沦为财投
	经营体之间：市场链 + 合伙制	✓ 交易模式：名为"市场链"，实为"市场棍" ✓ 合伙模式：名为"合伙制"，实为"大锅饭"
价值理念	平权的价值观	✓ 底层价值观：封闭到底，科层思维

资料来源：穆胜企业管理咨询事务所。

组织结构：划分经营体，但不下放三权

把企业"越拆越小"曾经一度被认为是破除"大企业病"的办法。企业家们设想，一艘大船尾大不掉，不如把它变成联合舰队，让每艘小船都能够在舰队中自由决策。

过去，事业部、模拟公司等形态层出不穷，现在，不少企业又拆分出小组、项目等单元。叫法不同，但本质是相同的。无论怎样拆分，所有拆分出来的"单元"大多依然听命于领导，而领导依然用指标或目标考核的办法来发放薪酬。当这些"单元"的负责人跟着领导设置的目标和指标走，而不是跟着用户的需求走时，他们依然只是另一种形式上的部门，而不是经营体。

所谓经营体，是指拥有独立财权（分配权）、人权（人事权）和事权（决策权）的组织单元。而不少企业在拆分了组织之后，依然害怕失控，而建立了若干极度"科层化"的"集团管控模式"。行政管控、财务管控和人事管控像三道枷锁，小单元成为"提线木偶"，不是部门又是什么？

我辅导过的一家企业的案例可能最能说明问题。它对组织就地改造，形成了若干"阿米巴"[⊖]，要求阿米巴之间独立核算，并下发了边际利润率等指标作为考核标准。按理说，这应该可以让"阿米巴长"动起来，但结果却并非如此，阿米巴之间依然如同部门一般运作，部门墙依然存在，甚至被员工称为"阿米巴墙"。这让我疑惑，个体阿米巴应该追逐利润，阿米巴之间应该自由交易，哪有把对方挡在门外的道理？细问之下，我才发现了他们的困境。原来，部门虽然形式上被叫作阿米巴，但实际上，三权依然没有下放，大家依然是部门心态，自然有墙。

为什么不下放财权？因为老板不认可部门变成阿米巴之后，所有的收益就应该由阿米巴长来分配。这也有道理，毕竟阿米巴长没有证明自己提供了业绩

　　⊖　需要说明的是，它实施的并不是稻盛和夫真正主张的阿米巴模式。

增量，绩效可能是依赖于平台实现了自然增长。为什么不下放人权？是因为老板认为人很重要，害怕授权后让队伍失控。一位阿米巴长委屈地说，老板连进一个新人都要管，手伸得这么长，让我们怎么自主经营？

说到这里，为什么不下放事权也已经很明白了。说到底，老板不放权只有两种可能：第一，迷恋权力，不愿意放弃权力；第二，不相信阿米巴长。

当手中没有权力，自己的利益又被目标和指标而非经营结果牵动时，阿米巴长们想到的最优策略自然是和上级博弈（而不是和市场博弈），主张有利的绩效指标，拉低自己的绩效目标，粉饰自己的绩效成绩……这样的行为模式，和金字塔组织中的部门长又有什么区别？

解法：企业老板应该明白，打造平台型组织的目的是让员工"自驱动"。如果不认可创客的"自驱动"能够为公司带来价值，那么就根本没有必要喊出打造平台型组织的口号，这样反而会让人觉得虚伪。反之，如果认可创客"自驱动"可能带来价值，就一定要抑制自己的权力欲，授予创客足够的权限。

那么，授多少的权限呢？人权和财权都是围绕事权的，事权可以先授予下去，"锁死"财权和人权的范围，事权就不可能失控。这就需要进行精准的"投产比"核定，而后根据产出来反推创客可以投入的资源包（包括成本、费用等）大小。简单举例，企业核定一个毛利率之后，成本支出就由收入的规模来确定。事实上，只要能够确认投入资源包与产出之间的关系，就可以把这种投产比的核定精确到每一个重点资源科目（如某款新产品销售费用的投入和其创造的销售额之间的关系），这就解决了放权之后失控的问题。

创客选择：盲目放权，缺乏筛选

如果打造平台型组织的困境在于老板的胸怀，那么，一定也有老板（尽管为数不多）愿意下放三权。如此一来，是否创客就可以插上翅膀，一飞冲天？如果是，这与武侠故事中的桥段何其相似。一个高人对一个偶遇的年轻人说"我看你骨骼清奇，天赋异禀，是个练武的奇才，来来来，我传你绝世武功"。于是，少年接过高人衣钵，成为又一代的江湖领袖。

但是，哪有这么多的"骨骼清奇，天赋异禀"？如果企业按照这种几乎是"闭着眼"的模式选择创客，直接把部门长推到创客的位置上，那绝对是草率的。殊不知，部门长也许能做"管理"，是一个优秀的执行者，但根本不具备"经营"能力。大多数时候，部门长连财报都读不懂，就开始一门生意，这和草根创业何其相似？在中国，创业成功率是多少？不到5%吧。

我一直强调，投资需要很严密的逻辑，必须要在每个环节把风控做到极致。而在各个环节中，事前风控又是重中之重。天使期的投资主要看人，创客要是选择失误了，项目就犹如一个天生有基因缺陷的生命，后面会带来各种问题，怎么补救都是徒劳。一定要记住，让创客去试错，使用的是公司的资源，是有沉没成本、机会成本、重置成本等损失的。

除了用创客的通用素质能够甄别出他是不是一个经营者之外，企业还要关注创客是否具备专业素质和可以带入的行业资源。就专业素质来说，一定要找到相对比较懂这个领域的人，不能期待一个生手去学习这个领域，试错的成本太高了。就带入的行业资源来说，这个创客一定要是这个圈子的人，或者能够接触到这个圈子的人。道理很简单，人力资源在没有彻底"云化"，被随需调用之前，还是更多依赖人际连接来进行传播的。

举例来说，我在辅导华夏航空做"互联网＋"时就提出，如果要利用运力优势进入生鲜和旅游产业，必须要找到懂这两个行业的人，而且他们还能够带入现成的资源（人才、SOP、供应商、分销渠道等）。这两个行业看似不难，但其实供应链条特别长，要玩转，一是要找到合适的上下游合作者，二是要能够与他们共舞。这何其困难！找到合作者，人家还需要对你有基础的信任才能开启合作，另外，要防止自己在合作中吃亏，还需要懂行。但这两个业态的供应链里，每个环节都有大量 know-how（技术诀窍）层面的知识，都需要很专业的能力累积。所以，一个生手要组合出这个供应链几乎是不可能的。

解法：我在辅导企业打造平台型组织时，首先会建立该公司创客的素质模型，筛选出"基本靠谱"的人，而后则会定向为创客们补给各类"经营能力"，例如，教他们公司治理、财务、人力等知识。相信我，在大多数情况下，企业有"人才"，但不一定有"创客"。而创客的水平就决定了经营体的命运。

除了培养"超级创客"之外，企业还应该帮助创客"入圈子"，甚至"拉圈子"。所谓"入圈子"，就是把创客推向各种创业社群，使其成为"圈子里的人"，能够去学习行业知识，结识行业精英。所谓"拉圈子"，就是在企业的平台上建立"创客资源池"，当企业出现创业需求时，能够在资源池里找到合适的人。当然，这一步可能需要企业做到一定的规模，例如，海尔就建立了海创汇和创吧，汇集大规模的在线创客资源。

创客激励（初期）：违背人性，乱给干股

"股权比黄金还珍贵"，这是生意人都知道的道理。但是，为了把企业变成平台，老板们居然愿意出让部分股权，足见他们的胸怀和胆略。但是，胸怀和胆略不能违背人性，这个人性就是"钱在哪里，心就在哪里"。说直白点，一定要再绑定创客自己的利益。

一位服装企业的老板在我的课堂上分享了自己的案例。他在企业内找到几个比较有经营思维的门店长，和他们谈定了一种经营协议，即销售额和利润超过一定的标准，他们就可以分享利益增量。这不能算是什么创新，其实是人力资源管理中典型的"增量绩效分享计划"。但结果呢？没有任何一个门店长达

到经营标准。

为什么会出现上述情况呢？道理很简单，大佬设计的分享标准一定是有挑战的，是要让人"跳一下"，才"摸得着"的。但门店长愿不愿意用 100% 的力气来努力，其决定因素不仅是"有没有诱惑"，还在于"有没有退路"。换句话说，正激励和负激励都必须要有。从投产比的角度，这个制度设计要"毫无死角"，要让他"不努力就不划算"。

另一位餐饮企业的大佬更好玩，直接帮员工出资入股门店，即赠送员工门店的干股。员工拿到股份时，自然是指天发誓要全力以赴，但这份热情却没有持续太久，经营结果也难说让人满意。老板后悔自己的"冲动"，说给股份之后，员工该做啥做啥，根本没有创造出"增量"，但自己却必须要支付分红。其实，员工"凭空"变成合伙人后的心路历程很简单，好比买到了一辆新车，最开始激动，到了后来也就习惯了。

小时候，我们在做考卷时，100 分的考卷一般会有额外 20 分的附加题。95% 以上的小朋友是不会做这类附加题的。为什么？第一，我们的印象中，放到附加题位置的试题一般难度很高。有的时候，附加题其实不难，但我们怕。第二，从策略上说，没有做附加题不影响成绩，自然是"能做就做，不能做就算了"。

没有利益绑定的分享是"做附加题"。机制上的错位和误导，导致员工即使有能力，也会没有意愿。

解法：要让员工奉献自己的"企业家才能"，显然不能直接给钱（发高工资），但也不能直接给股。绑定员工利益有太多的办法：一方面，期股类的设计是个好办法，员工必须用业绩证明自己的能力和意愿才能获得股份（或虚拟股）；另一方面，如果不涉及股份，调整工资固浮比，让员工的薪酬结构中有一大部分（对赌酬）与经营结果挂钩，实际上就是一种"对赌"，这与 KPI 的考核是完全不一样的。

需要说明的是，我也不主张项目一开始就让员工直接花钱入股。员工不同于机构投资者，本来风险承受能力就有限，一旦投入资金，而项目又不能做活，就会被彻底套牢。更糟糕的在于，当员工投入资金以后，如果被证明他不适合项目，就很难使其退出（因为已经设置了进入的门槛）。通俗点说，一来就拉郎配，进洞房，婚姻注定不会幸福。理性的做法是，让员工证明自己的能力，走过了"试婚期"后，再让其正式投入资金，成为这项事业的主人。

创客激励（后期）：投后失控，沦为财投

投资不是找对人，一次性绑定利益就可以确保万无一失的。因为投资周期太长了，从最初的经营体成立，到走上正轨，有太多不确定性。所以，投资前一定要有风险控制（筛选创客和绑定利益），投资后也一定要有风险控制，这就是"投后管理"。也就是说，企业应该避免自己成为纯粹的财务投资而对于投后管理失去控制。

投后管理，就是投资者在投资之后的每个阶段都能清晰地掌握经营体（项目）的经营情况，并能够定向进行资源注入，以及在各类风险发生时能够有预案启动。这里，关键是要及时掌握项目进展。

据我的观察，大多数企业在打造平台后，都缺乏量化项目价值的工具方法论。在这样的情况下，项目"看涨"还是"看跌"自然是公说公有理婆说婆有理。正因为没有办法锚定项目价值，自然无法根据项目当前价值进行激励机制的设计。充当经营者的创客在项目推进过程中照样拿工资，即使到最后不能达到期初业绩对赌的要求，也不过就是损失了一部分奖金。换句话说，经营者在过程中没有强烈的动机去调整自己，会被"温水煮青蛙"。极端点来说，经营者为了获得企业的持续投入，保住自己的地位，还会粉饰业绩，骗取信任。到

了最后，收拾烂摊子的，还是企业（投资者）。

现实情况是，大多数创客都不是天生的乔布斯。他们初出茅庐，有才气，有胆量，有创意，但却需要企业平台"风雨同行"。具体来说，一是风控，二是赋能，两者一样都不能少。

解法：除了在创客进项目之初要有一系列的措施提升其经营能力，在经营启动后的每个阶段，企业一定要依赖自己的工具方法论从多维度（表外收益和表内收益）来量化项目业绩，并根据业绩设置"对赌业绩点"。而经营体是否能够达到"对赌业绩点"，则关系到它是否可以继续获得预算（投资）注入。

另外，企业作为平台主融入经营的过程也是极其有必要的，这种融入更像是"教练"（coach）。具体做法是，平台主设置一个又一个目标，导入一个又一个使能器，俗称"扶上马，送一程"。有时，发现现状和目标之间有巨大的差距（进行"显差"⊖），平台主会要求经营者给出新的经营方案，如果对方给出的方案一看就不能带来实际的改变（实现"关差"⊖），就意味着要"换人"。

在不了解企业经营规律的人眼中，这种方式可能是"过程控制"，会把项目"管死"。但实际上，平台主的介入起到的是教练的作用，即通过一定的工具引导经营者梳理自己的战略战术思路，让他们做出更聪明的决策。请记住，经营者依然是决策的主导者，他们决策的结果也是由自己承担。

交易模式：名为"市场链"，实为"市场棍"

当企业划分出真正的经营体后，除了做事前和投后的风控，另一件重要的事情是构建经营体之间的关系。要让经营体开始"经营"，必须要他们融入一种市场关系，感受到市场的压力，而不是按部就班完成自己的任务，并迷失在

⊖　显差：来自海尔的术语，显示业绩现状与目标之间的差距。
⊖　关差：来自海尔的术语，基于业绩差距，运用各类手段"关闭"差距。

KPI 和目标里。

金字塔组织里，各个部门虽然被流程连接，各司其职，但却谁都不能对最终的经营结果负责。从严格意义上说，在企业的内部链条中，只有能接触用户的销售环节（sales）能够被直接的市场来评价绩效，而其他环节的绩效都是模糊的，只能由领导来决定。而领导决定的绩效也是不精准的，⊖有的甚至根本与企业的财务结果（终极绩效）无关。

聪明的企业开始将外包关系引入企业内部，用以打破金字塔组织。企业设想，如果能够让上下游经营体之间的合作，变得像发包商和承包商之间的交易，岂不是更有效率？这样的关系中，上游经营体为了实现出货获得收益，必然提高产品和服务的品质，而下游经营体也不会因为人情就认可外包商的交付，因为接收劣质品只会影响自己环节的出货。所以，当双方真刀真枪地用市场规则说话时，两个经营体都会变得更好。基于这种关系，来自用户的市场压力能够被倒逼到企业内部的每一个环节，在这种情况下，每个经营体看似在为自己谋利，实际则都是在为用户服务。

实话说，这种逻辑非常有吸引力，以至于不少企业都进行过尝试。海尔在推行人单合一的过程中，尝试过这种模式，并将其命名为"市场链"。日本经营之神稻盛和夫的阿米巴模式实际上也是一种"市场链"。但是，这种模式可能有天然的、无法破解的两个问题。

第一个问题是串联导致市场压力在传递过程中逐级耗散。企业的价值创造是一个复杂的过程。当用户的需求固定时，企业打的是"固定靶"，在市场链里逐级倒逼（下游经营体要求上游经营体达成什么目标，如要求生产环节降低成本）即可逼出价值；一旦进入互联网时代，用户的需求具有长尾分布、千人千面、极致个性、快速迭代的特征，企业打的就是"飞靶"，这种僵化的模式就有不能快速响应用户需求的问题。在这种串联形成的链条中，用户需求的转

⊖ 即使依赖平衡计分卡等工具，也只能达到近似精准，还要依赖使用者的水平。

变会造成每个经营体的不适，上游的经营体往往还要经历中间环节的信息传递，才能在最后得到关于如何行动的精准信息。

在某制造企业的市场链条里，生产经营体振振有词："我是按照你们销售经营体的需求来做的，但你们一天一变。好不容易按照你们的要求交付成果了，你们凭什么不给我们支付？"销售经营体更无奈："不是我们的需求反复变化，是市场需求在变化，不是我们不给钱，是用户不给我们钱。"

第二个问题是"市场链"变成"市场棍"。在企业的内部链条上，每个环节上都只可能有1个经营体，如果对这个经营体不满意，又该如何？在企业外部，肯定是选择其他的外包商，由于存在同一个资源位上的竞争，自然能够用市场竞争的力量激活经营体。但坏就坏在企业内部是封闭的，即使对于上游经营体不满意，企业也不会同意下游经营体向外采购，因为这意味着上游的利润被拿走，更意味着上游的资源和产品成为企业的"库存"。所以，这种关系是无法像链条一样随意更换某个环节的，而是像棍子一样僵化，更应该被叫作"市场棍"或"供应棍"。

解法：市场链的底层逻辑存在先天瑕疵，无法通过操作上的改进来弥补其不足。所以，理性的做法是，不要希望"市场链"能够串联起企业内外部所有的分工环节，而是要将市场的串联关系用到合理的地方。

这类关系有以下两个运用的基础条件。

其一，越是靠近终端用户的环节越好运用，因为，只有这样才有明确的市场绩效作为校标，可以推断彼此的贡献。例如，某企业可将供给侧与需求侧之间用市场关系进行连接，需求侧的销售环节向供给侧拿货并销售，由于销售额是很明显的市场绩效，双方很容易据此推断"供给侧货物好不好"和"需求侧销售能力强不强"，并商议出分配关系（市场价格）。现实中，韩都衣舍就使用了这样的模式，后端的供应链给前端的"小组"供货，收取一定的价格，小组负责"进、销、存",风险自担。反之,如果在研发和生产之间推动外包关系,就没有能够说清楚彼此贡献的绩效校标,怎么定价都会让某一方感觉不公平。

其二,一定要在串联的上下游设置足够多的竞争者。为了避免市场链变成市场棍,一定要确保在上下游的位置上,都有"备胎"可以替代"在位者",因为,有竞争才是市场。微信能够成功,很大程度上是因为这款产品是在腾讯内部 PK 出来的(腾讯内部有其他团队开发相似产品)。应该明白的是,这种内部 PK 虽然有可能消耗眼前的资源(暂时的),但更是一种未来的增值(永续的),增值的是参与竞争者的核心竞争力。

合伙模式:名为"合伙制",实为"大锅饭"

即使海尔的"市场链"是入选哈佛商学院教学案例库的经典,它在使用过程中也依然发现了上述问题。于是,海尔开始思考如何将串联变成并联,将人单合一推入 2.0 时代。

事实上,其他的企业也不是没有发现串联的问题,华为、中兴的项目制,万科的事业合伙人模式,阿里巴巴的网状组织……都是在这个角度上进行的并联尝试。先知先觉的企业发现,只有把所有的环节并联起来,共同面对用户,才能同步信息,快速协同响应用户的需求。

这些尝试我们都可以归为合伙关系(partnership),这是打破金字塔组织的另一种思路。所谓合伙,就是所有参与者对项目占股,并按照股份比例分享收益的治理模式。其相对外包关系的好处在于,当参与者可能创造的价值不确定时,当用户的需求不确定时,蛋糕能否做大,谁都说不清楚。所以,所有参与者都按照可能对项目产生的价值来核定股份比例,按股份拥有权限,承担风险,分享收益。如此一来,参与者拥有资源的价值、对于项目的控制权和收益权校调一致,三点一线。每个参与者都有最大的动机投入资源,推动项目成功。

在这个不确定的时代，还有比合伙更好的方式吗？所以，近年来"合伙"的概念开始越来越火，似乎成为激活组织的利器。更好笑的是，所有的参与者都开始用"合伙"的由头要求分享，根本不管自己的资源是不是到了可以参与分享的级数。

但是，当合伙制被推行下去，企业却发现了又一个难以破解的问题。事实上，按照资源价值占股，共同投入项目的模式就是传统的公司治理模式。而公司治理中的传统问题，在合伙制里一个都少不了，最典型的就是"吃大锅饭"或者"搭便车"。说简单点，占股更小的容易"卸责"，因为"天塌下来有高个子顶着"。所以在现实中，参与者都会积极争取上合伙的船，而一旦上了船，就开始睡大觉。遗憾的是，这个道理并没有被大多数人看懂，社会上频繁出现滥用合伙制的案例。

不少老板都寄希望于股权激励能够让企业变成大家的，能够让自己轻松下来。于是，不管谁应该在内圈，谁应该在外圈，统统一律给股份，连清洁工都给。美其名曰，"公司是大家的，只有大家都占股份，才能心往一处使。"

现实中，如果老板拿出的股份少，人家只会觉得这是在"撒胡椒面"，惺惺作态罢了；如果老板拿出的股份多，还会让"坐吃股利"的员工丧失激励，破坏企业内部的公平氛围。

业绩亮眼的华为因为在公司层面大量分配股份的惊人之举而成为诸多企业仿效的对象。但是，它们也很快意识到了这种分配方式的问题。高管、老员工在拥有公司股权以后，股权收入超过了奖金，这使得他们只要"做好基本工作，混好日子"就能拿到很高的收入。于是，华为在近年调整了政策，规定股东每年只能分享利润的25%，而剩下的75%要通过奖金分享给当年创造价值的人。这就激励了更多的人必须在当年创造高价值，不能只靠股权获取收益。

解法：并联的合伙制一定是方向，但要用好，一定要能够精确显示出参与者的贡献，这才是症结和痛点。所以，相对于在公司层面分股份，在项目里合伙才是更应该关注的激励机制设计方式。因为，除了少部分高层之外，其他每个人对公司的贡献可能说不清楚，或者相对整体的业绩来说小到没必要去计量，反之，他们对于项目的贡献却说得清楚，也有必要去计量。

海尔的解法值得借鉴，它用平台主派出的类似BP（业务伙伴）的机构深入各类小微（项目参与者），利用若干工具量表精确显示出小微为自己创造的价值。换句话说，每个小微都有自己的"单"，每个单的达成与否和达成程度都与自己的利益相关。目前，这套做法已经相当成熟，并在企业内部大规模复制。

中兴通讯的解法也有可能是个方向，它用项目积分制显示个体的贡献，进项目只是起点，挣到积分才是终点。[⊖]

万科的解法则简单直接，它要求人力资本的参与者（项目操盘者）劣后退出。这直接迫使项目参与者开始进行经营分析，放弃了过去喜欢"拿大地块"，转而"拿小地块，快进快出"。事实上，前一种策略经常造成开发周期长、利润率不高的难题，但却能够获得公司更大的"资源支持"，容易让项目参与者陷入"吃大数"[⊜]的怪圈，这一直是万科希望抑制的。

价值观：封闭到底，科层思维

上述任何一个陷阱都可能让企业在转型为平台型组织的过程中陷入纠结，但企业能否走出来，关键还是要看老板的思维是封闭还是开放。

平台型组织实际上是一个战略投资平台，是企业有意识地推动平台资源与创客资源进行"化学反应"，实现资源价值裂变、爆发的组织模式（实际上也是商业模式）。激励机制设计得精巧，会让人带动资源更好地流动起来，产生

⊖　这项改革曾经被提出，但最终却并没有得到有效落地。

⊜　即贡献和责任分不到每个人身上，大家都在吃大锅饭，消耗资源。

价值增量，但"资源有多少"却是平台能实现多大价值的天花板。

老板们惯性的科层思维让他们把目光都放在企业内，这也许是因为在企业外获取资源会产生巨大的交易成本。但是，在这样一个互联网时代里，资源的获取已经越来越容易，还把目光放在企业内部，就会错失优质资源。正如太阳微系统公司的联合创始人乔伊所言，最好的人永远在为其他人工作。所以，为何不能把平台变得开放，最大程度吸引优秀的人才？

这个问题一直让我疑惑，但最近我发现了症结所在。资源条件不好的企业想当平台，但没有外部的创客愿意进来，平台自然是空的。资源条件太好的企业嘴上说想当平台，但给到的权限（权）和分享政策（利）却不是对合作者的（而是对打工者的），老板的皇权意识让其认为"我们已经这么好了，为什么要分享？"一句话，在他们的王国里，疆域（边界）比价值重要，前者关系权力，后者关系利益，在利益已经不少的情况下，权力显然更加重要。

在平台型组织中，海尔应该是相对成熟的。我问过张瑞敏先生一个问题："海尔当前的困惑是什么？"他思考了一会儿，说："还是缺人，有的项目，现在的人在现阶段能做90分，做到下一个阶段就怎么也做不上去了。"我说："那只有向他们压目标，强化激励？"他摇头："只有换人，但换一个说不定做得还不如原来那个，归根结底，还是我们的平台吸引力不够，否则就会引来更多的人才，一定有人能够脱颖而出。"这个回答让我顿时感觉到"平台思维"和"科层思维"的不同，后者在一个小范围寻找玩转资源的办法，而前者在一个大范围内寻找资源。

事实上，哪里是海尔平台的吸引力不够！在多个小微里，海尔已经用自己的资源撬动了行业里的若干顶尖专家来到自己的平台上创业，而这类外部创客的规模还在扩大。外部的创客肯过来，一是因为海尔的资源（品牌、分销渠道、供应链等）好，二是因为以张瑞敏为首的管理层拥有愿意放弃权力的"平台思维"。

解法：其实，"平台思维"的背后是"平权意识"，只有放弃自己成吉思汗的野心，愿意尊重他人、成就他人的人，才能够打造出平台型组织。

一次，一家成长型企业邀请我为它提供打造平台型组织的咨询服务，董秘在商务洽谈的最后忍不住问我："穆博士，您认为这个项目最大的风险是什么？"这是一个很巧妙的问题，谈判者以此显示自己对于项目的控制力，趁机打压一下我的气势。因为，谈到风险就肯定会涉及我控制不住的地方。但我笑了，说："最大的风险是你们的老板。"

企业推动走向平台型组织的变革，最大的堵点就是老板，最大的动力也是老板。"法、术"层面的陷阱都不是问题，都可以解决；"道"的层面才是真正的问题，而"大道"就是老板的心。我已经多次发现这样"叶公好龙"的现象，当老板们觉得企业"有病"时，他们会求助于组织变革来将企业变成平台，而一旦打造平台需要释放他们的权力，他们又会出尔反尔。所以，想把自己的企业打造为平台，老板不妨问问自己的价值观，你真的愿意打破自己的王国，真的愿意放权吗？

第二十章

平台型组织转型六步法

至今为止，我已经给出了打造平台型组织的若干方法。但是，我们依然没有给出传统的"金字塔组织企业"如何转型为平台的"实施路线图"。正如我在每次演讲结束后，都会收到听众相似的问题："穆博士，我们知道组织转型的方向一定如您所言，那么我们应该如何让这些理念落地呢？"

好吧，让我们把前面那些方法都放到一个时间轴上，为大家呈现一个完整的组织平台化过程吧！

第一步：老板理念澄清

准备走向平台型组织前，老板首先应该明白，这种组织形态与传统的金字塔组织是完全不同的，自己不得不面对"放权"和"分钱"的问题，也许要眼看着自己的王国失去"控制"。说到"做大蛋糕一起分"，没有老板会不认可，这是几乎不需要讨论的问题。但真落地到执行层面，分多少钱，放多少权，就是个具体的问题，这会像手术刀一样，血淋淋地解剖出老板内心深处的价值观。

张瑞敏先生曾经问我："在推动人单合一这种平台化激励模式的过程中，你遇到的最大的问题是什么？"我说："还是老板们不太理解这种模式，会有种种顾虑，其实，这种模式是一个金融上的对冲结构，对于他们风险是很小的，至少比他们做金字塔组织小。"当时，张瑞敏先生不置可否，但紧接着跟了一句话："关键还是他们的内心，看他们放不放得下钱和权。"

后来我发现，他说的是对的。技术的问题都好解决，我们有太多的工具，在员工的期待和老板的期待之间，始终可以找到一个平衡点。例如，要员工拿出更多的工资来对赌，要员工认领更高的目标，你给他更高的名义杠杆率就行，3倍可以吗？不行就4倍。

但是，老板们真的愿意和员工"商量"或"谈判"吗？真的愿意让这个过去对自己耳提面命的"臣子"变成"创客"？在大多数情况下，答案是否定的，我们经常强调"坐下来都可以谈"，但老板很少愿意"坐下来"，大多都习惯了高高在上。老板一旦用自己的强势把目标"拍"下去，那就不是公平交易，员工就不会进入创客的角色，实在"拍"狠了，人家拍拍屁股走人。

即便老板们和员工商量好了一个彼此认可的目标，企业内部的财权、人权、事权就能如约配置下去吗？这个道理很简单，员工觉得想当然：你要我去歼敌，你总要给我枪支弹药吧？但老板也有隐忧：给了你枪支弹药，你不会造反（做大了自己干）吗？还有一个想法更加有意思：枪支弹药给你了，其他的人不会不高兴吗？企业内部的"平衡"不就被打破了吗？所以，一般情况下，三权一定无法下放，而结果就是员工"身背目标，手无寸铁"，自然心灰意冷。其实，你要员工变成创客，就必然需要他做大做强，必然会相对失去控制。此时，你应该思考如何建立一种"合作关系"，想用金字塔组织的权术（不放权力，在内部玩制衡）来"打补丁"，何其天真！其实，员工即使不是创客，也会从企业的平台上拿资源，只要把机制设计好，他又怎么可能绝对失去控制？

老板要如何突破？遗憾的是，没有方法。这一关必须要老板自己过，想不通就是想不通。心里没有平权意识，外力再怎么作用也是徒劳。

第二步：员工理念引导

准备走向平台前，企业也需要对员工进行"吹风""破冰"和"松土"。员工和创客是两种不同的人，前者对企业分配自己完成的"动作"负责，拿相对固定的工资，而后者对经营的结果负责，工资就是自己经营单元的盈亏。说到"做大蛋糕一起分"，没有员工会不认可，这也是不需要讨论的问题。但要将员工推到创客的轨道，要他们认目标、做对赌、承受市场压力，就是个具体问题，这也会像"测谎仪"一样，透视出他们内心深处的恐惧。

现实中，我无数次听到员工的质疑：

◎ "老板要我们面对市场风险，太没有担当了。"

◎ "如果每个人都去追求赚钱，那企业文化会变糟吗？"

◎ "这样的模式会不会没有了秩序？企业会混乱吗？"

◎ "当我认领了目标，我会有什么样的支持？"

……

所有的质疑都可以回答，但无法打消员工心里的疑惑，要让他们离开舒适区，去与市场博杀，太难了。每个人都喜欢没有义务的利益与权力。有员工甚至提出，能不能由企业保底，自己冲锋，做"无风险创业"？但是，创业又怎么可能没有风险？

这个阶段，我主张不能单纯在理念层面说教，而是一定要让大家都明白这个游戏规则（平台型组织的共享机制）。换句话说，应该在宣讲游戏规则的过程中与员工取得理念上的共识。这些规则来自以下两个方面。

一是通过商业计划书模板，让员工进入"小老板"的角色。一个项目的负责人不是单纯的执行者，而是"小老板"，他必须会设定目标、制定策略、设计路径、组织资源……为此，企业可以提供一份商业计划书（business plan，BP）模板，并明确告知可以获得公司投资的好项目标准。

但是，千万不要以为你提供了这样的模板员工就会使用。员工更喜欢"脚踩西瓜皮"，因为这样的成本最低。为此，他们会找到种种的理由，主张"计划没有变化快"，强调过程控制会让他们束手束脚。如果他们最终没有达到绩效目标，又会找种种理由让自己免责。老板也很尴尬，人家挺努力的，你总不可能直接把人家开除了吧？所以，无论员工有多少抱怨，企业都必须坚持让他们做商业计划书，否则后续的激励和赋能根本就无从谈起。

二是通过项目的考核模板，让员工明白应该交付什么绩效结果。前面提到过，财务数据（表内损益）是最能考核经营效果的，但是，如果仅仅关注财务数据，就有可能造成短期行为，例如，为了实现营收目标，可能用折扣作为诱饵，向渠道商甩货。所以，理想的状态是有能够衡量"综合战略损益"的考核模板——战略损益表。这样一来，化身为创客的员工就知道了老板作为投资人在每个时期对于绩效的综合要求。实际上，这也是在引导他们以创业者的视角思考生意。

这两个方面规则的导入是企业必须要坚持的。规则导入的具体形式不限，行动学习、培训、考试等都可以考虑。一定要明确，如果创客对项目没有成熟思路，如果平台对项目没有战略损益的界定，企业就不可能有好的投资选择，也不可能在不同阶段进行投后管理。如此一来，企业就只有等到项目最后失败了，才知道"项目里的人不顶用"，而不能提前实现人员的"动态优化"，这就必然让项目处于高风险状态。

第三步：组织结构调整

当员工对于规则有了基本的了解，我们就可以开展共享机制的建设工作了。当然，这里的前提是企业不仅要有资源洼地、战略内核、价值理念几个方面的主要条件，还要有岗位、流程、激励、人员素质等几个方面的管理基础。事实上，我们在接触了若干意图转型的企业后，的确劝告其中一些推迟了这项计划。

在共享机制的两个要素中，第一个要素是组织结构，即要调整组织结构，以此切出"分配利益的单位"，主要抓以下四个方面。

一是前台要明确项目团队的范围（见第十三、十七章）。具体来说，就是要解决谁在内圈、谁在外圈的问题，这决定了后续一系列的组织设计。这个问题非常有争议，企业内部往往争得不可开交。但是，千万不能将太多职能放入内圈，这是在用妥协的方式回避矛盾，会造成另一种"大锅饭"。

二是要建立组织中台，明确传递对其预期（见第十三、十五章）。稍微成熟一点的企业，HRBP 和财务 BP 都是存在的，但他们的运作方式是比较传统的"政策警察模式"，而且相互之间也没有互动。这个时候，一定要将这个群体集中起来，明确告知他们在未来的平台型组织中的战略地位，并推动他们提前转型。受限于他们的专业执着，这个群体的对抗性会很强，所以，应该提前准备好教学内容，不仅告诉他们未来要做什么，而且告诉他们未来要怎么做。其实，就算不走向平台型组织，BP 将工作重心转向推动经营，也是专业的大趋势。用这种趋势来断了他们逃走的后路，是很有必要的。

三是要建立试点的业务中台，局部加速资源供给效率（见第十三、十四章）。业务中台的建立是有成本的，建成之后也不一定能起到立竿见影的效果，甚至还可能产生一定的风险（建立初期的效率下降）。所以，一定要异常谨慎地推动这一步，我们的建议是采用"小点打样→逐步铺开"的模式。企业应该基于"业务需求"和"整合可能性"而行动，尽量选择那种相对成熟的后台资源管理部门，推动其分离出业务中台，提供前台最需要的"中间件"。有时，后台并没有统一的资源管理部门，业务中台还能同时起到"统合资源"和"形成中间件"两个作用。例如，阿里巴巴就曾经成立了一个名为"数据中台"的部门，来打通各个业务模块的数据。初期不用太急，当一个业务中台成功后，企业内部就可以逐渐复制这种模式。务必记住，这是形成组织结构显性变化的最好途径，在这个方面一定要有所行动，否则就会造成大家对于组织结构的调整感觉不强。

四是要建立合伙人团队，推动改革进程（见第十三、十六章）。平台型组织的转型不是组织模式的小修小补，而是改天换地。在这个过程中，职能重要性的评估、组织中台的转型、业务中台的建立等一系列难题，都需要一个有力的决策机构。请注意，不是只要老板表态，而是要合伙人团队（高管团队）共同表态。如果不是上下同欲，平台型组织的变革不可能推动。穆胜企业管理咨询事务所推动的成功变革案例里，合伙人团队几乎都全程参与了讨论，改革完成后，他们自己也成了平台型组织的专家。

第四步：激励机制设计

共享机制的第二个要素，是激励机制，这界定了"分配利益的规则"（见第十八章）。基于前面给出的激励工具，我们可以初步构建一套激励方案，但这只是第一步，这套激励方案需要进行大量的测算、校正调整，绝非凭空想象那么简单。

必须明确，这不是金字塔组织里划拨预算的方式，那种方式中，发给谁、发多少、怎么发……说到底都是可控的，老板有太多干预的空间。而平台型组织却完全不一样，我们设计好一套游戏规则之后，老板就必须放开双手，将分配的权限交给市场和创客们。

我们可以列举以下几个需要测算解决的问题：

◎ 前中后台，应该导向谁的收入相对较高？高多少合适（匹配员工心里的
　　公平感知）？我们的制度可以实现这种导向吗？

◎ 业绩好时，员工的收入可能普遍提升，但如果业绩不好时，员工的收入
　　会降低到什么程度？这个程度可以接受吗？

◎ 给到员工的预期收入，是否符合我们所谓名义杠杆率 3 倍的基线？

◎ 给到员工的感知收入，是否相对原来的收入有明显的提升？

◎ 有的项目投入在前、收益在后，无法产生当期收入。那么，是否要设置
　　贴现制度（提前分配奖金）？究竟怎样的设置才能既让员工获得当期激
　　励，又让企业没有透支风险？

……

上述任何一个问题都形成了一组约束条件，我们的激励方案实际上就是在
若干的约束条件中求解，其难度可想而知。所以，这一步不要怕走得慢，要以
"稳"为上。在穆胜企业管理咨询事务所的某次咨询项目里，我们就通过反复
排查，发现了提前贴现的风险。简单说，如果按照原来的方案，各个项目组预
支的超利会突破公司未来几年的现金流水平，这是多大的风险呀！

我们的经验是，从最初的概念方案到最后的实施方案，往往需要 5～10
次调整，参数、变量、公式本身都可能变更数次。这一步往往也是整个项目
里最具技术含量的部分。但有意思的是，在走到这一步时，老板们往往会说：
"穆老师，不要把方案设计得太复杂，越简单越好。"或者，老板们会说："先
弄个简单版的上手，后续再迭代吧。"这种话，听了笑笑就好。

第五步：人员持续赋能

当组织结构和激励机制均已到位，来自市场的压力就会源源不绝地传递到

企业内部，此时，整个协作网络上的若干角色都会暴露出问题。企业会突然意识到自己的人才池太浅了，而这正是赋能机制的巨大问题。

在穆胜企业管理咨询事务所经历的项目里，老板抱怨项目负责人不合格、抱怨组织中台赋能不力、抱怨后台官僚思维、抱怨公司没有合格的合伙人的声音不绝于耳，越到项目后期越是如此。大多数企业此时才开始启动赋能机制的建设，但实话实说，这已经有点拖项目的后腿了。

我们的建议是，在项目启动组织结构调整时，就应该对项目负责人和组织中台等重要角色进行知识赋能，基于企业内外优秀标杆开发方法论教程，再持续进行实战类教学。这类教程以实用为主，辐射了平台型组织运作中的几个主要场景，如商业计划书编写、财务分析、目标分解等。教学可以由内外部优秀讲师来进行，内部必须是高管带头授课。这个过程中，要激发项目负责人和组织中台等角色的经营感觉。务必记住，员工在金字塔组织里习惯于做管理而非做经营，这需要慢慢改变、慢慢调整，没有任何内外部讲师可以点石成金。

从长远来说，企业需要建立人才供应链或人才孵化器，源源不绝地输出人才。平台型组织的确可以从外部引入资源，包括人力资源，但是，这种"引入"是建立在内部有一定的优质人才存量的基础上的。说直白点，要钓鱼首先得有"鱼饵"，要吸引资源，企业首先得有一定的顶级资源。

所以，企业必须要有一套人才培养体系的支撑，让人才孵化器以一种闭环的方式运作（见图20-1）。这种培养应该比单纯的知识赋能更加全面、立体。首先，应该明确哪些关键角色是平台型组织的关键，需要人才孵化器的支持；其次，应该基于平台型组织里的关键角色建立若干的素质模型；再次，应该设计若干培养项目，规划好人才的培养载体和培养节奏；最后，应该定期对于培养后的人才数量、质量、素质等方面进行评估。而后，就可以进入下一轮的循环。

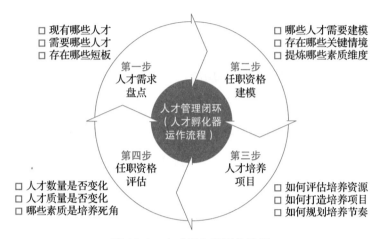

图 20-1　人才孵化器运作流程

资料来源：穆胜企业管理咨询事务所。

　　在这个闭环中，最难突破的是"任职资格建模"。需要注意的是，同样一个素质维度，在平台型组织和金字塔组织里具有完全不同的要求。举例来说，在金字塔组织里需要的"客户第一"，在平台型组织里就变成了"穿越前瞻客户需求"，要求"基于客户对于需求的基本描述，前瞻性地思考客户的根本目的，洞悉其深度需求"。要突破这个难题，就只有依靠外部咨询机构的研究沉淀了。道理很简单，平台型组织尚未成型，又怎么能从内部提炼出标杆人才的素质标准呢？

第六步：生态激活引爆

　　当组织结构、激励机制和赋能机制到位，企业的"责、权、利、能"按照平台型组织的导向一一归位后，整个平台就彻底活跃起来了。此时，每个参与者都在市场关系（而不是科层关系）中，平台就完全激活了个体，业绩开始出现快速增长。

　　这个时候，我们应该考虑让平台成长为生态。相对于平台在有限业态里单纯撮合需求侧与供给侧的连接，生态对于供需两侧的吸纳能力更强，能够容纳更多的物种，释放出更多的红利。

所以，企业应该有以下两方面的动作：

一方面，企业应该打开用户界面，开始交互用户（第十章内容）。由于用户需求升级，已经从简单的产品进化到了对于解决方案（solution）的需求，所以，只要进行"深度交互"，就一定可以获得大量新的用户需求。这些新的用户需求，可能来自新的用户，也可能来自老用户的新需求，但无论如何，它们都将大大拓展平台企业的商业空间。正如小米从卖手机开始，将自己的商业空间拓展到了手机周边硬件产品。

这个阶段，与用户交互应该持续进行。用户的需求是持续迭代的，对于用户需求的理解也应该持续迭代。平台企业应该设法拥有用户资产，获取用户的终身价值。具体方法很多，但前提是让用户持续在线。

另一方面，企业应该搭建资源池，开始撬动资源（第十一章内容）。从获得用户的真实需求出发，企业就应该开始规划资源池。这里，已经不仅仅是针对已有资源找"备胎"的意义了，而是要引入更加丰富的资源。基于用户需求，依托平台企业自身的优势，有了分享机制，自然会有若干的外部创客带领资源进入。这些创客和资源的进入，又会进一步发掘用户的真实需求，甚至还能带入一部分用户，做大平台的用户资产规模。一些原来没有能力去做的事情，企业现在以平台的杠杆都能够撬动了。

为了让创客和资源能够进入，平台企业需要打开外部资源交互的界面。这和与用户交互有所不同，针对某些资源，线上可能是更有效率的整合方式，但针对另一些资源，线下也许才能实现深度整合。例如，有的研发资源需要有深度的线下交流，才能为项目创造价值。所以，为了强化这种对于资源的黏性，企业有可能需要借助金融工具（产业基金）的方式进行整合。这里有意思的是，大多数企业可能对于产业基金的进入比较抵制，它们多半愿意用直投的方式去启动项目，但应该清楚的是，一家普通企业能够整合到的资源和一个专业的产业基金相比根本不是一个级数。

当供需两侧逐渐壮大，平台上迅速冒出各种"新物种（新项目）"时，生态看似欣欣向荣。但此时，企业又会意识到新的问题——人才不足。企业不可能完全依赖创客移民来驾驭新物种，这样的新物种与平台的联系是很弱的。在这个阶段，企业必须继续强化合伙人团队，并通过股权激励的形式彻底解决合伙人团队如何在生态里分利的问题。进一步看，成立干部部（或组织部）也应该被提上日程[⊖]，强大的合伙人团队需要更加精良的干部群体作为人才供给。

⊖ 我们的经验是，企业人数达到 2000 就有必要成立干部部或组织部。

第二十一章

三个被证实的预言

就像《大话西游》里至尊宝依靠月光宝盒数次穿越时空，每次都会遇到同样的人，和他们进行同样的对话，他很无奈，但还得按照流程让一切发生。

在辅导企业建设平台型组织的项目中，我也会进入若干类似的循环。我会基于经验抛出若干"预言"，企业最初很有可能不会采纳，但最后兜兜转转还得走回来。

应该设置组织中台

我提到，前后台之间需要组织中台进行连接。但有意思的是，尽管有海尔这类标杆在前，但每当我们在客户企业提出这种理念时，却无一例外地遭遇了反对。企业一般会反驳，为何不直接让前台调动后台的资源？如果让组织中台的财务 BP、HR BP 横在中间，不反而会降低资源配置的效率吗？

但让我们现实一点，让前台直接调用后台资源的传统方式真的奏效吗？还是那句话，如果真的奏效，平台型组织就没有必要了。同时，前文也提到了，不要寄希望于设置了业务中台就可以解决这个问题。仅仅是抽离出"共用件"建资源池部门的组织模式，在设计上和传统的金字塔组织没有任何区别，而前台的需求瞬息万变，"共用件"也不可能真的被随需调用。在这种组织模式里，该有的部门墙，一堵都不会少。甚至，随着"小前台，大中台"的趋势越来越强，还会形成更厚的部门墙。

无论是把资源池建在后台，还是建在中台，它们都是强势部门，当它们没有掌握市场的情况，又手握资源分配的大权，它们都会习惯性地选择保守。在这种背景下，前后台之间一直都会相爱相杀。一家企业里的前台负责人告诉我，按照财务僵化的预算和其他规矩，自己根本无法做业务，所以，自己的部门在大多数时候都是先斩后奏。这还算好，有业绩打底，倒也能横行无忌，实在和财务沟通不了，就直接走"CEO特批"的通道。但是，想想那些在初生期没有业绩打底的部门吧，它们又该怎么办？

老板们总认为，这种相爱相杀是干部没有觉悟，要求首问责任、一站到底、终极责任、无限补位……但他们忽略了人性，只要有人性的存在，这些冲突就存在，所以，我们才必须设计新的制度（平台型组织）。

现实是，如果企业要走向平台型组织，面对复杂市场希望拥有更大的柔性，就必然放权于一线，而要合理放权，就必须依赖组织中台。组织中台人员深入到各个前台作战单元中，一方面与前台共同进退，另一方面充当后台的利益代言人。他们的角色决定了，他们有能力和意愿去为组织实现业务流、人流、财流三流合一，即根据业务的实现情况，及时配置合理的人力和财务资源。因此，我们既要提升财务 BP、HRBP 等角色的能力，也要让他们打破部门边界，以三流合一的共同目的进行无间合作。根据我的经验，最简单的配置必须有财务和人力的"双 BP"。

我们不妨想想，这种配置的效率是不是比前后台直连更高？这种效率的提升会对企业的竞争力和绩效产生多大影响？这种组织模块的建设，是不是应该成为平台型组织里长期的方向？想清楚了这几个问题，"要不要建设组织中台"的问题就不言自明了。

道理讲了无数遍，有决心按照组织中台的方向进行建设的企业却寥寥无几。表面上看是难度的原因，这个后文会详细分析；但从深层次看，还是没有真正理解平台型组织，没有认可平台型组织就是组织进化的未来。

我让企业设置组织中台，实际上是一个宣言——平台型组织不是在金字塔组织基础上的小修小改，而是底层革命。当然，听不听得懂这种弦外之音，那就看缘分了。

应该按项目节奏发放浮动薪

我建议企业按照项目节奏发放浮动薪酬，一方面是让员工和企业共同劣后，另一方面是让激励更具有指向性。但这会招致 HR 们（以及财务）的强烈反对，他们习惯按照月度、季度、年度发放各类薪酬，认为这种"非定期"的方式会让薪酬的操作变得无比复杂。当然，老板在这一点上倒是比较接受。

金字塔组织下的薪酬模式相对简单。大概方式是，按照岗位分工、职位层级等要素确认工资性收入，再在工资性收入中划分出固定薪和浮动薪两个部分（如按照6∶4），然后推算出奖金（如按照几个月工资性收入来核算年终奖）和福利即可。这样的薪酬模式，对于经营业绩的波动并不敏感，基本是按照一个固定的数额发放，各类薪酬发放自然可以定期进行。

但在平台型组织里，员工固薪被大大降低，绝大部分的收入都来自浮动薪，而且浮动薪对于经营业绩极度敏感，还要考虑对赌承诺的实现程度、岗位节点的履职情况、战略损益的计量等诸多因素。这种多因素决定的复杂，导致薪酬波动极大，根本不可能定期发放。

如果企业要用"旧瓶装新酒",强行按照定期发放的传统来承接新的薪酬模式,就必然出现"账算不清楚"的窘境。说白了,因为没有根据项目的产出来及时分配,没有以公允的项目节点业绩为基础,员工总会觉得自己吃了亏。事实上,他们也一定可以说得出自己有多努力,个人绩效有多出色,将公司骂得体无完肤。但这与平台型组织的分配逻辑没有关系,没有项目经营业绩为基础,个人的努力与绩效都是空中楼阁。如果企业顶不住员工的抗议,就只有忽略项目的经营业绩,回到传统薪酬模式的老路,最终"换汤不换药"。

这些矛盾也集中体现在 IT 系统的建设上。传统的薪酬模式,根本不用接入复杂的业务流数据,完全可以做成一个封闭的人力资源 IT 系统。但平台型组织的薪酬模式对于业务流数据极度敏感,不是原来的人力资源 IT 系统可以支撑的。一是薪酬单元的架构方式完全不同,二是必须打破数据孤岛,让业务流、人流、财流三流合一,形成一个一体化的企业 IT 系统。

简单的一个设想,要实现却很难。一般来说,我们希望有实力的 IT 企业能够提供 SaaS 或者标准化 ERP。但由于行业不同,业务流的生成方式不同,这种设想很难落地。更有可能的是用 PaaS 产品来支持这种需求,或者用深度定制的 ERP,但这两种模式对于 IT 企业来说是不是好生意,那就难说了。

我们观察到的若干样本,也证实了这个判断。我们辅导的一家企业,在完成了平台型组织的建设后,引入了 IT 外包商进行 ERP 定制,希望将激励机制固化下来。本来以为挺简单的事,却挣扎了大半年,过程中鸡飞狗跳,IT 外包商始终无法实现需求,这家企业有时还不得不用 EXCEL 表计算工资的方式来应急。企业说:"转型之初,我们绝对想不到会在 IT 上投入这么多的精力。"IT 外包商更委屈,他们依然用传统的薪酬模式来套用平台型组织的薪酬模式,结果始终套不进去,理解不了。用他们的话来说就是"本来以为是道高

　　㊀　即"低代码开发",提供一个可以定制 SaaS 的平台,让企业在一定的低代码支持下按照自身业务特点进行定制。

难度的题，用心解就可以，没想到考的却是超纲内容"。

说到底，无论是客户企业，还是它们的 IT 外包商，都没有预料到按照项目节奏发放薪酬会对企业带来如此大的冲击。或者说，它们还是没有相信我的"预言"——平台型组织必须按照项目节奏来发放薪酬，以为可以用各种改良的方法绕过去。

未来，企业更有可能在转型为平台型组织的诉求下，作为主要力量来"拉动"乙方的 IT 企业，完成深度 IT 系统的定制。但在它们醒悟之前，这里该交的学费绝对不会少。

应该实现内部市场经济

我同样强调，当企业转型为平台，员工转型为创客，自然就应该尊重员工的自主性，以"官兵互选"的方式来分配项目、组成团队。但大多数企业害怕员工会"挑项目"，导致有的项目没有人接手。还有的企业希望放大自己在"好项目"上的优势，战略性放弃"坏项目"。于是，它们都会选择采用计划经济来配置资源，依然有很大可能不会在第一时间完全听取我的建议。

但是，我们不妨在考虑以下三个道理后，再判断应不应该坚持市场经济。

其一，市场经济让资源自动实现最佳配置。

我们应该明确的是，平台型组织的目的就是要形成市场经济，让"好项目"被强力追捧，让"坏项目"被自然淘汰，最大程度放大资源的效能。

员工贴近市场，感知用户，他们对于项目好坏的判断肯定是更加精准的，尊重他们的选择，就是尊重市场和用户。因此，不必害怕员工放弃某些项目，那只能证明这是"坏项目"；也不必害怕员工追捧某些项目，那只能证明这是"好项目"。

当然，企业的管理层也大可以举出若干个例，证明员工的判断失准。但请记住，做平台型组织不是通过一两个项目的表现来获利，而是通过控制多项目取得成功的概率来获胜。老板的手不可能伸到每个项目里去指挥，让听得见炮火的人来呼唤炮火（任正非语），让与用户交互的人来决定生产（张瑞敏语），就会有更大的成功概率。企业要做的，只是帮助员工获得更加充分的信息，并且为员工提供一些分析工具的赋能。

其二，市场经济可以抑制企业家非理性的战略野心。

有的企业家将精兵强将赶到暂时不能盈利的战略性项目上，但又把重视停留在口头上，这让双方都很尴尬，谁都解决不了这个囚徒困境。在平台型组织里，对于项目的重视，不能通过生硬的指挥来实现，必须给出实在的政策引导。企业可以通过激励政策放宽、战略损益计量、战略拨备补贴等政策进行引导（有点类似宏观经济中的产业政策）。如果引导达不成效果，证明政策不够有诚意；如果要政策有诚意，老板就必须让利。

原来，老板们总说："好项目要盈利，坏项目也不能亏。"心里的算盘无非是"取其上得其中，取其中得其下"。但现在你这样说人家就不做坏项目了，你必须用各类引导政策来明确能容忍人家"亏多少"，这就是你对于这种战略方向坚持的诚意。这会让老板们进一步清晰自己的战略——要做什么，不做什么，先做什么，后做什么。想想，这样的效果，难道不好？

其三，市场经济维护了"程序正义"。

计划经济的初衷是好的，但计划没有变化快。当一个本来被看好的项目最终失败，原来被配置进去的精兵良将就可能会颗粒无收，相对地，当一个不被看好的项目最终成功，原来被配置进去的"菜鸟"就可能在某种程度上"躺赢"。两相对比，矛盾就更加突出了。

与其如此，还不如让项目与参与者自由配置，让项目团队"官兵互选"。一方面，正如我们前面谈到的，要相信员工的理性，这是一个"中央集权"的机构无法达成的效果。另一方面，即使员工在选择后遭遇失败，这从程序上来说也是没有瑕疵的。员工们作为创客，不是不接受失败，而是不接受"指定的失败"。说得深点就是，在平台型组织里，"程序正义"比"实体正义"更应该被尊重。

现实是，当企业义无反顾地喊出平台型组织的口号，同时又畏畏缩缩地回避市场经济时，上述的所有问题都会出现。我有预言在先，但它们都把这种反向操作的危害看得太轻了。

最开始，我特别不希望企业"走弯路"，希望凭借多年沉淀的经验，当好这条探索之路的向导。但后来，我突然想通了，企业"走弯路"并不一定是坏事。经过了血淋淋的教训后，它们可能会更有痛彻心扉的感受，以至于上下同欲，在之后的平台型组织建设中越走越好。

第二十二章

大量企业为何转型失败

我们一直致力于推动企业走向平台型组织，近年来，也在几个不同行业的头部企业进行了实践，打造了几个标杆。

但我们发现，企业在组织模式上的"平台化"之路并不顺利。我们讲的一套东西，大量企业老板听得懂而且很接受，但他们却根本无法落地。这是为什么呢？

企业进化的三阶段

按照我的逻辑，企业按照发展阶段大概可以分为以下三类：

一是种子型企业（创业公司）。典型的特点是：营收规模小，生存依赖于某个赛道的战略红利，但尚未得到完全验证；内部管理相对粗放，是一种"团伙模式"，主要依靠老板和"匪帮管理者"的个人能力带队；与外部合作者之间也是"谈恋爱"状态，缺乏稳定的关系。

二是成熟型企业。典型的特点是：年营收已经达到一定规模，商业模式经过验证，开始快速复制；老板开始充当舵手，依赖一个成熟的管理体系来操盘企业；进一步看，这个管理体系应该沉淀到内部的 IT 平台，管理开始标准化、基线化、可复制化；与外部建立了相对稳定的合作联盟，甚至有 IT 接口。

这个阶段的变化在于，由于商业模式和战略已经相对明确，在组织管理上就有必要进行沉淀，去支撑业务的快速复制。当然，不少企业的老板和"匪帮管理者"们根本没有意识到这种转变的必要性，还在用个人英雄主义来解决问题。结果，自然是业务跑不起来，组织成为最大的掣肘，老板往往还埋怨团队不给力。其实，问题出在前三排，根源还在主席台。老板没有决心去建立一个规范的管理体系，这才是最大的问题。其实，大量具备一定规模的企业，还不能算作成熟型企业，只能说是介于种子型企业和成熟型企业之间。我把这类企业叫作"巨婴型企业"，身体（规模）长大了，但心智（管理）还是不成熟，这也是它们一直无法做强做大的原因。

三是平台型企业。典型的特点是：年营收已经达到相当大的规模，成为行业寡头；企业依靠极具优势的"资源洼地"、内部市场化的"激励机制"、开放平等的价值观，形成了企业的"平台"，开始让员工变成为自己打工的"创客"，孵化出一个个自负盈亏的"项目"；进一步看，这个平台应该沉淀为开放的 IT 平台，具备极强的扩展性，足以纳入各类利益攸关方，形成一个生态系统。

这个阶段的变化在于，成熟型企业按照金字塔的形态进行搭建，在带来整齐划一的秩序的同时，也必然产生以部门墙、隔热层、流程桶为代表的官僚主义。这个时候，再去强化这个管理体系，如做更精细的流程再造或 KPI 考核等，已经收效甚微了，企业应该寻找另一种方向上的突破。所以，与其管控，不如释放，与其去对付员工，不如让员工自己对付自己，自己对付市场。这个方向就是让企业变成"平台型企业"。请注意，这里我没有说成"平台型组织"，因为"平台型企业"包括在组织模式和商业模式两个方面的"平台化"。实际上，企业走到最后会发现，平台型商业模式和平台型组织模式本质上是一回事。

这种三阶段的企业进化路径，是客观的规律。但最终能走向平台型企业的，只是凤毛麟角。

"下跳棋"的种子型企业

最大的一个误会在于直接"下跳棋"。不少企业乘着互联网商业趋势的东风，认为互联网环境改变了管理逻辑，希望"以乱制乱"，直接从种子型企业走向平台型企业。极致扁平化、去 Title 化（或者乱给 Title）、去 KPI、去流程、以情怀替代管理、提倡员工 freestyle（自由发挥）……都是这种思路下的产物。

用类似平台型组织的论调来回避在组织管理上应该下的功夫，显然是幼稚的。即使这些创业公司都拥有了高估值，也不能证明这条路就是正确的。客观来说，这种估值来自企业在互联网风口上的布局，并被饥渴的一级市场放大了价格。但这些企业能否走下去，组织管理上的功力是关键。倒下去的"独角兽"，多半在管理上都是千疮百孔，花样作死的方式让人大开眼界。

值得一提的是，不少有这类想法的企业家并非没有带过团队的"首次创业者"，但他们却依然陷入了这种陷阱。也许是"大企业病之恶"让他们更希望找到一条新路吧。

当下，大型互联网公司无一例外地重新聚焦管理，走向"成熟型企业"，正是因为它们看明白了这个道理。当然，这些企业也会把重塑管理的手段冠以"大词"，主张是在进行组织模式的创新，但这其实都是在走回头路，走向金字塔组织。

其实，在研究平台型组织之初，我也曾经希望存在这条"以乱制乱"的路，但现实很快给出了反面的答案。种子型企业在对平台型企业无比认同和向往的同时，根本无法落地那些理念。

一是没有资源注地。企业经营方式还在摸索，商业模式都还没有得到验证，哪有什么明确的资源优势？我在《释放潜能：平台型组织的进化路线图》中谈到，金字塔组织（科层制）是平台型组织的底层。也就是说，金字塔组织通过统一调配资源，能够获得规模经济的效果，进而累积大量质优价廉的资源，这才是走向平台型组织的基础。所以，一旦有初创企业大张旗鼓打造平台型组织，将员工推为"创客"，必然会遭遇众口一词的反对。道理很简单，你给的资源不能确保人家在创业时获得优势。这个时候，埋怨人家没有创业精神，就是鞭打快牛了。

二是没有激励机制。初创企业大多连薪点表都没有，岗位工资和绩效工资没有拆开，绩效工资和奖金混为一谈……在对于员工贡献的衡量上，连正常按照 KPI 分配的套路都不会用，怎么可能按照市场机制来核算回报？有意思的是，大多数老板们都以为平台型组织的激励就像"家庭联产承包责任制"一样简单，一个农民，一块地，就是一家公司，那该多好激励呀！问题是，现代企业的协作太复杂了，账真的很难算清楚。

三是没有价值观共识。这个时候的老板一定满口情怀，一定高呼要改变行业，让兄弟们过上好日子……但是，他说的究竟是真话还是假话？这个就要仔细玩味了。有的时候，老板拥有堪比奥斯卡影帝的演技水平，他不过是想用平台型组织来做一种新的"权控体系"。还有的时候，一把手的情怀是真的，但创业搭档又有另外的想法……如果我们不明就里，继续推动打造平台型组织的变革，一定会失败。因为到了后来，"权"和"钱"他们一个都不会放，所有改革最初的主张他们都不会兑现。

四是没有战略内核。大多数种子型企业都还处于摸索阶段，没有想清楚自己要做什么，不做什么，加上企业本身缺乏累积，战略定力大多是不够的。说白了，老板的投机心态没有被历经的"沧桑"洗去，外面的一点诱惑，就有可能导致企业的业务转向。在业务底盘不稳的情况下，孵化的项目不可能有独立发展的空间，方向也不可能明确。你能保证在出现诱惑的时候，老板不会重组资源，收回兵权？你能保证老板不会指挥项目的业务方向？这个时候做平台型组织，更多是一种老板想四面出击的欲望而已。当然，这个时候企业的激励和风控机制还不健全，老板一旦释放了这种信号，一定也会有"伪创客"们打着为企业开疆扩土的旗号，索要预算和权力，做大自己的地盘。两种情况叠加在一起，就加剧了组织的混乱。

坦白讲，上述问题在我们最初的实践里都曾遇到。但幸运的是，我们很快意识到了这个问题，并严格筛选了服务对象。现在，我们依然时常会碰到那种想要"下跳棋"的种子型企业，但解释是多余的，它们在当下的阶段，永远听不进去上述意见。所以，笑笑就好。

"进退两难"的成熟型企业

如果说，种子型企业不具备上述条件，那么成熟型企业是否就能自然而然走进转型的轨道呢？遗憾的是，据我们的观察，依然很难。

这里，我们首先排除老板没有分享的情怀这种可能。因为，这个时候的企业已经形成了基本的管理体系，老板已经能够驾轻就熟地操盘，他们想要走向平台型组织，基本不是为了占员工便宜，而是形势逼迫出来的认知和情怀。说得简单点，一个穷人谈分享，那不是真情怀，因为他没有拥有过（可能在画饼）；但一个富人谈分享，那就一定是真情怀，因为他已经拥有。

我们观察到的阻力主要来自以下两个方面：

第一是中后台资源池共享与前台诸侯割据之间的矛盾。

平台型组织的一个典型特点是资源池建设的"业务中台化"，即各项业务所需要的各类资源按专业分类、沉淀，并转化为可以被前台随需调用、共享的

"共用件"。前面说过,这也不算是平台型组织才有的创新,而是一般的组织设计规律。因为,这种资源共享的模式是最经济和最规范的(防止资源被滥用)。只不过,在平台型组织里,资源池的建设规模更大,响应要求更高而已。所以,最底层的资源池被叫作"后台",如技术研发,而靠近一线应用的资源池被叫作"业务中台",如产品研发。

但这样一来,一线业务诸侯们的"兵权"必然被抽走,随之而来的阻力可想而知。他们倒真不一定是为了私利,身背指标带来的压力,往往对于资源的灵活性有着极高要求。无论中后台的资源池建设得多么强大,从感觉上,也一定比不上自己身边养着的队伍。所以,我们遇到的压力是,业务诸侯们纷纷强调自己的业务有特殊性,不宜抽走兵权,要求建立全功能的事业部。但是,如果真的都建立事业部,对公司来说就一定是好事吗?

还有一个阻力在于,在建设中后台(尤其是中台)的初期,资源配置的效率肯定会经历一个"下落再爬坡"的过程,业务诸侯们当然会进一步提出反对。如此一来,这种改革的难度更是可想而知。企业家要不是真的想清楚了,就很难往这个方向上走。

第二是设置组织中台的需求与中后台能力现状之间的矛盾。

前文已经提到建立组织中台的重要性,也提到过大多数企业最初的不理解。但我发现,即使我们费尽九牛二虎之力让企业开始建立组织中台,它们行动的效果距离建立平台型组织的要求也相去甚远。

现实是,组织中台的建立,几乎挑战了整个中后台的能力现状。

这挑战了 BP 们(组织中台的前身)的能力现状。有的 HRBP 甚至质问:这么一来不是要我们变成投资机构?但一个企业高管为我们帮腔的话却极具穿透力——HR 的未来不就是要做人力资本的运营,为企业实现增值?其实,传统的 BP 和真正的中台就是两个物种,两者的工作范围、能力要求、绩效影响完全不一样。所以,如果要转型为平台型组织,对于人力资源部等职能部门的能力升级应该同步进行，否则改造出来的平台型组织就会失去"腰部"。有意思的是，凤毛麟角的 HRBP、财务 BP 将信将疑地跟着我们的变革节奏走，却抢到了转型的红利，身价大增。这不是好事吗？

这也挑战了后台部门的能力现状。当各类 BP 们按照组织中台的定位进入了前台项目，他们顿时会发现自己手无寸铁，只能依赖自己的能力解决问题。这反映的正是后台弹药供给不足的问题。传统的后台部门，习惯了管控思路，面对林林总总的前台需求，只会坚守自己的规则，甚至轻率地将这些需求定义为"无理"。说到底，大多数企业的后台部门并不擅长赋能中台，没有为前台提供足够的工具、方案、制度等弹药。其实，让后台部门在管控秩序之外创造价值，已经是老生常谈了，建设平台型组织只是让这种需求变得更加急迫而已。

除此之外，前台部门对于组织中台的抵制也是不言而喻的，原来只有一个 HRBP 过来，倒是好对付，现在来一个"调查组"，这该如何应对？但他们应该清楚的是，这个"调查组"是和他们共同劣后的，钱在这里，心就在这里。何况，如果要配置 HR 等职能人员，究竟是要一个听自己耳提面命的"仆人"，还是要一个能够提出反对意见的"搭档"？不做大事业，不知道"搭档"的重要性，这一点自然也很难说服他们。

平台型组织的另类参考意义

按照上面的说法，平台型组织似乎真的只是少部分企业能够涉足的"奢侈品"，那么，我们宣讲平台型组织的意义又在何处呢？

经过长时间的观察，我们发现，对于大量企业来说，局部应用平台型组织的理念也许是个不错的选择。因为，平台型组织和金字塔组织完全是不同的逻辑，体系切换的成本非常高，稍有不慎还会影响业务发展。所以，不妨将平台型组织的一些理念碎片化，局部对标，逐步升级，反而更有效果。

组织中台

一家企业做了很多相关和非相关多元化的业务单元，但这些业务单元并没有如老板期望的，快速产生业绩，实现自负盈亏，反而需要不断追加投入。老板很苦恼，说不投吧，每次下面都告诉自己很快就会出成果了，况且已经投了这么多了；说投吧，真投进去也不见有什么效果，怎么感觉像个"无底洞"啊？更有甚者，人家拿着老板的钱做自己的事，都快把这个业务单元架空了。

平台型组织建立"组织中台"的理念帮到了他。他认为，这些业务单元的负责人大多没有独立经营管理的经验，能力上本来就存在瑕疵，让财务和 HR 帮助他们孵化业务，导入正规的管理体系，而财务和 HR 也在业务单元拿自己奖金的大部分，非常有必要。可想而知的是，业务单元的负责人在最初都会强烈反对，口称"不被信任""束手束脚"，有的甚至宁愿在外面自己聘任行政、人事，也不愿接受公司的安排。但他们的老板异常坚定地认为，任何经营都不能凭感觉，在业务之外，财务和人力是两个基本逻辑，坚持把这个调整贯彻了下去。

这似乎有点像是 HRBP 和财务 BP 的模式，但平台型组织对于这两类职能的要求又有不同。导入了一系列赋能业务的财务和人力工具后，这两个职能的作用开始发生转变，向着推动业务的方向发展。老板感叹："都说 HRBP 和财务 BP 应该深入业务，但只有在这种模式下，他们才会深入业务呀。"

对赌式激励

另一家企业的老板苦于打不开销售局面。明明感觉市场很大，但销售部门每年打下来的业绩都是"刚刚好"。所以，通过压"高目标"来保护自己和公司就成了他的拿手好戏，甚至酒桌上推杯换盏之间也能下目标。久而久之，这个模式的问题也显示了出来。一是压下去的目标真的有可能不准，有时太低，有时太高，最后的结果全凭对方"喊困难、说无奈"的演技。自然，这个目标也没有了牵引的意义。二是当目标较乱时，团队和资源的配置也会出现问题，激励也难说公平。

平台型组织实施"超利分享"的理念启发了他。他转而让业务负责人认领业务目标，认领得越高，一旦达成目标值后，增量奖金分享的比例越大。虽然依然存在一定的博弈问题（我们认为，只要在企业内部，这个问题无解），但从大的方向上，业务部门已经跳出了"藏业绩"的习惯了。

这种模式实际上深深地捕捉了老板的心态：要让老板去分利益的存量，任何老板都会舍不得。但如果要让老板去分利益的增量，他们会欣然同意的。以前的双方是陷入了零和困境，而现在则是一种完全的正和博弈。这样一来，这家企业的销售模块就形成了一种十足的创业氛围。由于中后台尚未实现平台化激励，我们很难把它称为平台型组织，但至少有了第一步。

还要强调的是，上述这些改变也不是一蹴而就的，过程中还有若干的反复，但只要老板不把自己的预期调得那么高，总会看到一个个惊喜的变化。现实中，老板们通常都没有那么好的耐心，他们大多要求"一键切换"。比如，有的老板在深入前台和中台的运作后，用自己作为经营者的标准来把大家痛骂一顿，这就不应该了。一般来说，企业内老板的能力肯定是最强的，但你也不可能做完所有的事。再如，有的老板在实施了超利分享之后，又觉得员工其实也没做多少事情，或者主张超利分享线划低了，又开始反悔……有的时候，先形似，再神似，心态要好。

综合来看，平台型组织不是一剂大企业病的"万能解药"，而是一个"综合疗程"，向平台型企业转型必然是一个漫长的过程。企业不仅仅要"按照常识"打造金字塔组织的管理体系，更要"打破常识"追逐一种完全不同的新管理体系。想来想去，都很纠结。如何突破这种纠结，还是靠老板，他们必须有那种足够的认知水平和坚定的信念，这种人自然是凤毛麟角。

外　篇

与智者同行

———

变革的时代，一切皆有可能，谁又可能狂妄到以一己之力去定义未来？

互联网时代，看得到的是变化，看不清的是方向。而要看清方向，一是要深入企业实践一线，观察现象，验证假设；二是要与智者同行，交流观点，拓宽视野。

为了求道互联网时代的组织转型，近年来，我不仅仅坚持深度观察最新的企业样本，更坚持与这一领域最前沿的学者、企业家进行交流。接下来的篇幅里，我甄选了与知识管理大师野中郁次郎、核心竞争力理论的创立者加里·哈默和中国企业家教父张瑞敏的几篇对话，希望呈现不同视角的组织转型观察。

当然，若不是限于篇幅，这个对话的名单还应包括领导力大师约翰·科特、平衡计分卡创立者罗伯特·卡普兰、大爆炸创新理论创立者拉里·唐斯、Thinkers 50 创立者斯图尔特·克雷纳……他们也是未来的洞见者，他们都"在云端"。

欣慰的是，从上述智者口中求证到的未来组织模式，与我的看法相似，这更坚定了我对自己判断的信心。

背景：野中郁次郎教授是现代知识管理领域当之无愧的大师，他提出的 SCEI 知识螺旋上升模型是现代知识管理的奠基之作。难得的是，野中教授作为成名已久的大家一直致力于观察最新的商业现象，他是互联网商业时代的一线观察者。2014 年 11 月，穆胜博士从野中郁次郎教授的知识管理理论切入，与教授开启了一场关于组织模式的对话。

第二十三章

对话野中郁次郎：
隐性知识是商业决胜的关键

穆胜博士（以下简称"穆"）：野中教授您好，非常有缘在中国见到您。您在知识管理领域的研究已经成为经典，我作为学者也是您这些经典的受益者，我的博士论文曾引用您的文献。所以，今天我要当面向您表达敬意。

野中郁次郎教授（以下简称"野"）：感谢你对我研究的认可。我对中国企业的组织转型非常感兴趣，所以来到这里进行观察。你也是在这边做案例研究吗？

穆：对，我是做商业模式和人力资源研究的，一个是外部，一个是内部。但我感觉现在这两者都融入一个系统中，国内某些企业将自己变为平台，让员工成为创客，这既是人力资源管理创新，又是商业模式创新。可以说，在这个互联网时代，传统的管理学太专业化了，我们似乎应该去发现一些跨界的商业逻辑。所以，作为学者，一旦出现这样的样本，我就不会放过。

野：中国企业的一些创新的确令人瞩目，所以，我再次来到了中国观察你们的实践。

穆：您有没有注意到，有些企业转型为平台后，不仅是在内部孵化创客，还开始从外部引入创客，企业彻底无边界？这大胆的一步走得实在漂亮：一方面，这样将为平台带来价值反馈，创造当下的经济效益；另一方面，这样也会加速更新企业基因，推动组织转型。

野：注意到了，这是非常有意义的事情！这让我想起了美国的 Techshop，这个平台能够为有创意的人提供场所、工具、仪器和相关的培训，让他们能够最方便地把原始的想法做成一个实际的产品。你可以利用那里的各种工具（包括3D 打印机），也可以和那里的人进行交流。有了这些便利条件，一个想法很容易就变成了现实。另外，优秀的创新产品也能够在平台上吸引外部的关注，产生相应的商业可能。

穆：如果企业要孵化创客或引入外部创客，这种线下的支持力是很有必要提供的。事实上，有的传统企业已经利用自己的线下支持力在吸引创客，相对于那些飘在线上的纯互联网企业，这种支持力可能是一个独特的优势。当然，这方面线上也还有操作空间，除了线下的支持，应该有其他线上吸引创客的方式，例如在线上形成社群，毕竟这是一个在互联网上"交互"的时代。未来是"人人时代"，所有人的才华都可以得到变现，企业要做的仅仅是搭建这样一个平台。

野：我理解你们在互联网的潮流下对于"人人时代"的看好，但我要提醒的是：第一，不是每一个人都有企业家精神，只有具有企业家精神的人才能够去市场上以创业的形式变现自己；第二，创业需要一个团队，团队内各有分工，研发、生产、市场、营销……一个人很难做到所有的这些，即使做到了，效率也会很低。所以，组织永远不会消失。

穆：但现在，舍基（Shirky）有种说法叫"科斯的地板"。他认为，科斯提出企业是为了降低交易成本而形成的，企业与市场之间的边界就是"科斯的天花板"。相对地，如果未来信息技术极度发达，交易成本被降低到极致，任何的组织形式都是一种浪费，那么，我们就触及了"科斯的地板"。所以，在他这种技术的假设下，我们能够想象一下"人人时代"吗？

野：我不同意这个说法。组织的存在不仅仅是为了交易资源，更多是为了交换知识，尤其是在当前知识创造价值的时代。不可能变成没有组织的世界，因为即使显性知识可以通过互联网进行传播，隐性知识（tacit knowledge）仍然需要组织制造的场⊖来传播。而且，在我的 SCEI 模型⊜中，隐性知识是知识转移和创造的起点。组织制造的场，使得隐性知识的交流成为可能，即使技术再怎样发展，也不能替代这种交流，所以组织会一直存在。

穆：这就引入了一个话题，机器有没有可能替代人？如果我们把人的灵魂想象成数据和算法，那么，随着人工智能的发展，算法可以自动进化，是否会代替人类的情感？

野：不会，隐性知识是靠五官的感觉来接收的，需要人和人之间面对面的交流，机器模拟不出来。IT 家伙们（IT Guys）的确有些很激进的想法，但我不认为他们是有深度的思考者（deep thinker）。他们将一切东西都用数据来描

⊖ 即 ba，是野中郁次郎教授引入的一种具有禅宗色彩的概念，既指实体的场所，如工作现场、会议等，也指虚拟的场所，如网络论坛、邮件等。
⊜ 知识螺旋上升模型。

述，但却不知道有些东西是数据之外的，例如隐性知识。你无法否认隐性知识的重要性，那么，既然是隐性的，机器又如何去模拟呢？在现实的世界里，你需要明智的领导者（wise leader）制造出场（ba），使得隐性知识进入螺旋上升的路径。这些人更加开放和敏锐，他们知道如何制造出"场"，使得知识的高效交换成为可能。"场"是组织存在的意义，在过去是这样，在互联网技术充斥的未来也是。事实上，互联网技术支持了知识的传播，在某些环节，它让知识的传播变得更加高效，但知识传递的起点还是直接的经验，即隐性知识。

穆：所以，上帝还是设置了"禁区"。如果我们说工业社会是原子的维度，是硬件，互联网社会是比特的维度，是数据和软件，那么，还有一个维度就是情感，现在有个概念叫作"湿件"（wetware），说的就是这块机器替代不了的禁区。正因为有这些禁区存在，人类也依然要依靠组织来进行协作。但是，无论如何，企业内部越来越引入市场机制（market mechanism），内部的业务部门，甚至个人之间都用契约的形式进行连接，这似乎是一种趋势。这也正是您提到的分形组织（fractal organization）吧。

野：我指的分形组织是一种更加灵活的组织形式，传统的科层制犹如锡兵——坚硬而容易破碎，一旦破碎，就无法代表整体。而分形组织则不一样，犹如"俄罗斯套娃玩具"，可以拆分，部件也有独立功能，可以代表整体。另外，美国海军陆战队就是这种典型的分形形态，空、地和支持机制一起组成每个层面的队伍，但组合方式都一样。这样的好处是，一方面比较灵活，另一方面也可以积累知识。海军陆战队有一种机制，18 个月轮换一个周期，前 6 个月上战场，6 个月以后就要把自己这个周期里累积的实际经验带到司令部分享，并在组织内进行传播，这使得新知识的创造和传播效率更高。

穆：您从知识管理的角度给出了无边界组织的意义。国内很多企业已经意识到了传统科层制的制约，这些制约在当前的互联网商业环境下被无限放大，到了不得不变的程度。事实上，部分企业的转型也取得了良好的效果，所以您今天也可以见到它们生机勃勃的新生态。在这种生态里，员工、经理人的转变很明显，几乎是从内部人变成了完全的经营者，我们把这些人的新角色叫作创客。过去，他们关心自己从组织要到的成本，在企业付出成本的前提下做事，有可能还会少做；现在，他们既关心自己的成本，也关心自己的营收，能少用就少用，能多做就多做。因为，剩余索取权是他们分享的。尤其是，转型的企业中，不少是大巨头，对于它们来说，能够摆脱以前的成功模式，实现这种转型是很不容易的。那么，问题来了，用平台模式转型，是不是大企业的唯一方式？

野：我认识安德森，也理解他的"创客"概念。平台模式是一个好模式，但是光依靠平台和创客，忽略隐性知识的传递也是有问题的。你们不能光用IT家伙们的视角去审视企业转型，你们还要更加关注如何用场来实现知识的转移和转换。所以，做平台的人和创客需要是一群有企业家精神的人，他们应该懂得如何制造"场"，他们应该懂得如何实现知识的转移和转换。

穆：这里我们习惯的创客可能和安德森所谓的创客还是有区别的，前者更强调员工的创意和作为经营者的身份，所以，创有创业的意思。所以，您提到的企业家精神，无论对于平台运营者还是创客都是必不可少的。我很早就关注您的理论，您的理论体系中，知识还包括信仰、精神、价值观等维度，那么，能不能这样理解——您所谓的"明智领导者"制造了一种场，注入了"创客文化"，并将这种个体层面的隐性知识在组织间有效传递，使之成为组织的显性知识。所以，你会发现在转型成功的企业里，语言体系是统一的，例如，海尔就常常提到平台、孵化、小微、闸口、基本酬、超利……这种思想上的统一成为组织变革的强力推动，不仅仅靠领导者个人的推动。

野：可以这样说，大企业转型并不容易，所以，过去的好多巨头开始衰落了。中国的有些企业很明智，做了其他很多大企业做不到的事情，它们取得的成就正是遵循了 SCEI 模型的规律。

穆：那么，除了这种通过平台化，转向您描述的分形组织，是不是还有通过其他途径实现转型的路径？

野：我看到的是 3M 公司，它规定员工可以用 15% 的时间用于做创新项目，这实际上就是一种"分形"。一个"形"是它传统有边界的科层制，另一个"形"是无边界组织。"报事贴"就是它用 15% 的自由创新时间做出的产品。现在员工还发展得很好，很有创新能力，我很看好他们。

穆：对于这种创业家式样的创客来说，隐性知识是不是最重要的？因为在互联网时代，显性知识都可以从云端获取。

野：对（坚定地），显性知识在这个时代已经不稀缺了，隐性知识包括人的情感、信念、价值观等，这是机器替代不了的部分，我的 SCEI 模型已经解释过，这是知识转移创造的起点，决定了商业的胜负。

穆：您在 1989 年发表于《哈佛商业评论》的那篇文章就已经预言了今天正炙手可热的"用户参与迭代式创新"，您的那篇文章里描述的模式和当前小米、雷神的创新模式一致吗？

野：这种创新模式被杰夫·萨扎兰在《灵活的管理者如何打破常规、取悦顾客、让竞争对手望尘莫及》（*How Agile Managers Beat the Odds，Delight Their Customers，and Leave Competitors in the Dust*）中叫作"并列争球模式"（agile scrum），他借用了橄榄球的术语，这就是基于我 1989 年那篇文章提出的概念。这个人很有意思，本来是飞行员，但后来取得了博士学位，开始研究创新。传统企业创新模式是"瀑布式创新"，研发时会形成"信息孤岛"，开发者拥有的信息相互之间没有重叠。中间的一种形式是三文鱼刺身的模式，互相之间有一点的信息重叠。到终极的模式，就是一种"人叠人"的模式，所有的信息完全聚集而非分离，就像"并列争球"。传统企业创新模式是规划好蛋糕怎么做，但新的方式是很快地出一个原型，抛向用户，甚至邀请用户加入研发，再根据用户的反馈进行改善，把信息堆积到一起。这是直接从用户那里获取隐性知识，这将成为企业充满活力的源泉。传统的想法是一定要有一个边界，但实际上现在已经是一个混合的生态（eco-system），你甚至要主动打破边界。开发者们已用我提出的这种模式进行了广泛实践，事实证明，这样的速度相比传统的瀑布式研发要快。我很高兴看到小米、雷神这样的企业，它们也是这种模式的实践者。

穆：这是一个知识创造价值的时代，我很赞成产品是知识的载体，这种用户参与产品迭代的模式，实际上是把用户卷入知识的转移和创造中。这种无边界组织和我们传统理解的纳入外部的生产力、生产要素不一样，又更进了一步。现在，国内看明白形势的企业喜欢提的一个高频词是"交互"，我想这种理念也是以您的原始概念提出的"并列争球"模式的实践吧。感谢您的时间，再次向您的研究表达钦佩之情，希望有机会再次向您请教！

野：谢谢，好的！

背景：加里·哈默是世界知名的战略大师，以与普拉哈拉德一同创造了核心竞争力理论而闻名于世。在互联网时代，加里·哈默的研究更多进入了企业的组织层面，加里·哈默一直致力于研究各种组织创新案例，并多次言辞犀利地炮轰科层制。2016年2月，加里·哈默与穆胜博士进行了一场关于组织模式的精彩对话。

第二十四章

对话加里·哈默：
老板是打破金字塔组织的最大动力

穆胜博士（以下简称"穆"）： 加里，您好。今天听了您的不少观点，依然给我们带来了新的观念冲击。我个人特别欣赏您的理论，也认为深入实践的学者，才是创新的来源，才最懂这个时代的商业逻辑。在您今天提到的诸多观点中，我注意到您的战略分析方法，您强调战略意图（strategic intend）的重要性，并且认为用户天马行空的需求应该成为企业制定战略的起点。这种分析方法我非常赞同，事实上，一些先知先觉的企业已经修改了它们的战略分析工具，如海尔就用宙斯模型来衡量战略损益，而它们的起点就是"交互用户"。

加里·哈默（以下简称"加"）： 对，战略意图比战略本身更加接近本源，先有战略意图，再有战略。所以，企业家应该野心勃勃（ambitious），要拥有高远的战略意图，因为用户的欲望也是无穷的。很多年前的CD时代，没有人想过可以把很多歌曲放到一个小机器里，而乔布斯想了，所以，他做出了iPod。有的企业家不敢去想象，所以，他们走到了穷途末路。

穆：您的意思是，用户需求决定了战略意图，而战略意图决定了战略的方向。我非常认同这一点，用户的需求应该成为商业模式设计和战略制定的基础。事实上，我在辅导企业时就已经放弃了SCP的分析方法。我告诫企业家们，不要去看你有什么资源能做什么，市场有没有空间，而是要问问你的用户究竟需要什么。前者是B2C（Business to Customer，商业到用户）的逻辑，后者才是C2B（Customer to Business，用户到商业）的逻辑。进一步，我会让他们来描述一下，究竟有没有一个用户购买或使用他们产品的场景能够成立。

加：这种方式非常好，盯住用户而不是你的竞争对手，这才是这个时代应该做的。事实上，当你面对完全不确定的未来，市场在哪里，市场的边界在哪里，你完全不敢确定，那又怎么能确定你的对手呢？你制定的战略还有用吗？这也是我认为概念创新（concept innovation）的重要程度超过产品创新（product innovation）和技术创新（technical innovation）的原因。你必须去了解用户的需求，真真正正地进入他们的世界，才能发现产品和技术前进的方向。但要找到这种方向，你的企业不可能是那种传统的金字塔组织，企业家和高级经理人也不可能是在金字塔组织里按部就班。

穆：您的意思是，产品和技术是为人服务的，要与用户"共情"，才能创造出他们所需要的产品。而为了实现这种价值创造，企业需要有新的商业模式（business model）和组织模式（organization pattern）……这就是您所指的概念创新吧。这好比"修路"，把商业模式和组织模式变得与时代同步迭代，变得开放；而技术创新和产品创新，好比是在这条路上面"开车"。我非常认同这一观点，对于一个有活力的平台型组织（我把这种组织叫作"云组织"）来说，技术创新和产品创新是必然的结果；对于一个没有活力的金字塔组织来说，技术创新和产品创新如果有，也只是运气。

加：这就是我为什么把研究的重点放在组织上。事实上，在我和普拉哈拉德教授最早的核心竞争力理论中，我们也是强调内生性的战略优势。在那之后，我一直对于新的组织有强烈的兴趣，提出了很多观点。当然，我的观点并不是仅仅提出概念，它们都来自企业实践者的突破。

穆：注意到了，您提到的红帽、HCL、Cemex 等企业都倡导一种员工而非领导拥有权力的组织模式，它们致力于打破科层。我也注意到了您对于金字塔组织的反感，在这方面，我的反感和您一样。如果我们都确定这样的"平台化企业"是更好的组织模式，那么，我们非常想从您的那些案例中找到能够适用于"中国情景"的操作方法。但就目前来说，我们看到的更多是大家基于兴趣来解读用户、发起协作，在西方，我很能理解这种模式的适用性；但在当下的中国企业内，这样的模式可能有用，但可能不够有用。您提到的那些企业有没有依靠物质利益的激励来实现这种网络状协作？

加：这些企业里，员工拥有权力与金钱没有太大的关系，更多是为了实现自我，他们有想法，希望将想法变成现实，他们渴望参与企业的管理。其实，人天生拥有权力，这种权力不是组织赋予的，所以，我认为"赋权"这种说法是有问题的。人性追求解放是一种最大的力量，这种力量远远超过金钱的激励。

穆：金钱不重要吗？如果员工的奉献只是奉献而是没有回报，企业会不会很虚伪？

加：金钱当然重要，人都希望能够戴沛纳海、劳力士的表，能够用 LV 的包……都希望获得各种各样的名牌，都希望过得更好。企业当然应该设计制度让员工获得公平的回报。但是，金钱并不能给你带来一切，金钱的需求一旦被基本满足，员工就会走向对于更高阶段的需求。所以，我更加关注企业有没有搭建出平台让员工实现自我。

穆：但钱并不只是经济利益，还代表对于社会的贡献，代表自我的实现，对吗？

加：对，这个我不否认。所以，从这个意义上，我很难说是兴趣还是钱更重要，应该说都很重要，企业要在制度设计中注意平衡两者。

穆：我还是想和您探究文化对于组织的影响。东方组织强调集体主义，强调稳定的秩序，西方强调个体主义，强调个人价值的实现，是否西方更适合建立这种平台型、网络型组织？

加：金字塔组织根深蒂固，很难改变，但我却比较乐观，我也不认为文化将制约新的组织模式的建立。不妨回顾一下，在文艺复兴时期，皇帝一权独大，他们的"君权"被认为是上天赋予的；到了 19 世纪，很多国家还有奴隶制，奴隶没有权利；到了 20 世纪，君主制和奴隶制都没有了，情况变得更好。以前男女不平等，拥有不一样的社会地位和机会；但现在情况一点点在好转……这些改变的背后并不是经济因素，而是道德因素。人们在心理上会觉得这个状态不对，会想要去改变它，这就是一种最强大的、推动社会进步的力量。

穆：您的观点有点像中国儒家文化中提到的，似乎存在一种"道德宇宙"，有一些"天理"，现实即使短暂地不合"天理"，也会逐渐走向天理。不同的是，您认为这种天理并不是儒家认为的金字塔组织里的秩序，而是人们权利的平等。您甚至认为这种平等需求，超越了文化的边界。但如果文化不是障碍，为什么不同的地区，建立平台型组织的难度如此不同呢？

加：不同的地区文化不一样，对于解放人性的需求不一样。在有的地方，金字塔组织的文化非常根深蒂固，人们没有意识到自己的人性需要被解放，即使我们打破了金字塔组织，构建了平台，他们也不会适应，所以，要他们形成平台型的组织可能要等更长的时间。但我认为，有一些价值对所有人都是一样的，不会因为文化不同而不同。正如很多年前，奴隶制存在的时候没有人会认为不合理，封建制度存在的时候没有人会认为不合理，但人性总有共同的追求，人们追求独立、解放，希望有平等的机会运用自己的天赋（gift），这就是形成新组织形态的基础。

穆：所以，就中国当下的情况来说，我还不认为是道德感推动大家做组织变革。因为我们深受儒家文化的影响，我们太喜欢那种上下级之间的秩序关系了。但正如您所言，"好的管理"恰恰是企业前进的阻力，因为时代需要企业保持柔性，但好的管理却让企业循规蹈矩。在互联网的时代，太多的不确定性，要求企业变得更轻、更快、更强，这就让企业不得不改变组织形态，只有这样，才能不被时代淘汰，甚至拥抱不确定性，获得时代的机遇。

加：现实的商业环境当然是倒逼企业进行组织转型的重要力量。事实上，尽管国家有不同的文化，如拉美文化、印度文化都非常保守，但在这些国家的某些企业，依然推动了平台化的组织转型，形成了一种开放的文化。所以，从某种程度上说，企业文化可以凌驾于国家文化之上。金字塔组织被打破，实际上也可以说是企业感知商业环境的结果。

穆：我认同金字塔组织应该被打破的趋势，但应该注意到的是，企业在初创期是需要整齐划一的行动的，这样才占领市场空间，获得基础的生存条件。事实上，对于一些初创型公司，需要有一个英雄式的老板，他用自己的远见寻找方向，指挥不同的员工做不同的事情。这个时候，老板就是大脑，而员工只是肢体，这是典型的金字塔组织，这似乎很有必要，尤其在市场转瞬即逝的时候。我们是否可以说，那种高度柔性的组织模式更应该在成熟型企业里出现，而初创型企业更应该采用金字塔组织，依赖于老板的指挥？

加：金字塔组织以各种形式存在。例如，你可以看看现在最平等的社交网络上，也是存在金字塔组织的，有的人有更多的粉丝（followers），更多的人看他们发布的信息，因为他们的知识处于优势地位。事实上，能力的金字塔结构（Hierarchy of Competency）一直存在，这是形成这种金字塔组织的原因。但是，我认为金字塔组织不应该被僵化固定（fixed），金字塔组织应该根据情况来构建。

是否在初创期的企业需要金字塔组织？这取决于你如何去定义"金字塔组织"。事实上，金字塔组织是一个很成功的发明，实现了控制力、协调和一致性。这三大效果，是组织需要的，即使你不采用金字塔组织，也必须要有。我的重点在于这种金字塔组织是如何形成的。在初创的小公司里，我们需要有愿景（vision）和激情（passion）的人，这种人会让其他人愿意追随，这不是什么正式的、经过设计的金字塔组织，而是自发形成的，也聚集了团队。对于这种金字塔组织，我也是认同的。

穆：但问题来了，假设我们有这个英雄作为 CEO。随着企业的发展，他越来越强大，权力越来越向他集中，金字塔组织也越来越固化。这个时候，我们如何把企业转型为平台？

加：哈哈，这的确是个悖论。CEO 最开始用愿景和激情聚拢人心，但随着企业的发展，愿景和激情都不在了，但他仍然是 CEO。更严重的是，他已经远离市场和用户，他对于市场和用户的理解依然被锁定在过去，没有新的想法。这就成为我所说的那种"固定的金字塔组织"了！

穆：那么，如何让 CEO 永远保持激情呢？

加：作为一个领导者，CEO 必须随时环顾四周（see around）。不只是要有你的（老的）愿景，你还要观察环境，要有与时代同步的（新的）愿景。CEO 应该常常问自己，我是否跟上了这个时代。

穆：其实，当 CEO 跟上了这个时代，他自然懂得金字塔组织的弱点，自然愿意放弃对于权力的迷恋，走入组织的下一个阶段。所以，您实际上给出了我刚才问题的答案。如果我们认可基于能力的金字塔组织是一种自组织，在企业的初创期的确有必要，那么，到了企业的成熟期，如果要转型为平台型组织，就必须要依赖于 CEO 的远见。他必须紧跟这个时代，必须了解趋势，必须用自己的"一意孤行"推动企业转型为平台，来结束"一权独大"。这不禁让人感叹，对于 CEO 来说，这简直是自杀重生，这是多高的要求呀！就像海尔的张瑞敏先生，他每天都在改变自己，让一家几万人的大企业变成了今天的平台。是否，您认为 CEO 才是最重要的？

加：是呀，当前，我认可 CEO 才是最重要的。但在未来，当企业转型为平台后，我不这样认为（not so much），因为，平台式的组织里，领袖是自己冒出来的。就像在海尔的平台上，有数百个小微，每个小微都有自己的领导者，他们都是自然冒出来的。当然，第一步是最重要的，企业要从大变小，需要一位明智的领导者能够拥有这种战略意图。所以，像海尔首席执行官张瑞敏先生这样的企业家才异常难得，他在做一件很难的事情。

穆：因为，像张瑞敏先生这样的企业家拥有您所谓的那种"战略意图"（strategic intend）。我记得您说过，"把人留在地球的不是地心引力，而是人的想象力"。多年前，我们完全不敢想象有企业敢于打破科斯边界，把市场机制引入企业，但海尔就在做这样的实践，它完全没有考虑这么做是否现实，却一步步地走到了今天，走出了一条让世界瞩目的管理变革之路。

加：海尔的变革的确让人振奋。这样一家巨头企业完全颠覆自己，完全破坏了金字塔组织，是一件不可思议的事情。我想，没有张瑞敏这样的企业家的笃定，一定做不到。其实，到了这个时代，已经有越来越多的企业领导者看到了金字塔组织的弊端，希望能够改革，但他们却有各种各样的借口。我认为，从本质上看，大多都是基于对权力的迷恋。

穆：权力代表利益，要让领导者放弃到手的利益，太难了。所以，某种程度上，我认为变革者都是浪漫主义者，他们放弃了对于现实利益的追求，而是追求一种更高的成就感。但组织的转型需要这些浪漫主义者，需要他们来成为英雄，让改变发生。

加：在金字塔组织的企业里，职位代表权力和利益。高层掌握所有信息，薪金并不透明，有的企业甚至顶层领导者的薪酬达到底层员工的 400 倍。这非常荒谬，既说要发动底层的创新力，又把薪酬激励集中在顶层。我坚决赞同薪酬完全透明，并且认为应该把金字塔组织的薪金重新分配，激励那些为企业创造价值的人。⊖

穆：我相信，只有足够无私的领导者才能推动这类变革吧，但我完全理解您为什么如此主张薪金透明。因为，如果在薪酬完全透明的企业里，要实现公平分配，就必然是以每个人创造的价值来定薪。这样一来，组织就变成了一个市场，稍微的不公平都会被市场机制矫正。可以说，这是组织转型的一个

⊖　请注意，加里·哈默在这里又回到了平台型组织是否需要金钱作为驱动力的问题，从他的回答来看，他暗示了这种驱动力是必不可少的。

必然副产品。

加：对，金字塔组织代表了不对称的权利，打破金字塔组织，必然会有更多的权利下放下去。我已经观察到越来越多的案例了，这是趋势。

穆：让我们跳出组织的范畴看看这个社会，互联网时代，社会结构已经在发生变化了吗？未来在哪里？

加：互联网带来的不仅仅是一种技术，也不仅仅是企业组织结构的变化，更是一种社会范式的改变。整个社会变得更加民主、平等、开放是大势所趋。当然，你也可以认为，企业是社会的细胞，当细胞都改变了，身体也就改变了。

穆：我曾经提到，互联网时代的"云"是一种商业民主，其实，它也会是一种社会的民主。但是，有一个新的倾向也许是一种相反的力量。互联网累积了大数据，以至于我们可以窥视用户的诉求，也可以在云端囤积大量随时可以调用的资源。看起来，我们似乎可以依赖大数据和算法来制造一个"云端的上帝"，来精准匹配供需。如此一来，计划经济（planned economy）会不会迎来春天？计划经济的组织形态或社会形态——金字塔组织会不会变得更强？

加：我不这样认为。首先，尽管互联网上数据众多，但与每个人有关的并不太多，这并不足以支撑我们去预测出他们的需求。其次，人性是复杂的，在多种多样产品存在的情况下，他有太多的选择，很多欲望是临时出现的，很难去提前预测。基于这样的原因，未来的社会还是由每个人的意志来决定，而不是由一个人或人工智能的意志来决定。

穆：您的意思是，在丰饶经济的年代，人的行为尽管越来越多地被暴露出来，但人的欲望却被隐藏起来。我的理解是，这个时候的欲望已经不是满足基础的功能需求，而是满足高阶的情感需求，但情感是复杂的，是不能被编码，以至于不能被计算的。所以，尽管数据越来越多，算法越来越先进，也始终有个"上帝的禁区"，那就是情感的领域。我在和野中郁次郎教授交流的时候，我提到了相同的观点，他也比较认同。看来，在这方面，大家的看法是高度相似的。

加：人是不会被替代的，我相信这点。

穆：感谢您，加里。期待下次相聚您再为我们带来新的思想，因为，战略意图是最重要的，而战略意图需要思想的启迪。

加：下次见！

背景：海尔一直是互联网时代的变革先锋，一路走来，它变革不息，一路走来，它也争议不断。张瑞敏作为这艘巨舰的舵手，显得孤独而苍凉，他有一群得力的团队，却需要面对舆论的质疑，面对管理理论的教条，面对国际化进程中不同文化土壤的挑战……人们总能从媒体上找到张瑞敏关于商业逻辑的新观点，当大家还在咀嚼或将信将疑时，却又能看到海尔交出的漂亮财报。张瑞敏眼中的互联网商业世界究竟是什么？他的变革究竟是要建立一个什么样的组织？他又是一个怎样的企业家？

带着这些问题，穆胜博士于 2016 年 6 月和 2017 年 3 月，两次随海尔高管团队赴美国，并在途中与张瑞敏先生进行了深度对谈，全面呈现了这位中国企业家教父对于组织模式创新的深度理解。

第二十五章

对话张瑞敏（一）：
放弃对权力的迷恋，赢得世界的尊重

财报、KPI 和封闭组织过时了

2016 年 6 月，在哈佛商学院，张瑞敏与"平衡计分卡"的创立者罗伯特·卡普兰教授进行了交流。张瑞敏提出，传统的财报计量不了企业的真正价值，也无法帮助企业进行有效的决策。卡普兰教授是会计学教授，基于财务层面的驱动因素，创立了平衡计分卡，而张瑞敏则认为这种思路的计量方式应该被打破。卡普兰教授了解海尔，曾经开发出海尔的案例。我问他如何看，他说，计量用户资产的价值绝对是个方向，也非常有必要！

穆：您把海尔的人单合一双赢模式说得比较简单，但从操作上来说，这并不简单。海尔之所以能够把人单合一双赢的理念落地，在于你们有一套工具体系，从战略分析到绩效计量几乎都应用新的模型工具。让我们回到对于工具的讨论，海尔这种以用户为起点的商业逻辑为何非要用新的模型来分析？

张：这个时代，传统的财务报表关注资产、负债、收入、成本、费用、现金流，这些维度并不能说明企业的状况。举例来说，一家企业稍微调整压货押款的策略，就可能让财报发生很大的变化，但企业还是那家企业，并没有发生多大的变化。

　　这有点像一个人在跑步机上跑，数字显示他已经跑了很远了，但实际上他还在原地。再举个例子，海尔以前走出国门时，曾经有国外经销商要求我们把产品提供给他们，他们贴牌出售，可以给我们更多的采购量和更大的利润空间。当时我就坚决回绝了，那相当于在出售企业的未来，没有品牌，我们就没有用户，最终只会失去企业的价值。如果我们答应他们，财报肯定会很好看，但实际上企业的价值却是在降低的。

　　所以，我们需要一种新的计量标准，能够计量企业真正的价值，就像能够显示一个人究竟走了多远。现在，我们的共赢增量表就是在这样的方向上做探索。目前，我们已经把这张表交给美国会计学会，他们已经开始了研究，并且表示很惊喜，他们说："我们一直在找这样一个工具"。

穆：互联网时代对于企业的估值分为三大部分：第一是用户价值；第二是资源

价值，如乐视主张的云生态；第三是运营价值，也就是连接供需变现出商业结果的能力。但这些估值方式更多是停留在天使投资或 VC 的经验层面，海尔的共赢增量对这三者都是有计量的，而且开始把这种计量标准化，这是非常有意义的。例如，你们计量生态收益，这就是计量云端究竟有多丰富（资源价值），这种丰富的云生态能够多大程度上变为现实收益（运营价值）。如果有项目在这一栏是空的，那么，显然他们还只是处在卖硬件的境界，这种项目的估值是大大小于卖云端，也就是有生态收益的项目的。

不仅在企业价值计量的问题上需要采用新的工具，你们用"用户付薪"和"并联"来重塑组织，完全把市场机制引入了金字塔组织。这样一来，传统评价绩效的工具（对你们来说）似乎也失去了意义，如平衡计分卡。

张：我们曾经在 2005 年花大价钱邀请 IBM 来为我们做咨询，引入平衡计分卡。但是，在 2008 年左右，我们就放弃了这一工具。事实上，平衡计分卡也在国内不少企业运用过，但成功的案例并不多见。总结起来，平衡计分卡是"数、机、人"，用"机制"（流程）连接"人"（员工成长与发展）和"数"（财务、客户维度）。这种连接中，流程是关键，但过于关注流程本身并不能产生财务和客户层面的绩效，流程本身并不是目的。我们也曾经按部就班地做了流程再造 1000 天，希望能够有所突破，后来发现离开了用户这个起点，流程就失去了意义，而人的成长更不可能通过流程转化为财务和客户层面的绩效。举例来说，在医院，病人需要先去诊病，再去划价，再去拿药，再去治疗。其实，从用户的角度看，他最希望能够找到一个地方，直接获得全方位的服务。这就是关注流程本身和关注用户的不同。

穆：赞同。我曾经在很多我提供咨询服务的企业内尝试过推行平衡计分卡，这个模型的逻辑是很强劲的，但一旦运用起来，就很大程度上需要依靠运用者本身的商业感觉去诠释，否则就可能出现流程本身没有问题，但连接不上

"两头"的情况。再加上，用户需求快速迭代，固化的流程很难支撑企业持续成长。

这种问题并没有被学商两界及时察觉，他们甚至在这条路上越走越远。平衡计分卡后面又发展出了针对员工成长的"员工计分卡"、针对人力资源管理的"人力资源计分卡"，这三张卡形成了"三部曲"，似乎要量化出从组织能力到财务绩效的全过程。于是，KPI 变得越来越多，但企业的绩效并没有变得越来越好。

张：这是另一个典型的问题。在金字塔组织内，基于复杂的战略框架形成了若干 KPI。而后 KPI 被当成了管理的控制手段。但是，当我们考核 KPI 时就会发现，下面永远都是报喜不报忧，即使形成了一串数字，也没有办法真正提升企业为用户创造的价值。

穆：一来是因为这些 KPI 不是基于用户需求产生的，相对僵化，而用户需求相对变化。二来是因为上下级之间的信息不对称，下级总有办法对付你，要么就是不给上报关键的 KPI，要么就是 KPI 正确但数据有问题，要么就是 KPI 和数据都没问题，但喊冤，说客观条件不好。即使 KPI 指向用户需求，考核也落地不下去。

张：对。KPI 不是不好，而是适应大量生产时代（mass production），如 IBM 在大型机和 PC 时代，他们需要尽快生产出货品，推到销售终端。这个时候，市场需求是相当旺盛的，厂家异常强势。所以，KPI 在这时是很好的模式，能够确保大家步伐一致，尽快实现收款和分配。出货量大，而且利润丰厚，企业没有了危机感，大家都活得很舒适，没有人会思考这种组织有什么问题。于是，挣钱多的时候，大家一起乐，不挣钱的时候，谁都没有责任。现在是大规模定制的时代，必须以用户为中心，KPI 考核不能确保找到市场，更不能确保定制实现，就开始失去了意义。

穆：互联网时代，用户需求已经是长尾分布、千人千面、快速迭代、无限极致……再也没有一块能够用标准品满足的大市场，只有细分市场内部才有高毛利，才能确保高需求。不能持续迭代的KPI显然会制约企业的灵活性。

张：对，如果逃不出这个逻辑，就依然是金字塔组织。我们看了很多知名企业，敢于打破金字塔组织的还是不多。通用电气的杰克·韦尔奇提出的"无边界组织"其实是一个尝试。这个理念源于他某一次在和太太度假时的灵光一现，回到企业里，他请来了戴维·尤里奇作为高参，开始实施自己的构想。但现在看起来，他的无边界组织依然是金字塔组织。我曾经也与他交流过海尔的人单合一模式，他认为非常大胆。

穆：韦尔奇与尤里奇在实践的，也许可以被称为"健康的金字塔组织"，并不是真正意义上的无边界组织。

张：有意思的是，很多专家的观点似乎也还是有很强的金字塔组织基因。他们到海尔去访问时会有个典型的问题，"要让所有员工成为创业者不可能，有人天生不是创业者，那怎么办？"我说不是要让所有员工去创业，而是要让所有创业者到我平台上面来。

穆：这是两种语境吧，他们谈到的是人力资源，您谈到的是商业模式。当组织是科层，人力资源管理就是选用育留；但当组织是平台，就需要做孵化机制、激励机制、收割机制、风控机制。传统人力资源管理是挖坑（设计岗位）、填萝卜（选人和用人）、养萝卜（育人）、留住萝卜（留人）。但在海尔这类平台型组织上，人力资源管理不仅仅应该是人力资源管理，HR的职能也会改变。

就我的调研来看，海尔现在在集团顶层已经不存在类似专家中心一样的人力资源总部，HR 作为"三自"的一部分，已经融入了小微生态圈。我问了问你们的 HR，他们现在做的工作主要是投资评估和投后管理。这让人不可思议！

张：对，我们的人力资源部不是金字塔组织里下规定、下命令的，而是提供资源的，融入业务是对他们的要求。我们不想让他们躲在后台，他们也需要和其他价值创造的主体"并联"起来，一起面对用户，创造价值。

穆：其实，要分辨某个企业的组织转型，完全可以看看他们对于员工的绩效计量方式。

从考核载体来看，绩效考核用于科层控制，是用 KPI 评价绩效，而绩效工资基数 × KPI 得分构成了员工与业绩相联系的可变收入，先不说 KPI 的评价是否准确，这部分可变收入的数量相当有限。这和海尔将员工变成经营者，将其收入完全与其为用户创造的价值联系起来是不一样的。

从考核主体来看，绩效考核的主体是上级，而人单合一的考核主体是用户。前者来自科层内部，后者来自市场，又是不一样的逻辑。

在交易成本经济学上，KPI 考核在金字塔组织里，被称为"弱激励"；而海尔的人单合一模式在金字塔组织外，是市场机制里的"强激励"。这不仅说明了激励的强度不同，也说明了激励的灵敏度不同，更说明了激励的动力源不同，究竟是领导作为动力源，还是用户作为动力源。

张：听用户的而不是听领导的，是我们一直坚持的。我们希望打破科斯定理，让企业内部也有市场交易，用市场交易的方式来激活员工。从另一个方向上说，我们也希望企业变得更加开放，没有边界，能够引入更多的创客。乔伊定理说：最好的人永远在为其他人工作。拿研发来说，如果我们整合全球的研发资源，那比我们自己在本地埋头做要好多了，世界都是我们的研发中心。

穆：互联网时代，资源都在云端，都是可以连接上的。但我们可以从另一个角度思考，如果引入太多的外部创客，会不会让内部的人被淘汰呢？任何一种生产力的迭代更新，都伴随着淘汰一些落后生产要素，人也是生产要素，也会面临这种淘汰。说起来很残酷，但实际上就是这样。

张：现在不是由我们来决定淘汰谁，企业内部变成自组织了，到底用谁，由平台自由选择，由用户来决定。我们现在是用户付薪的，个人能否获得收入，在于他能否为用户创造出价值。当然，这对于员工来说肯定是个挑战。在原来的企业文化之下，他们执行力很强，现在一下子变成创业文化，的确有很多人不适应。本来你说叫我攻上山头，我死了也要攻上去，现在这么多山头让我自己决定攻哪个，我就不知道了。

穆：市场规则清晰，你也可以转型为创客。虽然会淘汰一部分员工，但从另一个方向上说，开放的组织也成就了很多创客。不然，我们不会看到雷神游戏本、有柱网、小帅影院等互联网的产品或项目在海尔的平台上"长"出来。这些小伙子们，也许还在朝九晚五地过着"混单位"的日子。

海尔你学不会？

2016年6月，张瑞敏在哈佛商学院与号称"哈佛三巨头"之一的领导力大师约翰·科特进行了交流。短短的时间里，交流依然是火花四溅，以至于原定的结束时间一再延迟。科特教授肯定了海尔的实践方向，同时开玩笑地说："您应该感到高兴，这么多人看不懂这种新模式，这是您的机会。"

穆：你们探索起来不容易，探索后的成果虽然看似简单，但要学还真不容易，我看到的现状是，国内好多企业想学海尔，但却比较犹豫。不少人认为你们

"太超前了"。把市场机制引入企业，在他们看来几乎是不可能的。

张：不仅是国内的企业，不少国外的企业也认为我们"太超前了"。我和不少国外的企业家和学者都交流过，他们认可这一方向，但都认为困难重重。

穆：西方企业在市场化的文化中长成，对于海尔把市场机制引入金字塔组织的实践，按理说应该更能接受。为何它们会这样瞻前顾后呢？

张：我感觉它们是背负了华尔街（资本市场）的期望吧，做我们这种改革，是存在巨大风险的，利空一旦出现很有可能被放大，影响企业估值。这不是谁都能承担的。

穆：能不能这样说，西方的《财富》500强企业里，很难成长出那种网络化的组织了？即使它们再清楚那种组织形态是正确的，自己需要改变，也不太可能使改变发生。

张：对，我认为很难。

穆：或者我们可以这样说，如果说创新力来自组织模式，美国以后的创新力都会来自硅谷？来自那些从0到1的小企业？

张：但这些小企业可能会随着自己的壮大，又走向金字塔组织。一走到金字塔组织，它们可能又会丧失掉创新的动力。我去过谷歌，它之所以能够保持创新，原因在于它在市场化、需要追求短期利益的部分采用了金字塔组织，而在需要创意的部分采用了相对柔性的组织模式。这才让它保持了持续的活力。另外，这类企业还必须要有"同股不同权"的治理结构，不用被华尔街的投资者挟持。

穆：谷歌的模式有点像 KPI+OKR，是一种混合的组织模式。您的意思似乎是，华尔街要求 KPI，而 KPI 意味着金字塔组织。但是不是也有例外？像亚马逊这样的企业，即使背负华尔街的压力，也并没有因为财报不好看就走入了创新的困境，它们仍然没有用金字塔组织来实施 KPI 主义。

张：亚马逊的商业模式能够说服华尔街，它能够证明其庞大的用户群能够产生的价值，所以资本依然会追捧它。但一般的企业，很难做到这一点，会被华尔街的短视逼入金字塔组织。

穆：也就是说，如果要驱动企业走向平台化、网络化，必须是从 0 开始的小企业，还必须有同股不同权的股权结构能够相对隔离于华尔街，还要有商业模式能够让华尔街信服。这些条件的确太苛刻了，以至于很少有企业能够实现。

我个人认为，还有一个原因是，西方的企业大都缺乏一代企业家掌舵，而是由职业经理人操盘。这种委托代理关系中，经理人是不可能有企业家的那种果敢的，另外他们对于企业可能也没有一代企业家"吃得那么透"，驱动改革的过程中可能出现各种问题。对于海尔来说，如果您不在，我也很难想象这种改革会走到今天。但即使有您坐镇，海尔也是两地上市公司，你们不怕背负资本市场的期望吗？

张：这里面就需要有控制了，KK（凯文·凯利）曾经告诉我，企业的这类创新都会经历一个"从峰顶坠到谷底"的曲线过程，只有这样才能再次爬上峰顶。我一听，如果这是必须要经历的过程，那海尔可能就完了，就爬不上去了。所以，我们要求的是不能急剧下坠，必须要在下坠的过程中组装好飞机，重新飞起来。

穆：从海尔的数据来看，近十年来营收年复合增长率 6%，年利润复合增长率

30%，在白电为主干的充分竞争市场上，这是非常优秀的经营数据。这也体现了您提到的这种对于风险的控制是有效的。

但是，这一点似乎被外界忽略了，大家似乎都太习惯于金字塔组织的逻辑，没有沉下心来体会海尔的这套逻辑。不少企业在说出"海尔太超前"之前，根本就没有认真观察过海尔到底是如何做的。有的拿着媒体上的只言片语来判断海尔，有的甚至拿着十几年前的资料。事实上，你们一直在迭代，你们的操作是一套体系方法论。例如，在让平台上"失控"时，你们有大量的风控机制，背后更有大量的工具模型来让这种机制落地，包括宙斯模型、二维点阵、共赢增值表、顾客价值表……

张：你说得对，我们的模式一直在迭代，但不少人来到海尔，都是抱着"把你们的表单给我们，我们自己学学"的心态。在这种心态下，要理解海尔当前的模式是不容易的。如你刚才提到的宙斯模型、二维点阵、共赢增量表，实际上都是我们探索出来的东西。我们希望能够逐步地计量出准确的表外资产、战略损益。传统的财务报表对于当下商业项目的价值计量是有偏差的，也不能支撑我们做出精准的战略决策。我们现在的计量都是以用户为基础，关注网络价值，这就在一定程度上弥补了传统计量工具的不足。

穆：我仔细研究过上述这些工具，并且在我辅导的一些企业里进行过应用，效果非常不错。我最近还有篇文章，仔细比对了传统的平衡计分卡和宙斯模型对于商业模式和战略的解构。我认为，以用户为起点构筑商业模式和战略地图，比以财务为起点更加可靠。在互联网时代，有没有用户体验的场景是关键，好的场景可以覆盖掉原来的场景，这不是财务层面能够给出的判断。另外，用户本身就可以折算成为估值，这也就是您说的表外资产的表内化。可以说，海尔的这些工具共同构成了一个体系方法论，是支撑你们商业逻辑的关键。如果不深入去探究，对于海尔模式的理解就会流于表面，更不用说学习海尔了。

张：目前到海尔来看的企业也很多，我们都是开放的。我让人统计了一下，这些企业中绝大多数是私营企业。学不会的是一些人，但也有不少人从我们这里走出去，把我们的人单合一双赢模式带走，在其他企业里做得很不错。

穆：打造平台是大家向往的，当前全国已经出现了无数的孵化器、创客空间、创新工场……但平台也不是随随便便就可以打造出来的。

平台意味着是资源洼地，即在这个平台上，能够通过相对外部公开市场上更低的价格获得某些资源。海尔这个平台上，前端有诸多的门店终端，中间有稳定的生产制造系统，后端有千锤百炼的供应链，这无疑是优势。另外，你们的品牌也是很好的背书。平台也意味着有市场机制，这是你们的人单合一双赢模式提供的。

我相信，这些都是创业者愿意进入海尔的平台的原因，但除此之外，海尔的平台还有什么？如果说，平台谁都可以去做，您认为海尔的平台真正的核心竞争力是什么？

张：核心竞争力是买不走，学不会的。我们希望平台达到让创业者"趋之若鹜，不离不弃"的效果。做平台需要两点：第一是要共享；第二是要诚信。只有做到了这两点，平台才能持续发展，也只有具备了核心竞争力，才能做到这两点。目前，海尔的平台提倡连接，正在实现充分共享，但我们更看重的东西是诚信。如果连接和交易频繁，但大家心里都提心吊胆，这种平台显然也是效率低下的。诚信是当前商业环境中十分重要的东西。所以，如果我们做到了，我们的平台就一定会有更大的发展。

穆：的确，如果拥有诚信的 DNA，一定能在很大程度上让平台繁荣。所以，在电子商务企业的平台上，他们会投入大力气建立平台上买卖双方的双边评价机制，甚至，在双边评价机制失灵的时候，还会主动进行平台背书或充当交易中介，如马云的阿里巴巴能够成为活跃的线上交易市场就有支付宝的功劳，这在一定程度上解决了诚信的问题。那么，海尔是如何来解决这一问题的呢？

张：我们希望能够为我们的平台注入一种诚信的文化，目前，日日顺已经进入了小区终端，我们尝试推出一些诚信产品。如"五常大米"，市面上流通的数量超过了产量，显然是有伪劣品在流通。海尔做了一个平台，直接与原产地进行对接，用户在平台上直接下单，可以确保买到货真价实的产品。

　　诚信是让平台繁荣的基础，我们希望平台在成长时就关注用户价值。如果用户资源很多，第三方资源很多，一般来说就会形成繁荣的交易。如果形成了这个局面，诚信实际上就已经形成了，因为大家愿意在这上面聚集。这个时候，不诚信的就会被排除出去，这也是一种"自组织"的机制。当然，我们也不能完全依赖平台自己去净化不诚信的行为。前面说过，要从"流量"到"用户体验"，交易平台先是作为流量端，再往前发展，一定要主动承担责任，维护用户体验。

穆：诚信的基因也是来自你们一贯的用户思维。诚信和用户思维都是行为规则，规则之下必有价值观的支撑。事实上，这种价值观还不能仅仅是创始人一个人的，要成为一种平台上所有参与者的共识。您把海尔这家企业变成了平台，让市场机制成为企业内所有人的共识，现在甚至在影响在线的人力资源（外部创客）。我们知道，市场经济必须要有精神底层的支撑，如果说在西方，这种精神底层是自由主义，在日本是阳明心学，在韩国是程朱理学，那么在中国的海尔，您希望什么东西成为平台的精神底层呢？

张：我认为可能是道家，道法自然，无为而治。海尔要搭建的平台是打破金字塔组织的，是非控制的，是自组织的。只有尊重人性，放开顶层的控制，专心为平台上的创客搭好舞台，才能最大程度上发挥出他们的创造性，平台和创客才能共赢。西方有自由主义的基础，他们在打造平台上可能具备一些条件。我们的传统文化是儒家，儒家适合金字塔组织，有利于控制，所以才会有"罢黜百家，独尊儒术"，但这种文化不一定适合平台。

穆：我的确看到您多次引用老子的观点，原来您已经把道家文化的重要性上升到平台精神底层的高度。说来也很自然，只有道法自然，无为而治，才能为平台注入自由和平等的精神，才能最大程度上尊重人性，让人发挥出更大的价值。回想起您经常引用的哲学家康德的名句"人是目的"，这些思路都是一脉相承的。

张：人性都追求尊严，要做平台，先尊重平台上的人，先放下对于权力的迷恋。

穆：其实，这才是最难学的。

文化差异不能阻碍管理进化

在耶鲁大学授予张瑞敏先生"传奇领袖"奖项的现场，他在演讲中说："如果哪个企业家以为自己是传奇，他应该去看心理医生。"在会后，他对我说："对于权力的迷恋是企业无法转型的症结。我们用海尔的实践告诉大家，我们没有领袖，愿意放弃权力，让个人平凡，让平台伟大！"

穆：海尔目前已经是一家全球化的企业，面临着不同的文化环境，人单合一这种模式能够适应不同国家的文化吗？

张：海尔目前正在思考如何将我们的模式运用到全球。在三洋里，我们注入了人单合一的模式，它运用的效果还是比较好的。当然，这个有可能是因为它集体主义的服从文化。现在，我们想要把人单合一运用到新收购的通用电气家电板块，虽然美国人崇尚自由主义的文化，虽然他们有市场化的精神，但他们长期在金字塔组织里，要让他们运用人单合一，难度不小。但是，如果他们都能运用，那么，就证明我们的这套模式具有普适意义。

穆：文化的阻碍究竟有多大，有没有可能在某些文化中，人单合一双赢模式完全不能适应？

张：这个问题也有瑞士洛桑国际管理学院的教授问过我，但我的回答是"文化不同是伪命题"。中国人和外国人都是人，都希望得到尊严，尊严来自自己的价值，我们要搭建一个平台让人发挥出价值。有人过度强调 90 后群体拥有不同的文化，但实际上 90 后的"出位"和"不服从"，也是为了寻找自己的尊严。如果我们能够设计模式让他们实现自己的尊严，那不是就把他们变成创客了吗？

穆：这种过于强调文化环境的观点，让我想起了时下开始抬头的"中国式管理"。那种以儒家文化作为底层，提倡家文化的管理模式，是不是在中国做企业的另一种解决方案呢？

张：先不说在中国好不好用，你拿到外国该怎么用呢？我们收购了通用电气的家电模块，难道要让我们训练别人学习儒家文化？

穆：那种家文化的管理模式要求企业为员工兜底，而员工为企业无私奉献。道理似乎都没错，也很有正能量，但就是实施不下去。所以，我提倡员工与企业之间建立一种公平的市场关系，要用公平的市场关系来寻找商业友谊，而不要用商业友谊去定义公平的市场关系。

张：这个是对的。全世界的企业都喊以人为本，其他企业是以人际关系为主，我们是以人在市场上的价格和价值为本。"相濡以沫，不如相忘于江湖"，要知道，在内部是很难评价一个人的，因为从内部去评价一个人始终都有思维定式，而且领导会左右评价结果。但如果我们把企业放开，在平台上形成公平的市场关系，这时就是以整个社会宽度去评价人，人的优劣就很容易判断，领导也不可能为所欲为。

从另一个角度上讲，为员工兜底可能是害了他们。柯达、诺基亚倒闭的时候，劳动力市场上曾经有过一种倾向，企业开始拒绝这些公司的前员工，什么原因呢？就是因为低估了他们的能力。企业把员工养得太舒服了，某种程度上是害了他们，相反，我们的平台是保持员工价值和提升员工价值的，创客在海尔的平台上只会越来越强大。过去，我们也有过为员工"兜底"的时候，提供了各种各样的大锅饭式福利，员工最初惊喜，后来习惯，大家还相互比较，谁没有占到便宜还不高兴。所以，那时开始我们就知道这条路走不通了。

穆：这种激励的效用是边际递减的，最开始可以，最后就不能持续了。最好笑的是，有的老板还特别不能接受员工不满意，尤其是自己授权下去了以后。

张：首先，这种激励模式我是不赞成的，不应该盲目激励的地方一定不能盲目激励。其次，该给员工授权时一定要给授权，如果觉得是对员工恩赐，员工稍有不满你就会很失望，这说明还是有封建的皇权心态。其实，很多权力是员工应该有的，而不是靠老板的恩赐。

穆：好多老板嘴上说放权，实际上是说一套做一套，名义上是权力下放，实际上还是管控全盘。

张：呵呵，这种企业的确有。有时权力下放下去，下面人也不敢接，要是接了，

老板会脸色一变：还真敢接呀，赶快去查查他！（大笑，周围人也跟着大笑）

穆：哈哈，一个企业家的幽默感是他开放程度的表征，您很有幽默感。这次旅行中，我更真实地感受到了海尔的"去官僚文化"，上下车、上下飞机，大家并不是让您走第一个，您也是自己拿行李……您的下属们并不怕您，更多好像是一种尊重。在所谓的"上下级礼仪"上，您并没有对他们有太多的要求，这让我非常惊讶。

张：呵呵，谁说没有要求，我们也是有要求的。如果有人敢让我先走，帮我拿东西，我会生气地说："你还敢这样呀？！"（大笑，周围人也跟着大笑）

穆：哈哈，如果您这不是在开玩笑，那您就是在用权威来打破金字塔组织。感觉您特别关注员工的尊严，平等应该是您内心的一个核心价值观。你最早在体制内，实际上是习惯了科层秩序的，但为何会有这样的倾向？

张：要当好管理者，首先要当好被管理者，缺乏对被管理者的尊重，不可能搞好管理。我以前做工人，发现上下根本就不是一条心。上面老是出昏着儿，下面也消极执行。为什么呢？因为角色不一样：上面不了解情况，容易下一些无法落地的规章制度；上面即使下发了很好的改进技术方案，下面也可能考虑学习成本、使用习惯等，不会有所行动。所以，与其如此，与其留恋权力，还不如把主动权交给工人，让他们自己把办法想出来，还不如把他们为用户创造的价值直接分配一部分给他们。

其实，工人中有很多人都很优秀，要给他们平台和发挥的空间。不给的话，人家会骂你，有能力的也骂你，没能力的也骂你。最后是大家都不满意。

穆：也就是说，您在被管理者位置上的切身体会，让您觉得必须要通过平等关系来激发员工的积极性，才能破解这种问题。您对于组织改造的决心毋庸置疑，但这种挑战传统的行为也是极具风险的。我理解您作为一名企业家的果敢，但持续的果敢是源于什么呢？

张：还是源于我们认识到金字塔组织的问题吧。企业不能依赖于个人，如果研究全球范围内的企业我们就会发现，几乎所有的职业经理人接班之后都无法让企业维持在原来的高度，更不用说有所突破。在国外，《财富》500强企业喜欢设置几个继任候选人，让他们进行竞争，再进行精心挑选，一人上了，还要让其他人离开，以确保他有足够的权力空间。但最后呢，继任的效果很难让人满意。不是因为人不能干，而是因为在那种模式里，他们习惯于按部就班。

只有平台才能生生不息，我希望能够创造出一种"自运行的机制"，不把希望寄托在一个人的身上，这也是我们坚定这条道路的原因。

穆：让我们把问题再深入一点，除了在效用层面您已经意识到金字塔组织是有问题的，需要改变，从您个人的动机层面，您为什么要在功成名就的时候还去冒险呢？是为了造福海尔，还是造福商界？

张：没有想那么远要去造福商界，还是先把海尔做好吧。这家企业从濒临破产到现在，是海尔人一手打造出来的，我们每个海尔人对它都有深厚的感情。为了这家企业的未来，我们都愿意去冒险！

穆：您毫无疑问是海尔这个平台的"大平台主"，一手导演了海尔的若干次变革。最近，耶鲁大学也授予了您"传奇领袖"这个奖项。但有意思的是，您在领奖时却说"如果哪个企业家以为自己是传奇，他应该去看心理医生"。

张：对，这就是我的看法。

穆：有中国企业走出了这大胆的一步，世界都会惊讶！但应该有人能够听懂您。

张：（点了点头）大企业的领袖们手握权力，很难放弃。而对于权力的迷恋是企业无法转型的症结。我们用海尔的实践告诉大家，我们没有领袖，愿意放弃权力，让个人平凡，让平台伟大！

穆：认可您的一部分观点，但不认可另外一部分。

（张瑞敏先生笑而不答）

穆：要打造平台，必须要有英雄，没有这个人的魄力，企业无法撼动既得利益者，无法打破金字塔组织。但这个人一定不能把自己当英雄，而是要有平等的心态和对于人性的无限尊重，他需要在担纲了主角之后，回归平凡，让位于平台，成就他人。这种人很少，如果有，他注定是个传奇！

感谢您的真诚交流，为我呈现了一个不一样的张瑞敏和一个不一样的海尔，我收获很大，再次向您表达发自内心的尊重！

张：客气了！和你交流也很愉快！

第二十六章

对话张瑞敏（二）：

忘记人性假设，走向人单合一

"人单合一"进行时

【观察视角】作为一家存活了 30 多年的企业，海尔显然在组织转型的话题上具有发言权。从 1998 年开始，它就试图挑战科斯定律，将市场机制引入企业内部。2005 年，它更提出了人单合一的组织管理模式，开始向传统的金字塔组织宣战，想要让企业内"人人都是自己的 CEO"。2013 年，它全力探索人单合一 2.0，推进"企业平台化，员工创客化，用户个性化"。至今，它已经将企业彻底改造为一个平台化的生态。

十余年的淬火锻造，"人单合一"是否已经日臻完善？是否真的能够激活个体？

穆胜（以下简称"穆"）：张首席，您好，很高兴又有机会和您深度交流了。

我调研人单合一模式有一段时间了，我发现，2013 ～ 2015 年才是人单合一真正进入正轨的阶段。从雷神这个小微的脱颖而出，海尔开始找到了一条真正的人单合一的路径，以前的更多是探索预备期，对吗？

张瑞敏（以下简称"张"）：可以这样说。之前我们更多的是做了各种各样的探索，几乎所有可能的方法全都试了一遍，有一些进步，但也发现了更多的问题。从2013年孵化雷神等小微成长开始，我们才摸索到"并联"和"用户付薪"的人单合一2.0版本。从这里开始，我们不再下目标，做管控，而是让小微自创业、自组织、自驱动。

穆：企业大起来以后，流程就成为稳定性的依托，也成为金字塔组织的强力支撑。但在海尔这样一个生态里，强调自创业、自组织、自驱动，这完全不同于其他流程依赖的企业。流程真的不重要吗？这个时候，流程好像成为一种尴尬。如果不用，是不是会破坏业务的稳定性，以至于破坏用户体验的稳定性；如果用了，是否会破坏了自组织的柔性？

张：流程要不要有，要有什么流程，也依然不是我们决定的，是小微自己来决定的。实际上，小微如何选择，也是由用户来决定的。所以，他们要追求引爆、引领，必然会选择最适合的流程。我打个比方，如果你需要一群人进入房间就脱掉外套，传统的方式是下命令，强制要求执行。但是，这种强制力是有限的，因为你不了解现场的情况，如果屋内温度太冷，你命令大家脱掉外套也没用。反之，你直接把屋内温度升上去，大家进屋觉得热，自然就会脱掉外套。这是完全不同的两种思路。

穆：这里还有个可能出现的挑战。小微作为一个经营体，必然涉及长期利益与短期利益的平衡问题，如何确保小微不为了追逐短期利益而破坏长期利益？例如，小微可能为了毛利空间而向上游采购压低产品价格，为了综合现金流而向上游采购拖长账期，这样必然使得供应商采用非常手段去应对，这样短期获利，长期受损。

张：人单合一模式恰恰是解决这个问题的。

一方面，小微生态圈自己会为用户的体验负责。我们的评价体系要求他们不仅仅要为短期的表内损益（财务数据）负责，还要为长期的表外损益负责，这就是二维点阵。除此之外，我们还要求他们去追逐生态收益，获取用户的终身价值，这就是共赢增值表。换句话说，仅仅实现了卖货（硬件），在海尔的评价体系里，并不会得到太大的好处。

另一方面，小微生态圈不仅仅要追求成本最小化，更应该追求收入最大化。我们现在的一个导向是，让小微不要去压供应商的价格，而是把供应商并联进来（融入小微生态圈），一起去实现更高的收入。如果供应商偷工减料，产品卖不出去，单就没有实现，大家就一起受损。

穆：在我的理解中，人单合一实际上是一种外部的定价机制，早期，社会资本的进入可以确定项目的公允价值；后期，用户的买单可以确定项目的公允价值。但如果有小微项目在起步阶段没有办法获得社会资本的进入呢？这样的机制是不是会限制很多有希望的项目的成长？

张：这个时候有两个方向。一个是项目团队（小微主和创客）直接投资，凑钱把项目先做起来。这就表示他们确实对于这个项目是很有信心的。另一个是海尔内部也有一些基金，这些基金是海尔和外部社会资本一起组建的，管理方和资金都是混合的，他们也可能会投资进去。

穆：前一种很好理解，但后一种是否会形成一种"内部接盘"的模式，而让很多没有希望的项目成长起来？

张：这个倒不会。这些基金也是用小微化的模式来运作的，基金的阶段性盈利情况也会与小微主和创客的收益相联系，这个也是客观的。这就避免了很多基金沦为收管理费的盈利模式。

穆：海尔现在的组织模式是有一个负责交互用户的"用户（交互）小微"，其在获得用户真实需求后，组织研发、生产、销售、物流等"节点小微"组成"小微生态圈"，共同整合资源，赢得用户买单。我一直有疑问，"用户小微"肯定面对市场上用户和竞品的压力，但"节点小微"在内部是相对垄断的，其效率又如何保证呢？

张：首先，他们肯定是有市场压力的，因为他们和用户小微是并联到一起的。如果用户不买单，他们就都分不到钱。其次，他们在生态圈里，也有自己的单，如果不能完成向生态圈或用户小微的承诺，他们也分不到钱。最后，如果他们实在做不好，还会被用户小微淘汰。

以我们的财务某小微为例，最开始有用户小微是想走出去找服务商的，因为外部的便宜。但后来，这个财务小微强化了专业能力，还有集团的 IT 系统进行支撑，他们形成了自己的核心竞争力，用户小微自然就不可能淘汰他们。换句话说，他们也是被用户"赶着跑"。

穆：当前，海尔一个有意思的组织转型举措是把职能部门变成了大共享平台，这个平台不再起管控的作用，而是做共享服务，具体说来就是将人力、资金、法务等变成数据流。你们似乎并不害怕"失控"。大共享平台和节点小微似乎不太一样，他们的用户是谁，他们的市场压力来自什么地方呢？

张：他们的用户还是小微生态圈，他们的"单"就是要为小微生态圈引入资本和各类资源。具体来说，就是要做资本的社会化和资源的社会化。各类资源中，人力资源的社会化又是重中之重。

穆：对，这里您说的用户主要还是内部用户。虽然有这种机制，但从提高他们专业能力的角度出发，会不会考虑要让这些节点小微，甚至大共享平台走出去，对外提供服务呢？

张：这方面没有强制要求，一方面，我们自己的生态里用户小微比较丰富，节点小微有大量的买家，服务好他们就已经不错了。另一方面，这些节点小微的能力只有在内部打磨好了，才能拿出去做服务，但内部已经打磨好了，服务好这个生态就够了，出去"赚点钱"岂不是本末倒置？

穆：您以前提到乔伊定律，更聪明的人总是在为别人工作，海尔如果要实现引领的目标，难道不需要最好的人才？如果需要最好的人才，这种节点小微在内部的模式岂不是限制了小微生态圈的威力？

张：人无完人，完成目标就是人才，我们还是将用户作为检验人才的标准。

汉文帝对冯唐说，可惜得不到李牧和廉颇那样的人才，如果有，就不用担心匈奴了。冯唐说，即使陛下得到廉颇和李牧，也不会任用他们的。汉文帝听了这话，感觉受到侮辱，勃然大怒，立即起身回宫。一段时间后，汉文帝冷静下来了，又召见冯唐，追问原因。

冯唐说，现在的魏尚担任云中郡郡首，匈奴人不敢犯禁。但他只是犯了小错，误报了多杀几个敌人的战功，您就把他交给有司，剥夺爵位，关了起来。这样的小错在所难免，廉颇和李牧也不例外呀。汉文帝悟到了其中的深意，第二天就赦免魏尚，官复原职。从此，匈奴不敢再犯。

这告诉我们，盯着细节，不重视结果，永远无人可用。

穆：用自己的标准来替代用户的标准，恰恰又走入了金字塔组织的传统陷阱。

张：对，很多人都问我们，在海尔的平台上，创客需要什么素质。我说，他们都很优秀，各有所长，也各有不足，但这个没有一个统一的标准，也不应该是我来评价，而应该是市场来评价。他们能够找到自己的"单"（为用户创造的价值），就可以留在平台上，否则，我们的生态也是动态优化的，能够完成"单"的人会进来。

穆：还是回到那个"会不会失控"的话题吧。你们将财务、人力、法务、战略、IT 五个角色拉通在一起，组成了一个叫"三自"的部门，融入小微去推动经营。这个部门毫无疑问非常重要。在我以前的理解中，它是作为一个平台的派出机构，负责投资评估和投后管理。该部门成员应该代表平台的利益，所以他们会为小微下目标，而目标达成与否与预算和人单酬的发放有关系。但现在看来，他们实际上更像是小微的伙伴，而不是一个监督者？

张：他们也不是去监督的，而是小微生态圈的一部分，本身的利益就是和小微绑定在一起的。如果小微死亡了，他们自己的利益也会受到损害。你可以把他们想象成小微生态圈里的一个节点，他们也要用自己的专业来驱动小微的经营，来创造用户价值，这就是他们的"单"。

穆：他们也是并联在一起的。感觉上，你们把对于海尔商业模式设计的理念变成了结构化的仪表盘，平台和小微们看着仪表盘来开车，目标明确无争议，开快开慢自己决定。最开始接触海尔内部，我发现每一个平台和小微都落位有相应的战略目标。直觉上，我会认为海尔有一个自上而下将战略下沉的强力机制。结果却发现，你们是做好了仪表盘，让小微自驱动。

张：人单合一的关键就是把胡萝卜和大棒都交给用户，让用户来评价。还是那句话，目标不是我们定的，而是小微自己定的，从本质上说，是用户来定的。

小微们自己清楚，如果不去追求引爆、引领，他们就没有安全感可言。斯坦福大学的威尔金森在她的《创新者的密码》中有一句话——创业追求的不是第一，而是唯一。

播种"人单合一"

【观察视角】互联网时代，最大的转型之痛是"组织转型之痛"。

这个时代最关键的问题，不在于商业模式设计，而在于组织模式设计。组织模式不改变，企业犹如一艘巨轮，尾大不掉，再好的航路规划也是枉然。

全球化的海尔需要人单合一，这样才能激活每一个单元，打通这家巨型全球化企业的底层逻辑。转型中的中国企业有可能也需要人单合一，这样才能让笨重的组织"动起来"，校准互联网的商业逻辑，不至于搁浅在转型的航路上。

人单合一真的是组织转型的"最优解"吗？

穆：海尔的人单合一从本质上说是一种激励机制的设计，确保平台和创客共担风险，共创价值，共享收益。但有意思的是，几个赞许人单合一模式的学者都认为激励员工更多的不是钱，而是创业的热情。2016 年我和加里·哈默在交流时，他就认为钱不是全部，员工更多不是为了钱而投入到创业的状态。他也认为，他观察到的其他企业在激励机制上没有海尔这样精细的设计。如果按照这种逻辑，为何需要人单合一这么精巧的机制设计，直接找到一些有激情的员工就是了。您怎么看？

张：关于员工需求真正是什么，马斯洛、泰勒、梅奥都给出过解释，泰勒认为员工是经济人，于是企业就设计了相对严苛的考核体系；梅奥认为员工是社会人，企业又开始给出了更加亲和的环境；马斯洛认为员工的需求有多个层次，于是我们将组织设计得更加复杂。我们还一直在这些理论中摇摆，但这些理论都没有能够解决真正的问题，我们永远在找员工需要什么，而不是让他们去寻找自己的目标。我们现在人单合一，就是把用户的价值与员工的贡献连接起来，给他们一个选择的机会。

穆：当员工的收获来自他们为用户创造的价值时，员工可以自己去寻找自己的意义，物质利益还是精神收益，不是由企业或领导来定义的，而是他们自己去寻找的。其实，用户需求多样化的同时，员工需求也多样化，我们搭建平台来满足用户的需求，我们同样需要搭建平台来满足员工的需求，放大一点说，我们是搭建平台来满足创客的需求。

张：对，就是这个意思。

穆：我们所有的管理学教材在最开始都会有一章"人性假设"，因为，科学必须把复杂抽象为符号，如果没有人性假设，就根本没有办法构架一个学科。但是，这种对于人性的抽象却让我们脱离了现实，导致"管理失效"。互联网时代，不仅是用户的需求千人千面，员工（创客）的需求又何尝不是千人千面呢？也许，人单合一真的不仅是一种管理模式，还会成为一种社会模式，在这个模式里，人人都会寻找自己的意义，而不是让威权来定义自己。

张：管理学教材是否要变革，那是由你们这些学者去推动的，但我认为存在这种可能。

穆：究竟是东方企业还是西方企业更适合推行人单合一？

张：牛津大学的佐哈尔教授提出了"量子管理学"的观点，但在西方一直没有被大规模推广开。到了中国，她看了海尔的模式后，非常惊喜。我给她解释，西方的世界观是原子论，任何事情都要分析到最微观的原子，但东方的世界观是系统论，任何事情都喜欢从整体的角度来看。具体来说，如果是胃疼，西医就要医治胃的问题，但中医会从人体的整个系统来调理，这是不一样的。从这个意义上说，中国的企业更有可能在管理模式上进行突破。

穆：其实，西方文化是自由主义，而东方文化是集体主义。从这个维度上说，他们应该更加适合推动人单合一。但我感觉，西方人的自由似乎在大企业里被条条框框"锁死了"。

张：这就有点像卢梭所说的："人人生而自由，但又生而在枷锁中"。大企业的枷锁限制了西方人的创业精神。相比起来，东方人更是生活在条条框框中，儒家社会里，人人都好像生活在"同心圆"里，以某人为中心，受到君臣、父子、长幼等各种关系的限制。但这种关系中，其实人人心里都有压抑。就像其他人表面说我对，内心也不一定认同（笑）。所以，我们才有必要用人单合一模式把决策权交还给员工们，让他们变成有自由的"创客"。

穆：但上次我们的交流中，您也提到了人单合一不是"中国式管理"，而应该是可以全球应用的。海尔在日本兼并了三洋，在新西兰兼并了斐雪派克，2016年，海尔又并购了通用电气家电（GE Appliance，GEA）。现在，在这些企业那里，人单合一模式落地得如何了？

张：我们兼并了日本三洋，兼并时它亏损了8年，我们问是谁的责任，没有一个人愿意承担，因为他们都根据上级的命令完成了任务。日本是集体文化，习惯于服从上级，团结一致，而且是终身雇用，平均分配。所以，美国的戴明博士提倡全面质量管理，在美国没有受到追捧，在日本却大火。原因在于，这种管理强调各司其职，对上负责，很适合日本文化。但在互联网时代，这反而成为一个问题，上级不代表用户，日本的家电产品质量并没有下降，却失去了用户。我们把模式改过来，让大家都听用户的，而且要求按照贡献拉开收入差距。他们是 12+4 的薪酬传统，每年 12 个月的薪酬全部发放，到了年末，再加上 4 个月的薪酬作为年终奖。一开始，这样的变革让他们很难接受，但后来一点点渗透，他们也逐渐接受了这个理念。我们改革以后，员工那 4 个月的年终奖变成全浮动了，业绩好可能拿到 8 个月的工资，业绩不好也可能完全没有，大家都不一样，每个人都有自己的"单"。结果，三洋 8 个月就停止亏损，效果很明显。

我们兼并了斐雪派克，他们的产品很好，有研发实力，但他们没有办法根据用户来改变。我们将他们变成了一个个创业团队，去追逐用户的需求。到现在，他们的产品明显更能适应用户的变化，业绩上浮也很明显。

穆：这让我感觉有点像你们以前"激活休克鱼"的模式。那个时候，海尔进行了大量国内并购，并把 OEC 的管理模式注入一家家并购企业里，最后形成了让人惊喜的整合效果。那么针对 GEA 呢，人单合一模式的落地是否顺利？

张：我们兼并了 GEA 之后，发现这家企业居然有点像日本公司（笑）。它的福利有 100 多项，员工每 18 个月就有一次涨工资的机会，也就是说 15 年要涨 10 次工资，好多员工都是 20 年以上的老员工，整个环境是比较安逸的。而且，美国的工会还异常强大，对于员工非常保护，所以还不能随便在薪酬上进行大幅调整。另外，我们也没有向 GEA 派出任何一个海尔的高管，这在其他的并购中是不可想象的，也增加了人单合一的难度。

所以，这对我们是个巨大挑战，如果我们在 GEA 都做成人单合一了，那这个模式就真的可以说是走向世界了。目前，我们已经和 GEA 的总裁奇普（Chip）进行了沟通，先做一个小微样板，让大家从小微的成功中受到鼓舞，再把样板铺开。他们应该是接受了这个理念，其实，GEA 的员工中也有希望去冲一冲的。当前，他们正在选择样板，我们也讨论了很多沟通的细节。

穆：让我们回到国内。在互联网时代，很多企业越来越发现自己不够灵活，不能适应这个时代，开始想要进行组织转型。2016 年，穆胜企业管理咨询事务所接到关于组织转型的咨询项目需求相对 2014 年增加了 500% 左右。这里面，不少企业都对人单合一很感兴趣，我现在也在推动两家企业落地人单合一。这些企业都不算大，大概年营收在 50 亿元以内。我想知道的是，这类小企业适合推行人单合一吗？

张：有句话说得好——"只有小角色，没有小演员。"企业规模小不要紧，关键是要明白趋势在哪里，做正确的事情。其实，有时企业小反而是优势，那个时候船小好调头，可以迅速完成转型。

怕就怕老板本身不想往这个方向转，觉得自己那一套也挺好。有的企业，我认为它们最危险的事情就是"太赚钱"了。就像查尔斯·汉迪说的，成功为成功者戴上了眼镜。

另外，不少人实际上喜欢权力在手，一群人都向他汇报的感觉。当然，还有就是怕"失控"，怕企业乱了。现在到海尔来学习的企业越来越多，好多看了我们的模式之后都说"不好学，学不会"，其实大多还是害怕失控。所以，到了最后不少人都选择学习我们最早期的 OEC 管理。

穆：那是海尔打造执行力的阶段，市场目标是相对固定的。而现在，市场目标已经被千人千面的用户需求切割了，更需要人单合一。大家倒回去学 OEC 反而有点本末倒置了。

其实，"并联"和"用户付薪"的道理一说大家就懂，要问具体的操作方法，海尔也已经用十几年的探索闯出了一条路。如果要追溯到 1998 年海尔初步引入内部市场制度的时点，已经近 20 年了。但只有极少数的企业会动起来，为什么？我觉得它们从内心是不愿意改的。

张：组织变革说穿了就是两个问题：一是钱，二是权。两样东西都不愿意放，企业肯定改不了。我们做人单合一，是把所有的财权、人权、事权都放给员工。有人不愿意放，有人不敢放，最后，就只能是在老模式里走不出来。

穆：所以，有的企业对我说它们有决心做改革，我就笑了，它们有的不是决心（determination），而是愿景（vision）。后者是要到哪个地方去，而前者是看准了那个地方，而且做好了一切在路途中付出一切成本的准备，两者大不一样。那谁来下这个决心呢？当然是一把手。所以，改革最大的阻力是一把手，最大的动力也是一把手。海尔一路走到现在，实际上是您在用强权来结束强权（金字塔组织）。

张：可以这样理解。在你的观察里，其他企业在推动类似"人单合一"的改革时，最大的困难是什么？

穆：还是决心问题，基本上都讨论不到操作的细节上。这很奇怪，中国的不少老板们口号喊得很大，但基本都缺乏决心。

有时我说，如果对于方向没问题，而是对于方案有疑问，不如大家一起来推演一下改革的方案，把每阶段的损益都算出来，再决定怎么做吧。但是，这些企业还是迟迟不会行动。说穿了，还是不想改，就像您说的，不愿意放"权"和"钱"。

张瑞敏式领导力

【观察视角】改革何其艰难？每一步都有无数内部的阻力和外部的质疑，

但这艘巨舰却一直坚守着航向，从未偏离。作为舰长，张瑞敏沉着而又果敢，笃定而又开明，一直用自己独树一帜的领导力为这艘巨舰注入动力。为了迎接互联网时代，他甚至要将这艘巨舰拆散为联合舰队，让小船们（海尔内部的小微单元）各自寻找航路……

　　作为中国企业界的传奇人物，张瑞敏从来不走寻常路，那么，他的领导力逻辑到底是什么？

穆：海尔的转型可以说是您一手推动的。在转型的过程中，您是否需要充当"大导师"，推动员工转型为创客？

张：不是我要去教育员工，或者为员工提供什么培训，而是把员工并联到一起，让他们直接接触用户，去市场上寻找用户价值，去市场上寻找自己的位置。换句话说，不是我来教育培训员工，而是让用户来教育培训员工。

穆：这个很有道理。其实，企业没有必要也没有可能为创客式员工提供所谓的培训。道理很简单：显性知识在网上都有，企业根本不用去培训，员工想要可以自己去抓取；隐性知识只有在实践里才有，企业也根本没法培训，只有创造机会让员工去探索。所以，以前有企业家问我，能否为他们搭建一个创客的培训体系。我回答，针对创客，哪有什么培养体系，只有"折腾体系"。

张：想要培养创客，就好比说要"培养出野生动物"那样荒谬。大熊猫就是被圈养起来的野生动物，它们就失去了在野外生存的能力。我经常告诉员工们，创业是让你们跳下悬崖，但这个不是蹦极，没有人把你们拉上来，而是要你们在下坠的过程中组装出一架飞机，自己飞上来。

穆：您更多的还是在关注制度设计，但制度设计却需要很多管理工具来支撑。

你们让平台、小微和创客看着"仪表盘"决定自己的行动，但这个"仪表盘"也不那么容易做，比如，你们分解战略损益的宙斯模型就经历了多次迭代。这些工具究竟是谁来设计的？

张：还是我来设计的。这个很重要，是对于企业战略方向的引领，关系到我们"要成为什么样的组织"的问题。一般来说，我会给出一个理念和框架，要求在这些表格上要呈现什么东西，而后，我们的领域主、平台主们会将这种操作工具具体化。现在，我们的共赢增值表已经引起了学术界的关注，美国会计学会在与我们合作进行研究，北大的学者也进来了，一起来探索这个方向。起点是从我这里来的，但随着大家一起推动迭代，会越来越成熟。

穆：这很让我惊讶，一般来说，我觉得这种事情是应该由职能部门的人员来做的，而您居然亲自上手。我感觉，您是将对于机制的设计注入这些表格工具中，而平台、小微、创客根据这些工具的引导来选择赛道，这就实现了用机制驱动平台。其实，观察海尔工具表格的变化，就能看到战略变迁的脉络：当您发现财务数据都是跑步机上的数字，没有办法真正衡量企业的实际价值时，您设计出了二维点阵；当您发现要避免企业走入压货模式时，您设计出了顾客价值表；当您发现要让企业走入平台，获取生态收益时，您设计出了共赢增值表……

这些事情您管得很"具体"，那其他事情呢？比如，海尔建立了若干资源对接的平台，海创汇、创吧、海达源……这些都是您亲自主导的吗？

张：这些我反而不会管，像海创汇就是做好了以后，让我去看了看。还是那句话，不应该是我要求它们做什么，而应该是它们自己想做什么。我只管三件事——"目（目的）、团（团队）、机（机制）"。目的是大方向，团队是有没有人去做，机制是它们做了有什么好处，不做有什么坏处。只要这三个东西对了，其他东西就放权让下面去做了。这三个词已经成了海尔内部的共同术语了，你来海尔调研很多次，应该听过吧？话说回来，我一个人哪里管得了那么具体？

有的时候，即使我对于方向并不太认可，但只要不是原则性的问题，我还是会让他们自己（平台主、小微主、创客）去决定。上次，有平台主提出一个想法，我内心并不认可，但我只说了一句："你们想做也可以，但我觉得没太大意思。"

穆：您都这样说了，他们还是做了吗？

张：还是做了呀，他们好像对这件事情比较感兴趣（笑）。

穆：有意思，您说您不管具体的，我以为就是说说而已，没想到真是不管呀。

观察您和海尔很久，我总结了一下，张瑞敏平时就做四件事，您看看是不是。

第一，做几张表，这是做机制，做赛道，主要是说宙斯模型、二维点阵、顾客价值表、共赢增值表；

第二，开几个会，这是搭建知识交互的场景，主要是说周三的小微战略会、周六的平台主战略会、月度的领域主[⊖]战略会；

第三，打几个样，就是让雷神等小微真正跑起来，让大家真切体会到机制是什么，资源怎么用；

第四，做文化，《海尔人》每期都是您自己亲自去审读内容的，这让我吃惊。

张：呵呵，说来好像真的是这几件事情，你们做学者的真会总结（笑）。

穆：我们的工作就是把企业家的先锋实践变成模型呀。前面几件事情想得通，

　　⊖　即更大的平台主，如海尔总裁周云杰、执行总裁梁海山、高级副总裁谭丽霞。

但为什么在企业文化宣贯上投入这么多精力呢？直接通过机制来塑造文化不是更好？海尔的机制也足够强大呀。

张：你说的这个是一个硬币的两面。机制塑造和文化宣贯一样都不能少。海尔这么大一家企业，又一直在时代的变换里自以为非，自我颠覆，如果没有文化宣贯的引领，那也会出问题。举例来说，我们说组织模式要向小微生态圈转型，但具体怎么转，大家最初都不知道，这个时候就要有生动的例子来告诉他们。

穆：出再多的制度，也不如讲好一两个故事。您的领导力让人钦佩，但这种领导力似乎有别于传统。传统的领导力是基于金字塔组织的，更多强调用领导的个人影响来感染团队成员。但是，互联网时代的领导力可能是一种"平台领导力"，要求领导者搭建平台，让员工去实现自我。

张：对，这就是牛津大学佐哈尔教授提到的"量子领导者"。她认为，这种领导者应该是一种仆人式的存在，也就是说要创造条件成就员工，而不是自己带着员工去做事情。

穆：所以，给机制是非常重要的。但想把企业变成"家"，想让员工把自己当领袖的老板并不在少数。这种给机制的模式，似乎让领导者与员工有点疏远，而他们更喜欢和员工"亲近"。2017年我们的交流中，您提到"相濡以沫，不如相忘于江湖"，为什么倡导这样的领导力呢？

张：传统的家长式领导力，我认为不可取。

《史记》中，韩信评价项羽是"匹夫之勇，妇人之仁"。什么意思呢？"匹夫之勇"是说他听不进别人的意见，不愿相信别人，连一个范增都用不好。每次打仗都冲在最前面，作为一个将军不去信任将领，让他们去厮杀，这不过是匹夫的勇气罢了。妇人之仁是说他谦虚谨慎，当部下生病了，他会同情病人，甚至哭泣，可是等到部下立下战功，他却舍不得封爵位给他们，这只是妇人的仁慈。这种模式的领导力，看起来热闹，项羽的号召力也很强大，但这不是正途。

穆：这个模式往下走，一定是建立很多监督体系和关怀体系，让员工被领导的胡萝卜加大棒驱动。但这些驱动模式实际上是没用的，尤其是企业越来越大之后，就很难说有效果。监督体系俗称"锦衣卫模式"，关怀体系更像是一种"伪善式作秀"。

张：最后一定是组织的衰败，一定是人身依附。就像是中国近代史上首位留学美国的学生容闳○对清朝的评价，像一艘大船，水面上看起来很好，但水下的船体附着了无数寄生物，腐朽不堪。

穆：那么，这个时代里，真正的领导力应该是什么样的呢？难道说，企业家不应该去追求"仁义"吗？

张：老子的《道德经》里说"天地不仁，以万物为刍狗；圣人不仁，以百姓为刍狗"。

刍狗就是古代祭祀时用草扎成的狗，祭祀之前很受重视，用完之后就被扔了。这句话的意思是，天地看万物和草狗一样，没有什么仁爱，也没有什么偏私，都是平等的。所以，老子建议人要效法天地的"无所谓仁，也无所谓不仁"的精神，养成这样的胸襟。

穆：您的这个看法很有意思，真正的仁义是搭建机制兼容天下，而不是流连于对个体的悲喜。话说回来，领导的仁义也关怀不了整个组织，尤其是企业到了一定规模的时候。如果按照这种逻辑，企业就变成了以领导为中心的皇

○ 他是第一个毕业于美国耶鲁大学的中国留学生，是中国留学生事业的先驱，被誉为"中国留学生之父"。

权组织了。

正如很多企业的领导者，似乎特别希望为自己树立一个高大的形象，也就是"仁"，看重对自己的威权地位的维护，特别怕别人忽略他。

张：《道德经》里对于领导者也有几类评价，"太上，不知有之；其次，亲而誉之；其次，畏之；其次，侮之。信不足焉，有不信焉。悠兮，其贵言。功成事遂，百姓皆谓'我自然'"。

意思是，最好的领导者，人民并不知道他的存在；次一级的领导者，人民亲近他并且称赞他；再次一级的领导者，人民畏惧他；最差的领导者，人民轻蔑他。领导者的诚信不足，就会失去信任，好的领导者都是很悠闲的，很少发号施令。当事情成功了，老百姓还会觉得"我们本来就是这样的"。

每一个领导者都可以问问自己，处于哪个级别。这个时代，领导者不应该去追逐那种有形的影响力，而应该追求"太上，不知有之"的境界。

穆：这种才是最强大的领导力，才是真正的"仁义"。要做到"太上，不知有之"的境界，企业家还需要为企业注入底层价值观吧。企业的价值观很大程度上就是创始人的价值观。所以，如果只能为海尔留下一个核心价值观，您会选择什么呢？

张：自以为非。海尔经历了多次变革，一直强调对于时代的理解，我们一直是一家很有危机感的企业。2000 年，我在参加达沃斯论坛时，受到当时大会主题的启示——"让我们战胜满足感"。如果没有这个核心价值观，我们走不到现在。

穆：我理解您提到的"自以为非"，其实在本质上还是对于人性的尊重，放弃以自我为中心的权控思路，与用户、与员工，都建立一种平等关系。就像您经常引用的康德的话——"人是目的"。我感觉，这是您搭建的海尔生态的底层逻辑。

张：可以这样说。我认为"企业即人，管理即借力"。

穆：这是您的价值观，但要在海尔这样一家超级大企业里面推动一场如此具有颠覆性的改革，仅仅有这样平权的价值观似乎还远远不够。您的勇气来自什么地方呢？

张：20世纪90年代，海尔还不算强大，有家美国企业想要收购我们。我们拒绝，但他们威胁，如果不接受并购，就会在中国市场上采取有针对性的竞争措施，要打垮我们。我当时说，你们第32任总统富兰克林·罗斯福有一句话——"我们唯一应该恐惧的就是恐惧本身"[⊖]。

穆：他们听了以后就明白，自己遇到"硬角色"了。

张：我把这句话当作我的座右铭。这句话的意思是，我们真正的恐惧来自自己的内心，所以，战胜恐惧就是要战胜自己。当我们能够战胜自己时，我们就能够迎接一切挑战。

穆：其实，那个时候的挑战还是针对一个或几个竞争对手，而现在的挑战则是整个时代，企业并不知道竞争对手来自哪里，甚至也不知道自己会怎么死掉。遗憾的是，敢于面对时代的企业并不多见，大多数选择了逃避，藐视互联网商业逻辑的观点就是典型。

张：那是掩耳盗铃了。互联网时代的变化就在那里，看得见看不见都会来。那

　⊖　原句是"The only thing we have to fear is fear itself."。

些藐视互联网商业逻辑的人，说穿了还是没有战胜内心的恐惧。有的还把对于互联网的恐惧变成了对（互联网企业家）个人的不满，这也是不对的。海尔到现在转型了好多次，每一次都是进入一个新的未知领域，如果不能战胜内心的恐惧，我们就迈不开脚步。在这个互联网时代，我们很早坚持要把自己变成一家互联网企业，也是因为我们战胜了内心的恐惧。

穆：回顾海尔的发展历程，感觉您一直在用很偏执的导向来为这个组织注入一种"与用户交互"的基因。如果海尔把这种对于用户的尊重变成自己的本能，那么，它就一定可以在时代的变换中屹立不倒。

最后，再问您一个我个人最感兴趣的问题吧。在企业家的身份之外，您是一个"书痴"，也乐于和各界学者交流。在繁忙的工作之余，您怎样做到一直保持学习热情的？

张：喜欢读书是一直以来的习惯。以前没有条件，于是，自己私下找了很多书来看。现在条件好了，我每年要读100多本书，这建立在知识体系形成的基础上，不断去吸收新观点，这样效率会高很多。

其实，互联网时代，按理说，更有学习的条件了，但大家反而不愿意去学习了。这是因为信息碎片化、时间碎片化了，不少人很难集中时间去吸收信息。另外就是"记忆外包"，大家的"记忆"都"外包"给网络了，觉得反正网上有，需要的时候再去查。但这对人的危害是很大的，因为如果没有记忆就无法整合知识，就无法生成创新。古人说，"学而不思则罔，思而不学则殆"，就是这个道理。

穆：感谢您的坦诚，让我受益匪浅。

张：和你交流也很高兴。

参考文献

［1］ 穆胜. 创造高估值：打造价值型互联网商业模式［M］. 北京：机械工业出版社，2020.

［2］ 穆胜. 激发潜能：平台型组织的人力资源顶层设计［M］. 北京：机械工业出版社，2019.

［3］ 穆胜. 重塑海尔：可复制的组织进化路径［M］. 北京：人民邮电出版社，2018.

［4］ 穆胜. 释放潜能：平台型组织的进化路线图［M］. 北京：人民邮电出版社，2017.

［5］ 穆胜. 私董会2.0［M］. 北京：中国人民大学出版社，2016.

［6］ 穆胜. 云组织：互联网时代企业如何转型创客平台［M］. 北京：电子工业出版社，2015.

［7］ 穆胜. 人力资源管理新逻辑［M］. 北京：新华出版社，2015.

［8］ 穆胜. 叠加体验：用互联网思维设计商业模式［M］. 北京：机械工业出版社，2014.

［9］ 稻盛和夫. 阿米巴经营［M］. 北京：中国大百科全书出版社，2009.

［10］ 三矢裕，谷武幸，加护野忠男. 创造高收益的阿米巴模式［M］. 北京：东方出版社，2010.

［11］ 奥列弗 E 威廉姆森. 资本主义经济制度：论企业签约与市场签约［M］. 北京：商务印书馆，2004.

［12］ 詹姆斯·卡斯. 有限和无限的游戏［M］. 北京：电子工业出版社，2013.

［13］ 杰里米·里夫金. 熵：一种新的世界观［M］. 上海：上海译文出版社，1987.

［14］ 冯友兰. 中国哲学简史［M］. 北京：世界图书出版公司，2013.

［15］ 斯图尔特·克雷纳. 管理百年［M］. 海口：海南出版社，2003.

［16］ 米可斯维特，伍尔德里奇. 企业巫医［M］. 北京：华夏出版社，2007.

［17］ 哈默，钱皮. 企业再造［M］. 上海：上海译文出版社，2007.

［18］ 卡普兰，诺顿. 平衡计分卡：化战略为行为［M］. 广州：广州经济出版社，2013.

［19］ 特伦斯·迪尔，艾伦·肯尼迪. 企业文化：企业生活中的礼仪与仪式［M］. 北京：中国人民大学出版社，2015.

［20］威廉·大内. Z 理论［M］. 北京：机械工业出版社，2013.

［21］帕斯卡尔，艾索思. 日本的管理艺术［M］. 南宁：广西民族出版社，1984.

［22］汤姆·彼得斯. 追求卓越［M］. 北京：中信出版社，2012.

［23］黄铁鹰. 海底捞你学不会［M］. 北京：中信出版社，2015.

［24］杨少龙. 华为靠什么［M］. 北京：中信出版社，2014.

［25］余胜海. 华为还能走多远［M］. 北京：中国友谊出版公司，2013.

［26］黄卫伟. 以奋斗者为本［M］. 北京：中信出版社，2014.

［27］黄卫伟. 以客户为中心［M］. 北京：中信出版社，2016.

［28］田涛，吴春波. 下一个倒下的会不会是华为［M］. 北京：中信出版社，2012.

［29］张瑞敏. 海尔是海［M］. 北京：机械工业出版社，2014.

［30］胡泳等. 张瑞敏思考实录［M］. 北京：机械工业出版社，2014.

［31］胡泳. 张瑞敏谈管理［M］. 杭州：浙江人民出版社，2007.

［32］王钦. 海尔新模式：互联网转型的行动路线图［M］. 北京：中信出版社，2015.

［33］曹仰锋. 海尔转型：人人都是 CEO［M］. 北京：中信出版社，2014.

［34］王俞现. 凭什么要学张瑞敏［M］. 杭州：浙江大学出版社，2014.

［35］黄秋丽. 万科逻辑：从 100 亿到 2000 亿的秘密［M］. 北京：中国友谊出版公司，2012.

［36］黄铁鹰. 海底捞你学不会［M］. 北京：中信出版社，2015.

［37］穆胜. 为什么大多数企业无法成为平台型组织？［J］. 中欧商业评论，2020（1）.

［38］穆胜. "内部并联"破解激励难题［J］. 中欧商业评论，2017（5）.

［39］穆胜. 资源整合是伪命题？［J］. 中欧商业评论，2017（4）.

［40］穆胜. 成为"用户中心型"组织［J］. 中欧商业评论，2017（3）.

［41］穆胜. "人的重混"势不可挡［J］. 中欧商业评论，2016（2）.

［42］穆胜. "去 KPI 主义"的常识困境［J］. 中欧商业评论，2016（8）.

［43］穆胜. 初创组织的 N 种可能：转型创客平台［J］. 中欧商业评论，2016（3）.

［44］穆胜. 企业文化到底有没有用？［J］. 中外管理，2017（5）.

［45］穆胜. KPI 管理为何成了鸡肋？［J］. 中外管理，2017（4）.

［46］穆胜. 流程再造为何折戟？［J］. 中外管理，2017（3）.

［47］穆胜. 平台解救科层制？［J］. 中外管理，2016（11）.

［48］穆胜. 科层制已死？［J］. 中外管理，2016（10）.

［49］穆胜，野中郁次郎. 组织永不会消失［J］. 中欧商业评论，2014（12）.

［50］穆胜，加里·哈默. 打破组织金字塔［J］. 商界评论，2016（5）.

［51］穆胜，张瑞敏. 好的商业模式是一场无限游戏［J］. 商业评论，2016（8）.

［52］穆胜，张瑞敏. 对话张瑞敏，海尔组织转型五谈［J］. 商界评论，2016（8）.

［53］穆胜，张瑞敏. 寻找海尔的"第二曲线"［J］. 商界评论，2017（5）.